성스러움의 의미

RUDOLF OTTO
DAS HEILIGE
© München: C. H. Beck 1963[35]

Translated by KIL Hi-Seng
© Benedict Press, Waegwan, Korea 1987

성스러움의 의미
1987년 7월 초판 | 2021년 5월 9쇄
옮긴이 · 길희성 | 펴낸이 · 박현동
펴낸곳 · 성 베네딕도회 왜관수도원 ⓒ 분도출판사
찍은곳 · 분도인쇄소
등록 · 1962년 5월 7일 라15호
04606 서울 중구 장충단로 188(분도출판사 편집부)
39889 경북 칠곡군 왜관읍 관문로 61(분도인쇄소)
분도출판사 · 전화 02-2266-3605 · 팩스 02-2271-3605
분도인쇄소 · 전화 054-970-2400 · 팩스 054-971-0179
www.bundobook.co.kr
ISBN 978-89-419-8721-5 94200
ISBN 978-89-419-8651-6 (세트)

종교학총서 2

성스러움의 의미

루돌프 옷토 지음
길희성 옮김

분도출판사

외경은 인간이 지닌 가장 좋은 면이다.
세상이 아무리 그 감정을 과소 평가할지라도
일단 사로잡히면 우리는 깊이 <u>어마어마한</u> 것을 느낀다.

― 괴테 ―

목 차

역자 서문 · · · · · · · · · · · · · · · · 9
제 2 판에 붙인 영역자 서문 · · · · · · · · · · · 16
영역본에 붙인 저자 서문 · · · · · · · · · · · 28
저자 서문 · · · · · · · · · · · · · · · · 29

제 1 장 **합리와 비합리** · · · · · · · · · · · · · 33
제 2 장 **누멘적인 것** · · · · · · · · · · · · · 37
제 3 장 **'피조물적 감정' — 누멘적 대상에 대한 느낌의 주관적 반영으로서** · · (누멘적인 것의 요소 Ⅰ) · · · 41
제 4 장 **두려운 신비** · · · · · (누멘적인 것의 요소 Ⅱ) · · · 47
 ㉠ '두려움'(전율)의 요소 · · · · · · · · · · 49
 ㉡ 압도성(위압성)의 요소 · · · · · · · · · · 57
 ㉢ '활력성'의 요소 · · · · · · · · · · · · 63
 ㉣ 신비의 요소('전혀 다른 것') · · · · · · · · · 65
제 5 장 **누멘적 찬송들** · · · · (누멘적인 것의 요소 Ⅲ) · · · 75
제 6 장 **매혹성** · · · · · · · (누멘적인 것의 요소 Ⅳ) · · · 79
제 7 장 **어마어마함** · · · · · (누멘적인 것의 요소 Ⅴ) · · · 93
제 8 장 **유추적 감정들** · · · · · · · · · · · · 97
 (1) 대조적 조화 · · · · · · · · · · · · · 97
 (2) 감정연계의 법칙 · · · · · · · · · · · · 99
 (3) 도식화 · · · · · · · · · · · · · · 103
제 9 장 **누멘적 가치로서의 거룩함
  —장엄성** · · · · · (누멘적인 것의 요소 Ⅵ) · · · 109

제10장	'비합리적'이란 무엇인가?	119
제11장	누멘적인 것의 표현 수단	125
(1)	직접적 표현 수단	125
(2)	간접적 표현 수단	128
(3)	예술에 있어서의 누멘적인 것의 표현 수단	133
제12장	구약성서에 있어서의 누멘적인 것	141
제13장	신약성서에 있어서의 누멘적인 것	153
제14장	루터에 있어서의 누멘적인 것	169
제15장	두 가지 발전과정	191
제16장	선험적 범주로서의 성스러움 (Ⅰ)	195
제17장	그 역사적 출현	201
제18장	'조잡성'의 원인들	219
제19장	선험적 범주로서의 성스러움 (Ⅱ)	225
제20장	성스러움의 현현(顯現)과 직감의 능력	233
제21장	원시 그리스도교에 있어서의 직감	247
제22장	현대 그리스도교에 있어서의 직감	255
제23장	종교적 선험성과 역사	269
	색 인	274

역 자 서 문

여기에 번역된 루돌프 옷토(Rudolf Otto, 1869-1937)의 책 「성스러움의 의미」(*Das Heilige*)는 이미 종교를 연구하는 사람들 가운데서는 고전으로 읽혀온 지 오래다. 1917년에 처음 출간된 이래 수많은 언어들로 번역되었으며 우리 나라에서도 이미 번역된 일이 있다(윤 성범 역, 1963). 이번에 새로운 번역의 필요성에 따라 작업의 어려움을 무릅쓰고 또 하나의 시도를 해 본다. 신학자이며 철학자, 종교학자이며 인도학의 대가인 옷토의 사상은 한마디로 말해 깊고 넓다. 그러한 그의 사상의 핵심을 담은 저서를 완벽하게 이해하고 우리의 언어로 옮긴다는 일은 실로 어려운 일임에 틀림없다. 자신의 부족을 알면서도 종교학의 한 고전을 좀더 널리 읽히게 하고자 하는 마음에서 용기를 냈다.

번역을 해 본 일이 있는 사람은 번역이 어렵다는 사실을 익히 알고 있지만 옷토의 책은 이러한 일반적인 사실을 넘어서 하나의 독특한 어려움을 제공하고 있다. 그것은 옷토가 학문적으로 다루고 있는 문제 자체의 성격에서부터 오는 난관이다. 그의 책의 부제가 가리키고 있듯이 옷토가 다루고자 하는 과제는 신관념에 있어서 비합리적인 면을 밝히는 일이다.

비합리적인 것을 밝힌다는 사실 자체가 이미 하나의 모순된 시도인 것처럼 보이듯, 옷토가 설정한 과제가 결코 간단치 않음을 말해 주고 있다. 또한 이러한 시도 때문에 옷토가 자칫하면 종교에 있어서 비합리적이고 신비적인 면만을 강조하는 하나의 종교적 비합리주의자로 간주되기 쉬우나, 이러한 시도를 한다는 것 자체가 이미 옷토는 단순히 종교의 비합리성만을 무조건적으로 내세우는 사람이 아님을 입증해 주고 있다. 옷토 자신이 분명히 지적하고 있듯이 우리는 종교에 있어서 엄연히 근본적이고 본질적인 요소로 존재하고 있는 비합리적 요소를 자의적인 언사나 주장들에 맡기거나 혹은 지적 혼돈 속에 방치

할 것이 아니라, 가능한 한 분명하게 밝혀서 하나의 '건전한 이론'을 수립해야 한다는 것이다.

그렇다고 이것은 종교의 비합리적 요소를 합리화하자는 뜻으로 이해되어서는 안 된다. 왜냐하면 합리화될 수 있는 것은 이미 비합리적인 것이 아니며, 그러한 것을 옷토가 다루고자 하는 것은 아니기 때문이다. 어디까지나 비합리적인 것은 비합리적인 것으로 남되, 그것을 어떠한 방법을 사용해서라도 가능한 대로 확실하게 규정하고 포착해 보자는 것이다. 그럼으로써 옷토는 종교에 있어서 맹목적인 비합리주의나, 비합리적 요소를 무시하는 얄팍한 합리주의를 모두 극복하고자 하는 것이다.

그렇다면 옷토가 말하는 '비합리적'(irrational)이란 말은 무엇을 뜻하는 것인가? 우선 '비합리'라는 말은 '불합리'와는 구별되어야 한다. 옷토 자신은 이러한 구별을 명확히하고 있지 않음으로 해서 오해를 살 여지가 있지만, 그가 사용하는 'irrational'이란 말은 '비합리적' 즉 '합리적이 아니다'라는 것을 뜻하는 말이지 결코 합리성을 거스른다는 '불합리'를 뜻하는 것은 아니다. '불합리'는 논리적으로 모순된 것, 이성적으로 수긍할 수 없는 것을 뜻하는 반면에 '비합리'는 처음부터 합리성의 영역에 속하지 않으며 그럴 수도 없는 것, 따라서 합리성의 척도에 따라서 판단될 성질의 것이 아닌 어떤 것을 가리키는 말이다. 예를 들어 인간이 느끼는 말못할 감정과 같은 것이며, 특히 그 가운데서도 명확한 개념적 파악과 표현을 거부하는 신비한 종교적 감정들과 같은 것이다. 물론 옷토는 종교에 있어 이러한 비합리적 요소가 종종 불합리한 언사로 표현될 수도 있음을 잘 알고 있다. 예컨대 신비주의에서 혼히 볼 수 있는 역설이나 모순적 표현들과 같은 것이다. 그러나 이들은 옷토에 의하면 종교의 근원적 요소인 비합리적 체험의 표현이다. 따라서 이러한 표현들은 결코 합리성의 기준에 따라서 판단되어야 할 성질의 것이 아니며, 오히려 그 참 본성에 따라 이해되어야 한다. 옷토에 의하면 종교에 있어서 비합리적 요소는 그 자체로서 평가되고 보존되어야 한다. 그렇지 않으면 종교는 생명력을 상실하게 된다는 것이다.

종교에는 명확한 개념적 이해와 언어적 표현을 초월하는 어떤 비합리적 요소가 확실히 존재한다는 사실을 전제로 하여 옷토는 그의 분석을 시작한다. 그는 그것을 '누멘적 감정'(das numinöse Gefühl)이라 부르고 있다. 이러한 감정이 언어적 접근을 초월하는 비합리적 체험이 되는 이유는 그것이 무엇보다도 어떤 초월적이고 신비적인 대상, 즉 '누멘'(Numen) 혹은 누멘적 대상에 관여하고 있기 때문이다. 옷토가 이 책에서 주로 시도하고 있는 바는 이러한 누멘적 감정이 지니고 있는 여러 측면들을 가능한 한 정확하게 다각적으로 분석하여 신성(神性) 혹은 성스러움(das Heilige), 특히 그 비합리적 측면에 대한 우리의 이해를 심화시키려는 것이다. 따라서 옷토의 책은 다른 학술적 저서들과는 달리 어떤 명확한 개념이나 사상 혹은 이론을 취급하고 있는 것이 아니라 독특한 종교적 체험의 특성들을 다루고 있으며, 바로 이 점이 그의 작업을 파격적인 것으로 만들 뿐만 아니라 우리의 번역 또한 한층 어렵게 만드는 것이다.

종교연구에 있어서 감정과 체험, 특히 신비적 요소의 중시는 오늘날에는 새로운 현상이 아니다. 그러나 이러한 오늘날의 상황 자체가 이미 옷토의 영향력을 어느 정도 반영하고 있다고 보아 크게 틀리지는 않을 것이다. 서양의 종교 전통을 살펴볼 것 같으면 그리스도교는 일찍부터 희랍철학의 합리주의와 주지주의적 영향 아래서 교리와 신학을 지나치게 강조해 온 것이 사실이다. 가톨릭 교회나 개신교를 막론하고 신앙은 어떤 교리나 신조를 믿는 행위로 간주되어 왔으며 신학은 그러한 교리의 옹호와 체계화 내지 해명으로 여겨져 온 것이다. 그러나 근세 과학의 발달과 더불어 그리스도교의 정통신앙과 신조들은 흔들리기 시작했으며, 급기야 칸트 같은 철학자는 아예 인식의 영역에서는 종교의 설 자리를 인정하지 않고 오직 도덕적 실천의 영역에서 종교의 자리를 찾고자 했던 것이다. 그후 도덕주의적 종교이해는 많은 서구 신학자들의 호응을 얻게 되었다. 옷토의 종교해석은 바로 이러한 서구라파의 주지주의적이며 도덕주의적인 종교이해에 대한 하나의 근본적인 비판 내지 견제인 것이다. 이 점에 있어서 옷토는 그보다 한 세기 전의 신학자 슐라이어마허(Schleiermacher)로부터 많은 영향을 받고 있다. 슐라이어마허와 더불어 옷토는 교리적 주지주의나 도덕주의적 종교이해가 모두 종교의 합리적 측면만을 일방적으로 강조한 나머지 독특한 종교적 체험의 측면을 등한시하여 그 생명력을 상실하게 만들었다고 비판한다. 그러나 옷토는 슐라이어마허의 종교이해의 전통을 계승하면서도 그것을 훨씬 초월하고 있다. 슐라이어마허의 「종교 강화」(*Reden über die Religion*)가 종교적 체험에 대한 다분히 막연하고 낭만적인 논의의 성격을 벗어나지 못함에 반해 옷토는 슐라이어마허가 갖지 못했던 비교종교학적 안목에서 동서양의 종교 체험을 자유로이 활용하면서 훨씬 더 구체적이고 정확한 종교 체험의 분석을 하고 있다. 특히 누멘적 감정이라는 종교의 비합리적 요소에 대담하게 초점을 맞추면서 성스러움의 의미가 지닌 깊은 차원을 드러낼 수 있었던 것은 오직 20세기의 지적 분위기와 학문적 여건 속에서만 가능했던 작업이다.

동양의 종교전통은 언제나 지적 이해 못지않게 수행과 체험을 중시해 왔다. 따라서 종교에 있어서 신비적 체험이나 언어도단의 경지를 논한다는 것은 동양종교들에 관한 한 일상적인 일처럼 여겨져 왔다. 그러나 이러한 체험의 경지를 신비주의자들처럼 시나 독백이나 대화를 통해서 타인에게 전달하는 것이 아니라, 비교종교학적 관점에 입각하여 체계적으로 치밀하게 분석하고, 나아가서 종교에 대한 하나의 본질적 이해를 도모하는 일은 현대의 종교학에서만 가능한 새로운 지적 작업인 것이다.

옷토가 누멘적인 성스러움의 체험을 분석하는 데 있어서 사용하고 있는 방법은 근본적으로 유추(類推)적 방법이다. 즉, 우리에게 이미 친숙한 자연적 감정들을 나타내는 말들을 통해서 근사하게나마 초월적인 누멘적 실재에 대한 체험을 가리키는 방법이다. 따라서 그러한 유추적 표현들은 결코 누멘적 실재를 파악하는 정확한 개념이 아니라 그것들을 통하여 우리가 말로 할 수 없는 초월적 세계를 엿볼 수 있는 상징적 역할을 하는 말들인 것이다. 옷토는 그것을 지시어(指示語 Ideogramm, Deute-Zeichen)라 부른다.

누멘적 감정의 분석에 입각한 옷토의 결론은 성스러움이란 하나의 전적으로 자류적(sui generis)인 범주이다. 그것은 인간의 다른 어떤 체험에서 주어지는 개념이나 범주들과도 혼동되어서는 안 된다. 성스러움의 체험은 예컨대 도덕적 체험도 아니요 미적 체험이나 기타 그 어떤 체험도 아니다. 종교란 그 근본에 있어서 이러한 자류적인 성스러움의 체험에 근거하고 있으며 결코 우주와 인생에 대한 지적 탐구나 사변의 결과 그 해답으로 생긴 것도 아니다. 종교는 일차적으로 오직 성스러운 것의 자기 현현(顯現)과 그것을 감지하고 느끼는 인간의 체험, 그리고 이러한 체험을 가능케 하는 인간 내면의 어떤 선험적(a priori) 요소에 근거하고 있다는 것이다.

옷토는 19세기 후반부터 각 방면의 사상에 깊은 영향을 끼친 진화론적 세계관과 사고방식을 거부한다. 진화론은 근본적으로 고등한 현상을 저등한 것의 진화로서 보려는 이론으로서 인간과 자연현상 사이에 존재하는 질적 차이들을 부정하려는 사상으로 옷토는 간주한다. 특히 종교의 연구에 있어서 진화론적 시각에 입각하여 종교의 시초와 진화단계들을 구명해 보려는 시도들을 그는 비판한다. 그에 의하면 진화론적 연구는 모두 종교를 종교 아닌 어떤 것으로부터 도출하려는 시도로서 종교의 독자성, 성스러움의 체험이 지니는 자류성을 무시하는 이론들이다. 종교적 체험은 결코 다른 어떤 체험으로 환원되거나 설명될 수 없는 독특한 현상이라는 것이다. 옷토는 이 점을 그의 책에서 설득력있게 제시함으로써 종교연구에 있어서 환원주의적 방법을 배격하고 성스러움(the holy, the sacred)이라는 범주를 종교이해의 기본적이고 독자적인 범주로 정립하는 데 결정적인 공헌을 이룩한 것이다.

물론 옷토가 진화론적 사고방식을 완전히 벗어난 것은 아니다. 그의 저서에는 곳곳에 종교의 높고 낮은 발전 단계들이 논해지고 있는 것을 볼 수 있으며 그리스도교를 모든 종교사적 발전의 정점으로 보는 자신의 견해도 제시되고 있다. 오늘날의 종교학자들은 대부분 이러한 입장을 종교학의 테두리 내에서는 정당화될 수 없는 것으로 보고 있다. 그러나 옷토는 당시의 진화론자들과는 달리 성스러움에 기초한 종교의 독자성을 확신하고 있었으며, 비록 종교 내에서의 진화는 논하고 있다 하더라도 종교 자체의 진화는 거부하고 있다는 점을 우리는 유의해야 할 것이다. 마치 미에는 미적 감각이 따로 있듯이 종교에는 성스러움을 인식하는 누멘적 감각(sensus numinis)이 선험적 능력으로서 갖추어져 있다는 것이며, 이러한 능력은 인간의 다른 능력으로부터 진화되어 나온 것이 아니라는 것이다. 인간은 곧 '종교적 인간'(homo religiosus)인 것이다.

본서를 번역함에 있어서 죤 하비(John W. Harvey)의 영역본 (London: Oxford Univ. Press, 1950, 제2판; 제1판, 1923)은 역자에게 많은 도움을 주었으며, 영역자의 서문과 영역본에 붙인 저자의 서문을 본서에 실었다. 그러나 영역본은 본래 독일어판 *Das Heilige*의 제9판으로부터 번역한 것임에 반하여 본서는 제35판(München: C. H. Beck, 1963)으로부터 번역되었다. 양자 사이에는 내용상 상당한 차이를 보이고 있는 곳들이 있으며 역자의 생각으로는 역시 나중의 것이 저자의 사상을 더 잘 반영한다고 생각된다. 독일어판이 거듭됨에 따라 많은 보충자료들이 부록으로 첨가되었으며 나중에는 *Aufsätze, das Numinöse betreffend*라는 하나의 독립된 책으로 출판되게 되었다. 이 책은 또 증보되어 *Das Gefühl des Überweltlichen*과 *Sünde und Urschuld*로 1932년에 뮌헨(München)에서 출판되었다. 본서가 기초로 한 1963년의 제35판은 부록으로서 누멘적 시를 모아 놓은 부분이 있고 다음으로는 본문에 대한 보충설명을 위한 인용문들이 들어 있으나 본서에서는 생략한다. 옷토의 책에 대한 보충 논문들이나 자료들은 너무 많아 따로 번역을 요한다. 상기 두 책 외에 영역으로는 *Religious Essays, A Supplement to 'The Idea of the Holy'* (Oxford Univ. Press, 1931)가 있으며, 죤 하비의 영역본에도 많은 분량의 부록이 실려 있다.

본서가 워낙 까다로운 전문적 학술서적이므로 번역의 정확성을 기하기 위하여 의미와 문맥이 통하는 한에 있어서 될 수 있는 대로 직역을 시도했다. 결코 자연스러운 우리말이 아님을 역자 자신도 의식하고 있으나, 이와 같은 전문적인 학술서적의 경우에는 직역을 통하여 얻는 바가 잃는 것보다 더 크다고 생각되었기에 껄끄러움을 무릅쓰고 직역을 시도해 보았다. 결코 소설이나 수필을 읽듯이 쉽게 읽혀지는 책은 아니기에 독자들이 인내로써 정독한다면 옷토의 사상이 비교적 정확히 전달되리라 확신한다. 번역상의 원칙을 몇 가지 밝혀 둔다.

1. 성서 인용문은 원칙적으로 옷토 자신의 독문 번역을 그대로 따랐음.
2. 각주에 나오는 인명이나 서명은 대부분 한글로 표기하거나 우리말로 번역하지 않고 옷토가 사용한 대로 로마자로 표기했음.
3. 한글로 표기된 고유명사는 보편적으로 사용되는 예를 따르려고 힘썼고, ( ) 속에 있는 로마자 표기는 원칙적으로 옷토가 사용하고 있는 것을 그대로 따르되 너무 번거로운 부호들은 때로는 생략하기도 했으며 때로는 좀더 보편적인 관습을 따르기도 했음.
4. 번역이 어려운 말이나 전문적인 술어의 경우에는 괄호 속에 원어를 넣기도 하며 때로는 각주에 역자 자신의 간략한 '역자주'를 달았음.
5. 밑줄 친 낱말들이나 구절들은 옷토 자신이 강조하고 있는 말들로서 원문에는 이탤릭체로 씌어 있음.

제 2 판에 붙인 영역자 서문

I

루돌프 옷토의 「성스러움의 의미」(*Das Heilige*)의 번역이 완전히 재판됨을 기회로 삼아 나는 이 개정된 서문에서 저자에 대한 나 자신의 우정과 감사에서 우러난 회고담을 쓰고자 한다. 1937년의 그의 죽음은 서방의 그리스도교 세계로부터 가장 주목할 만하고 독창적인 종교사상가의 하나를 앗아갔다. 동시에 나는 이 번역이 26 년 전에 처음 출간된 이래 그간 그의 저서가 영역되어 겪어 온 과정을 검토해 보면서 거의 싫증이 날 정도로 집요하게 따라다니는 그의 사상에 대한 한두 가지의 오해를 풀어 보고자 한다.

루돌프 옷토는 1869년 하노버(Hanover)의 파이네(Peine)에서 태어났으며, 그의 경력의 출발은 한 대학의 신학교사라는 평범한 것이었다. 그는 그 대학을 거쳐 1897년에는 괴팅겐(Göttingen)에서 조직신학의 사강사(私講師, Privat-Dozent)가 되었으며 7 년 후에는 동대학에서 원외교수(員外敎授)의 지위를 획득했고, 1914년에는 브레슬라오(Breslau) 대학에서 정식 교수직에 임명되었다. 그간에 그는 그의 첫 저서「자연주의적 세계관과 종교적 세계관」(*Naturalistische und religiöse Weltansicht*)을 출판했다. 그것은 인간 정신의 독자성과, 영적 체험을 이해하고 설명함에 있어서 자연주의적 과학이 지니고 있는 불충분성에 대한 강력한 논증이었다. 그는 기계주의와 신다윈주의와같이 종교에 적대적이거나 그럴 가능성을 지닌 19세기의 과학적 세계관과 경향들을 철저히 연구했다. 그러나 그 책은 어떤 특별한 독창성을 지니고 있지는 않았다. 옷토가 종교사상에 자신의 독특한 공헌을 하기 시작한 것은 나의 생각으로는 1910년 그가 동양으로 긴 여행을 시작하여 세계를 돌아본 때가 아닌가 한다. 그는 이미 구라파는 많이 다녀 보았었다. 그는 영국과 불란서와 이태리를 잘 알고 있었으며 외국인들과도 친하게 지내는 사이였다. 그러나 1910년부터 1911년 사이에 있었던 동양에서의 긴 체류는 그에게 더 큰 의미를 지녔던 것임에 틀림없을 것이다. 그는 북아프리카, 에집트, 팔레스타인, 인도, 중국 그리고 일본을 방문했고 귀로에 미국도 들렀다. 이 방문과 또 그후의 근동과 인도 방문(1925, 1927-8)을 통하여 그는 동양의 위대한 종교들에 대하여 이미 지니고 있던 그의 심오한 연구를 더욱더 심화시켰을 뿐만 아니라 이 종교들이 보존하고 있는 종교적 체험 가운데서 무엇이 특수하고 독특하며, 비록 성전(聖典)이나 의례나 예술에 나타난 표현은 다르더라도 무엇이 참다운 종교들에 있어서 공통적인 면을 이루고 있는가를 직접적으로 깨달을 수 있었던 것이다. 그는 여러 나라들의 종교적 관행과 신념들을 해석함에 있어 비판성을 배제하지 않으면서도 상상력에 의한 공감과 수용적인 자세를 보였다. 그의 생의 마지막 10년 동안 그가 지녔던 특별한 관심사 중의 하나는 일종의 죽은 호기심으로서가 아니라 살아 있는 신앙들로서의 비교종교를 위한 박물관을 말부르그에 건립하는 일이었다.

그의 첫 동방 여행 때부터 그리스도교는 옷토에 있어서 서구라파의 과학보다는 오히려 위대한 세계종교들 ─ 그 완성이 그리스도교인 ─ 을 배경으로 하여 서 있었음에 틀림없다. 1917년에는 란(Lahn)에 있는 말부르그 대학의 신학 교수직에 임명되어 거기서 그는 일생을 마쳤다. 옷토는 결혼을 하지 않았으며 과부가 된 여동생 모녀와 함께 살며 단란한 가정생활을 했다. 「성스러움의 의미」(*Das Heilige*)가 출간된 것은 바로 이 해, 1917년이었다. 그것은 두말할 필요 없이 옷토의 가장 핵심적이고 중요한 저서였다. 그후에 나온 저서들은 모두 이 책에서 제시된 사상의 테두리 안에 머물러 있으며, 어떤 책은 더 상세하게 논증을 전개하는가 하면 또 다른 책들은 이 책에서와 마찬가지로 인도의 종교와 다른 종교들에 대한 관심을 더욱더 나타내는 저서들이다. 확실히 「성스러움의 의미」는 적절한 때에 나타났으며, 그것은 즉시 성공을 거두게 되었다. 그것은 신속하게 재판을 거듭했으며 일본어를 포함한 많은 언어로 번역되었다. 죠지 팍스(George Fox)의 표현대로 옷토가 이 책에서 얘기해야만 했던 것은 제1차 세계대전 직후의 허탈한 시기에 살고 있던 많은 생각있는 사람들의 "상황에 말을 한 것이었다." 그가 전후에 미국에서 강연의 초청을 받은 최초의 독일 학자의 한 사람이었다는 것은 주목할 만한 사실이다. 그러나 그의 저서들이 널리 읽혀지기는 했으나 그는 결코 하나의 '학파'를 창시하고자 하지는 않았다. 그 이유는 그의 영향력이 교파적 구분을 초월했으며 또 그가 교리신학자라기보다는 하나의 종교철학자였다는 사실에 기인하기도 하지만, 그러나 무엇보다도 그의 온 마음이 종교적 인간들을 가르는 것보다는 그들이 공유하고 있는 것에로 기울어져 있었기 때문이다.

말부르그 대학은 언제나 보수주의적이고 국수주의적인 감정의 중심지로서 이름이 있었으며, 더군다나 이러한 명성은 힌덴불그(Hindenburg)와 후레드릭 대제의 유해가 1946년에 말부르그의 유명한 성 엘리자베트 교회로 이장되었다는 사실로 인하여 영구화될는지도 모른다. 그러나 옷토는 그 기질상 국제적이고 자유주의적이었다. 그는 중요한 몇 해를(1913-18) 프러시아 의회의 회원으로서 봉사했었으나, 내가 확신하기는 그의 마음은 정치에 있지는 않았다. 그가 바이마르 공화국의 정치적 문제들에 관여한 것은 어떤 개인적 열성이라기보다는 하나의 시민적 의무감에서였다. 그렇기 때문에 그는 사회민주당보다는 불쌍할 정도로 조그마한 민주주의자들과 진보주의자들의 정당에 가입한 것이다. 내 생각으로는 그는 사회민주주의에 대하여 별로 공감을 갖고 있지 않았다고 본다. 힛틀러와 나치의 집권은 그의 가장 깊은 정치적 신념들을 거슬렀음에 틀림없다. 그는 1929년에 명예교수가 되었으므로 제3제국에 대한 대학의 저항에 적극적인 역할을 하지는 못했지만, 그가 루터 교회의 미묘한 나치화에 대한 고백교회의 저항운동에 온 마음으로 가담했었으리라 추측하기는 어렵지 않다. 그러나 사실 그는 적어도 처음에는 이 저항운동에 대하여 별로 동정을 갖고 있지 않았으며, 얼마 동안은 '독일 그리스도교' 운동이 그 이름에 부합하여 그렇게도 절실한 자기 나라의 종교생활의 소생을 가져오기를 기대했었다. 이 희망은 오래 갈 수 없었다. 독일의 신(新)이교적인 정치적 발전은 그에게 있어서 점점 더 가슴아픈 일이 되었으며 1937년 3월 비극적인 사고로 인하여 그에게 죽음이 닥쳐왔을 때, 그의 친구들에게 슬픈 상실을 안겨 주었던 것이 그에게는 하나의 자비스러운 해방으로 여겨졌을 것이다. 그는 다가오는 피할 수 없는 재난을 분명히 예견했음에 틀림없고, 나이아가라의 폭포 소리가 상류에서 이미 울려퍼지는 것을 들었던 것이다.

II

나는 20년대 초에 옷토와 처음 만난 일을 잘 기억하고 있다. 그것은 나에게 거의 위압적일 만큼 놀라운 인상을 주었다. 그가 무엇이었든 간에 이러한 인상은 우리가 흔히 생각하는 독일 학자와는 거의 정반대였으며, 실로 전통적 회화에서 보는 수염을 기르고 안경을 쓰고 몽상적이고 현학적인 모습(만약 이것이 정말로 독일 교수의 전형적인 모습이라면)과는 상당히 거리가 먼 것이었다. 옷토의 모습은 키가 크고 곧았으며 그의 카이저 수염과, 군복 같아 보이는 꼭 끼는 엷은 색깔의 웃옷을 목 높이 입은 것이 학자라기보다는 군인처럼 보였다. 또한 그의 말이 지니고 있는 형식적인 어투는 수줍은 외국 방문객을 안심시켜 주지도 않았다. 나중에 안 일이지만 이러한 형식적 어투는 예의에 대한 그의 엄격한 존중의 표현에 지나지 않는 것이었다. 그러나 금세 얇은 얼음은 가시었고 그와 그의 가족의 자연스러운 친절은 방문객의 마음을 사로잡기에 충분했으며, 인물이나 사물들에 대한 그의 조용한 유머가 지혜로우면서도 악의가 없는 것이 그의 가장 사랑스러운 성품 중의 하나였다. 우리는 아름다운 숲이 많은 말부르그 주위의 시골을 산책하곤 했으며 화제도 철학·정치·교육·문학 등 다채로왔다. 나는 곧 「성스러움의 의미」에 깊은 관심을 갖게 되었고,

저자로부터 이 책과 다른 저서들의 사상에 관해서 듣는 것은 감명깊은 특권이었다. 그리고 만약 어떤 인용이나 예화가 운좋게 그의 마음에 들면 그는 즉시로 그것을 아낌없이 인정하곤 했다.

첫번째 방문에 이어 다음 몇 해 동안 나는 그를 수차 방문했다. 그의 명성이 널리 퍼짐에 따라 그의 집에는 외국 손님들이 자주 보이곤 했다. 때로는 젊은 미국 신학자, 때로는 스웨덴으로부터 온 목사, 때로는 인도로부터 온 학자들도 보였다. 이 모든 이들에게 그는 한결같은 인내심으로 정중한 예의를 보였다. 그러나 그의 건강은 악화되고 있었다. 그는 항시 천식과 고문하는 듯한 두통으로 고생했다. 그의 건강상태가 최적인 경우에야 그는 계곡을 건너 숲으로 산책을 즐기다가 때로는 한 레스토랑(Aussichtsturm이라는 식당)에서 커피를 마시기도 했다. 산책을 하는 동안 이야기가 어느 순간에 이르면 그의 군인과 같은 체격은 마치 '갑작스런 놀라운 생각에 쏘인 듯' 문득 멈추곤 했으며 그의 표정은 심각하고 긴장된 모습을 띠곤 했다. 마치 사령관이 전략이나 전술에 있어서 갑자기 하나의 새로운 가능성을 발견했을 때와 같았다. 단지 그 전략이 군사적인 것이 아니라 변증법적인 것이었으며 그 싸움은 종교적 진리를 위한 추구였던 것이다.

그의 나쁜 건강만 아니었더라면 옷토는 그가 죽기 전에 기포드 (Gifford) 강좌를 열 수 있었을 것이며 그의 주제는 유신론의 윤리적 기초였을 것이다. 그가 만약 그렇게 할 수 있었더라면 그는 거의 틀림없이 내가 나중에 언급하게 될 그의 사상에 관한 몇 가지 오해들을 시정할 수 있었을 것이다. 그러나 형편상 그는 힛틀러 정권이 독일을 장악하기 몇 년 전인 1927년에 영국에 너무나도 짧은 방문을 했으며 런던에 있는 킹스 대학(King's College)에서 신비주의에 관한 몇 차례의 강연을 했다. 첫번째 강연은 외국인이 영국에서 신비주의에 관해서 말한다는 것은 올빼미를 아테네로 가져오는 것 — 우리 식 표현으로는 석탄을 뉴캐슬로 가져오는 것 — 과 마찬가지라는 부정적인 말로 시작했다. 옷토는 때로는 재미있는 장난기 어린 유머로 영국에서 종교를 가르치는 직업적인 교사들이 보여 주는 신학적 소박성에 대해서 얘기했다. 그러나 그는 성인들과 신비주의자들, 그리고 시인들과 종교 사상가들의 삶 속에서 이루어진 그리스도교적 사상과 가르침에 대한 영국인들의 공헌에 대해서 깊은 존경심을 가지고 있었다. 그는 가볍든 심각하든 영어로 쓴 책들을 읽기를 아주 좋아했으며, 나는 내가 그에게 소개해 준 두 영국 고전들, 즉 초자연적 전율이 넘치는 블레이크(Blake)의 시들과 욕정의 어두운 괴로움을 그린 「폭풍의 언덕」(*Wuthering Heights*)을 그가 얼마나 예리하게 감상했는가를 기억하고 있다. 「폭풍의 언덕」에서 그는 문학에 있어서 '악령적인 것'의 최고의 예를 발견했으며 나는 그가 확실히 옳았다고 생각한다.

　루돌프 옷토는 위대한 학자요 종교의 해석자일 뿐만 아니라 하나의 위대한 자유주의자였다(자유를 사랑하고 소중히 여기는 자라는 깊은 의미에서). 그는 영국을 잘 이해하는 사람이었고 영국의 행복을 비는 사람이었다. 그리고 그는 무엇보다도 하나의 위대하고 진정한 그리스도인이었다. 그럼에도 불구하고 그는 철두철미 독일인이었다. 그런즉 우리가 듣기에 독일인들은 모두 본래부터 구제할 수 없도록 어떤 이데올로기의 목적을 위하여 정직한 학문을 팔도록 되어 있으며, 그들은 생리적으로 자유의 의미를 이해할 수 없고, 영국과 영국인들을 진정으로 인정하는 것은 물론이요 이해조차도 할 수 없으며, 또한 모든 독일인들은 그리스도교적인 껍질은 지녔으나 속에 있어서는 이교도들이라고 하지만, 루돌프 옷토와 같은 이와 우정을 가질 수 있는 행운을 맛본 사람은 이와같은 흔한 일반화를 너무 믿으려 하지는 않을 것이다.

III

26년 전 현재의 번역이 출간되었을 때 이 책은 환영을 받았으며, 이 책에 대한 그후의 꾸준한 요구는 옷토의 책이 상이한 교리적 배경을 가진 독자들에 의해서 아직도 종교철학의 분야에 있어서 실제적 요구를 충족시키고 있다고 인정받아 온 가장 좋은 증거이다. 그러나 독일어 원본이 32년 전에 출간된 이래 사상적 분위기가 눈에 띄게 변했으며, 만약에 저자가 오늘날 살아 있다고 할 것 같으면 그는 많은 해석자들이 여러 면으로 우호적이기는 하나 종종 이 책에 대하여 보여 준 왜곡과 그릇된 강조점을 피하기 위하여 새로운 세대의 독자들에게 그의 주장을 제시하기를 틀림없이 원했을 것이다. 나는 지금까지 지속되어 온 이러한 유감스러운 왜곡들의 한두 가지를 간략하게 지적하고자 한다.

나의 번역본에 대한 본래의 서문에서 나는 옷토의 책이 어떻게 현대의 종교적 경향들에 대하여 귀중한 시정을 제공할 수 있는가 하는 문제를 세 가지 면에서 언급한 일이 있다. 나는 옷토의 책이 종교에 대한 훨씬 더 활발하고 공감적인 연구가 일기 시작했을 때에 나타났다는 사실에 주목했으며, 그러나 바로 이러한 공감이 한편으로는 상이한 풍토와 시대 속에서 정상적이고 전형적인 형태로 주어진 종교적 체험들이 지닌 공통성을 보다 흥미롭고 예외적인 경험들에 대한 부당한 관심으로 인하여 간과하도록 할 것 같으면 그릇된 결론들로 이끌어 갈지도 모른다는 사실을 지적했다. 또 다른 한편으로는 이러한 공감적 연구가 "종교적 체험에 나타난 마음의 주관적 상태들에 너무 빠져서" 그들의 객관적 의의를 무시하거나 반쯤 무시하게 될 때 오는 위험에 대해서도 언급한 일이 있다. 첫번째 위험은 신비주의에 대한 특수한 연구 때문에 종교 전체에 대하여 하나의 일방적인 설명에 빠져버린 몇몇 사람들 가운데 보이고 있다. "그들은 나무 때문에 숲을 보지 못하며, 혹은 보다 정확하게 말해서 어떤 유난하게 보이는 예들에 부당하게 사로잡힌 나머지 나무들의 참다운 공통적인 본성을 그 구조와 성장에 있어서 보지 못하는 사람들이다." 두번째 위험은 나무의 생명을 지탱해 주는 원천들을 무시하거나 나무가 빛을 향해서 위로 자란다는 사실을 무시하고 나무에 대한 올바른 설명을 하려는 노력에 비유될 수 있다. 그 다음으로는 세번째 위험에 대한 언급도 있었다. 즉, 신과 성스러운 것에 대한 우리의 관념을 너무나 인간화한 나머지 내재적인 신과 초월적인 신 사이에, 그리고 합리적이고 도덕적인 인격으로서의 신과 위압과 신비와 초인간적 이질성으로서의 신 (만약 이런 견해에서도 이 이름을 사용할 수 있을 것 같다고 하면) 사이에 괴리현상이 초래되는 위험이었다.

생각컨대 그후부터 지금까지 첫번째 오류는 그다지 심각한 것이 못되었음에 반하여 — 옷토의 책 자체가 그것을 피하게 하는 데 많은 역할을 했음에 틀림없다 — 나머지 두 오류는 지금도 집요하게 남아 있는 것이 사실이다. 그리고 나의 판단으로는 하나의 잘못된 오해에 지나지 않는 것이지만, 옷토의 저서는 그가 경박하다고 생각하여 독자들에 대해서 분명하게 경고하고 있는 바의 그릇된 견해들을 마치 조장하고 있는 것처럼 때때로 해석되어 왔다. 동시에 나의 생각으로는 옷토가 그의 사상을 표현함에 있어서 술어들의 선택상 어느 정도는 이러한 오해를 야기시켰다는 점을 인정할 수밖에 없다.

그러면 먼저 종교에 대한 부당한 주관주의적 해석의 오류에 대해서 생각해 볼 것 같으면, 옷토가 종교의 감정적인 측면을 입증하는 데 주된 관심을 가졌다거나 혹은 그것을 대변하는 데 주로 관심이 있다고 생각하는 것은 완전한 잘못이다. 사실 종교적 감정이 광신주의나 '열광'의 징표로서 간주되던 때가 있었으며 따라서 그러한 변호가 필요한 때와 환경도 있었다. 그러나 적어도 영국에서는 19세기에 신학이 합리주의적 분위기로부터 윤리적 분위기로 전향하면서 쇼(Shaw)가 얘기하는 '도덕적 정열'이나 씰리(Seeley)가 예수의 복음의 핵심에 있다고 생각하는 '인간성의 정열' 등, 종교에 있어서 감정을 참작함으로써 상당한 정도로 조화를 되찾게 되었다. 매튜 아놀드(Matthew Arnold)와 후루드(J. A. Froude)는 둘 다 종교에 있어서 윤리가 지니는 지고의 중요성을 타협없이 받아들이는 전형적인 19세기의 목소리였다. 그러나 전자는 그의 유명한 종교에 대한 정의에서 종교를 "감정의 영향을 받은 도덕성"이라고 했으며 후자는 종교를 "전체 인간, 즉 가슴과 행위와 지식과 마음의 성화"라고 말했는데 여기서 '가슴'이란 분명히 인간의 감정을 위한 능력으로 이해되어야 할 것이다. 그리고 비록 70여 년 전에는 이러한 의미에서의 감정이 종교에 있어서 본질적인 위치를 차지하고 있음을 촉구할 필요가 있었다 하더라도 30년 전 옷토가 저술활동을 할 당시는 그러한 필요가 훨씬 적었으며 또 오늘날 인간의 감정적이고 정서적인 생활을 위한 권리가 효과적으로 주장되고 있는 때에는 더더욱 그럴 필요가 없는 것이다. 따라서 옷토가 '누멘적 감정'(das numinöse Gefühl)과 같은 표현들을 자주 사용할 때 그가 참다운 종교적 체험에 있어서 주관적 감정이나 정감의 위치를 재확인하는 것에 지나지 않는다고 생각해서는 안 된다. 하지만 그가 항시 다른 표현, 즉 '누멘적인 것에 대한 감정'을 사용했더라면 확실히 더 좋았을 것이다. '누멘적인 것'이라는 말은 신학적 어휘에 있어서 하나의 반가운 공헌으로서 널리 받아들여져 왔다. 즉, 합리적이거나 윤리적인 말로는 이해될 수 없는 신의 초월적인 면을 나타내는 말로 받아들여져 온 것이다. 그러나 옷토의 목적은 그것이 단순히 우리의 마음속에 있는 주관적 감정이 아니라 어떤 객관적 실재라는 것을 강조하려는 데에 있는 것이며, 이러한 맥락 속에서 그는 감정이란 말을 정감과 같은 뜻에서 사용하는 것이 아니라 일상적인 지각도 아니요 일상적인 생각도 아닌 어떤 의식의 형태를 지칭하는 말로 사용하고 있는 것이다. 물론 그는 암시와 예시와 유추를 통해서 이런 의식을 특징짓고 있는 주관적 감정들의 성격을 가능한 한 정확하게 묘사하고 확실하게 규정하려고 많은 관심을 쏟고 있음에 틀림없다. 그러나 이것은 단지 우리가 그러한 감정들을 통하여 그들이 가리키는바 대상을 알 수 있기 때문인 것이다. 따라서 우리는 영어의 'feeling'과 독일어의 'Gefühl'이 지니고 있는 애매성 때문에 오도되어서는 안 된다. 사실 우리는 경관의 아름다움을 느낀다거나 친구의 현존을 느낀다고 말하지만 이러한 경우에 있어서 느낌이란 단지 마음에 발생하거나 자극된 감정만을 의미하는 것이 아니라, 객관적 상황 안에 우리의 발견과 인지를 기다리는 무엇이 있음을 인정하는 것이다. 이와 유사하게 옷토는 '누멘적인 것에 대한 감정'이나 혹은 (조금 덜 적합하게) '누멘적 감정'에 대해서 말하고 있는 것이다. 같은 독일인 철학자 릭케르트(Rickert)가 말한 대로 "'누멘적인 것'이 뜻하는 것은 십리적 과정이 아니라 그 대상, 즉 성스러운 것이다."

그렇다고 할 것 같으면 옷토는 종교적 체험에 있어서 주관적 마음의 상태가 차지하는 위치를 강조하기는커녕 오히려 언제나 대상에 대한 지시를 강조하고 있으며, 주관적 감정은 단지 그 대상에 대한 불가결의 단서로서 강조되고 있는 것이다.

IV

나머지 오해점은 좀더 간략하게 다룰 수 있다. 왜냐하면 옷토는 이 영역본의 제 2 판을 위하여 특별히 머리말을 썼으며 거기서 자신의 입장을 몇 줄로 오해의 여지 없이 분명히 밝히고 있기 때문이다. 이미 언급한 바와 같이 그는 실로 종교사상에 있어서 주관적인 경향을 반대하고 있었음은 사실이나 그는 결코 신의 성품을 합리적이고 윤리적인 범주들로서 해석하려는 경건한 마음들의 노력을 반대하고 있었던 것은 아니다. 그와는 반대로 그는 오히려 합리성과 도덕성이 거룩함이나 성스러움의 의미가 지니는 내용의 본질적인 부분임을 주장했던 것이다. 단지 그것이 전부가 아닐 뿐이다. 성스러움에는 비합리적인 의미의 여분이 있으나 이것은 이성에 거슬린다는 뜻도 아니고 이성의 위에 있다는 뜻도 아니다. 합리적인 것과 비합리적인 것의 두 요소는 옷토가 좋아하는 비유대로 옷감의 씨줄과 날줄처럼 그 어느 것도 결할 수 없는 것이다.

이 점은 그의 책 가운데 너무도 분명하게 나타나 있는고로 우리는 이와같은 옷토의 뜻을 계속해서 오해하는 비판자들의 부주의와 우둔함을 의심할 수밖에 없다. 그러나 이 경우에도 역시 그의 어휘 선택이 아마도 이러한 오류를 조장하는 역할을 했을 것이다. 나는 원문에 있는 '불합리'(irrational)라는 중심단어가 암시하는 오해를 경감시키기 위하여 '비합리적'(non-rational)이라는 말로 번역을 했다. 그러나 아마도 이성의 거부라는 뜻이 완전히 제거되지는 않았을 것이다. 옷토가 사용하는 또 하나의 어구가 아마도 더 오도적일는지도 모르겠다. 즉, '전혀 다른 것'('das ganz Andere', the 'wholly other', the quite different)이라는 어구다. 이 어구는 아마도 바르트(Barth)와 브루너(Brunner)의 이름과 관련된 신 칼빈 신학파의 저서들 가운데서 더욱 현저한 위치를 차지해 온 말로서, 거기서는 이 말이 많은 사람들에게 신이 인간의 영혼과 교제할 수 있다는 종교적 주장을 전적으로 부정하는 듯한 뜻으로 사용되고 있다. 그러나 내가 알기로 이러한 표현을 종교적으로 제일 먼저 사용한 옷토는 신의 초월적 이질성만을 분리시켜 과장하고 있다는 비판의 대상이 될 수 없다. 그에게는 신은 말하자면 전부 전적으로 다른 존재는 아니다. 우리의 분명한 이해와 평가를 모두 초월하는 신비한 여분으로서의 신의 측면이, 성스러움과 거룩함을 우리 인간들의 이성의 수준으로까지 끌어내리려는 지나친 인간중심적 경향에 대항해서 강하게 주장되고 있는 것은 사실이다. 그러나 이것은 한 면에 지나지 않으며, 또 다른 표현을 한다면 '대조 가운데서의 조화' 속에서 보존되어야 하는 하나의 음(音)인 것이다. 그리고 여기서 나는 그의 가르침이, 하나의 음이나 다른 음만을 배타적으로 강조하여 조화를 단음으로 지나치게 간소화하려는 사람들의 사상보다는 더 건전하다고 (그리고 더 그리스도교적이라 할까?) 생각된다. 그러한 일방적인 종교의 해석은 오직, 그리고 필연적으로, 그 반대의 극단을 불러일으킬 뿐이며 사실 우리는 이와같은 현상을 목격해 온 것이다. 만약 옷토가 그가 계획하던 대로 윤리의 종교적 기초에 대하여 기포드 강좌를 할 수 있었더라면 나의 생각으로는 그가 이 문제에 관한 그의 입장을 최종적으로 밝힐 수 있었을 것이며, 종교에 재앙을 초래함이 없이는 서로 조화되지 못한 채 떨어져 나갈 수 없는 다양한 견해들을 — 각각 진정한 체험에 근거한 — 조화시키는 데 많은 공헌을 했으리라 생각된다.

그럼에도 불구하고 이 책을 공정하게 읽는 사람들은 이 모든 것들이 거기에 분명하게 언급되어 있음을 발견할 것이다. 사실 파스칼은 이미 오래 전에 그의 「팡세」(Pensées)에 나오는 한 구절에서 이 이중음을 발하고 있다. 옷토가 이 구절을 인용하지 않은 것은 이상하지만 그 자신의 태도를 훌륭하게 표현해 주고 있다 : "만약 우리가 모든 것을 이성에 종속시킨다면 우리의 종교는 그 신비성과 초자연성을 상실할 것이며, 만약 우리가 이성의 원리들을 거스른다면 우리의 종교는 부조리하고 우스꽝스러운 것이 될 것이다. … 이성을 배제하는 것과 이성 외에는 아무것도 받아들이지 않는 것은 똑같이 위험한 양 극단이다."

옷토가 이 책을 쓴 지 32년 되는 이때, 그리고 심지어는 12년밖에 되지 않는 그의 사후로, 종교와 철학의 사상적 흐름에는 그 방향을 바꾸며 복잡하게 하고 또 풍부하게도 하는 새로운 운동들이 나타났다. 종교사상의 분야에서 우리는 바르트와 브루너, 니버, 벨쟈에프, 그리고 마리땡과 같은 저명한 이름들을 생각할 수 있으며, 철학에서는 논리실증주의의 종교에 대한 거부적 도전과 지금도 아주 수수께끼 같은 실존주의를 들 수 있다. 루돌프 옷토를 잘 알고 있으며 그의 열성적인 지적 동정심, 그의 파고드는 마음, 그리고 진리에 대한 그의 깊은 경외심으로부터 득을 본 일이 있는 사람은 그가 살아 있었더라면 긍정적이든 부정적이든 이러한 운동들로부터 많은 것을 배웠을 것이며 그 자신 또한 이 운동들을 에워싼 논의에 중요한 공헌을 했었으리라는 것을 의심할 수 없다. 또한 그가 그리스도교 교회들간의 교제를 다시 확립시키고 그들 안에서 모두가 진정으로 그리스도교 신앙의 의미를 이해하도록 함으로써 찢어진 그리스도교의 옷감을 다시 깁는 일에 앞장을 선 사람들 가운데 하나이었을 것도 의심의 여지가 없다. 그러나 나는 제1차 대전의 긴장과 진통 속에서 탄생된 이 책이 2차 대전의 비극적 후유증을 넘길 생명력 있는 메시지를 그 안에 담고 있다고 믿고 있다. 그 자신의 세대에게 남겨 준 그의 주요 유산인 이 책은 오늘날의 종교적 문제들에도 아주 중대한 의의를 지니고 있는 것이다.

1949년 10월, John W. Harvey

영역본에 붙인 저자 서문

이 책에서 나는 신성의 깊이에 있는 비합리적 요소 혹은 초합리적 요소에 관해서 감히 다루어 보고자 했다. 그러나 나는 이로써 우리 시대의 허황되고 환상적인 비합리주의적 경향을 조장하고자 하는 생각은 추호도 없다. 오늘날 비합리적이란 말은 사고를 게을리하는 사람들, 혹은 자기들의 관념을 분명히하고 자기들의 신념을 정합적 사유의 토대 위에 정초하려는 힘든 임무를 너무나 기꺼이 회피하려는 모든 사람들이 좋아하는 주제가 되어 버렸다. 이 책은 비합리적인 것이 형이상학에 있어서 지니는 심오한 중요성을 인식하면서, 개념이 미치지 못하는 곳에 남아 있는 감정을 더욱더 정확하게 분석하고자 한다. 그리하여 우리는 어쩔 수 없이 상징들을 사용하면서도 그렇다고 해서 결코 덜 엄밀하거나 덜 확실치는 않은 용어들을 제시하려는 진지한 시도를 해 보는 것이다.

나는 이 분야의 연구를 시도하기 전에 우리들이 '신'이라고 부르는 지고적 존재의 합리적인 면에 대하여 다년간 연구했으며, 그 결과는 나의 저서들, 「자연주의와 종교적 세계관」(*Naturalistische und religiöse Weltansicht*)과 「칸트-프리스의 종교철학」(*Die Kant-Friesische Religions-Philosophie*)에 담겨 있다. 나의 생각으로는 '영원한 이성'(Ratio aeterna)에 대하여 이미 열성적이고 진지한 공부를 해 본 일이 없는 사람은 누구도 '불가언적 누멘'(Numen ineffabile)에 대하여 관심을 가져서는 안 된다고 느낀다.

나는 이 서문을 통해서 역자가 보여 준 조심성과 그의 놀랄 만한 해석의 묘미, 그리고 그가 첨부한 귀한 보충자료들에 대하여 감사를 표시하는 좋은 기회를 삼고자 한다. 어떤 영국 비평가는 번역이 원문보다 훨씬 더 좋다고 했는데, 나는 이에 대하여 아무런 이의가 없다.

말부르그 1923년, 루돌프 옷토

저 자 서 문

이 책의 초판은 1917년에 출판되었다. 제 4 판부터는 외국어로 된 중요한 전문적 술어들을 알파벳 순서에 따라 번역해서 실었으며, 또한 본문에 나오는 외국어 인용문도 번역하여 페이지 순서에 따라 실었다. 출판사측에 심심한 감사를 표한다. 이번의 출판을 계기로 책 전체가 새로이 검토되었다.

제10판에 대하여 한 놀웨이 목사는 다음과 같은 내용의 서한을 보내왔다:

> 독일이 당하는 심한 비극에 대하여 깊이 동정하면서 우리들은 하느님께서 위대한 루터의 백성을 통하여 어떤 의미심장한 창조적 작업을 예비하고 계시다는 묘한 확신을 지니고 있읍니다. 어려운 난관과 위대한 희망이 교차하는 이 때에 하느님의 축복이 독일과 함께 하기를 기원합니다. 역경에도 불구하고 그리스도께서 독일을 이끌어 주시고 슬픔과 고통을 넘어서 올바른 생명의 길로 이끌어 주시기를 기도합니다.

나는 비록 내 책이 감히 이러한 위대한 상황적 의미를 지닌다고 믿지는 않지만 이 따뜻한 격려의 말에 감사한다. 나의 책이 독일 신학자들의 진지한 노고의 일익을 담당하기만 한다면 충분한 보상을 받은 것이라 생각한다.

본서에 대한 보충으로서 *Das Gefühl des Überweltlichen*과 *Sünde und Urschuld*가 뮌헨에서 1932년에 C. H. Beck 출판사를 통해서 출판되었다. 이들은 원래 본문에 붙어 있었던 부록, "Aufsätze, das Numinöse betreffend"을 수정하고 보충하여 별도로 출판한 것이다.

말부르그 1936년, 루돌프 옷토

성스러움의 의미

제 1 장

합리와 비합리

1. 모든 유신론적인 신관념에 있어서, 그러나 특히 그리스도교적인 관념에 있어서 근본적인 것은 그 관념이 신성(神性)을 정신, 이성, 의지, 목적적 의지, 선한 의지, 전능, 본질적 통일성, 의식성, 혹은 이와 유사한 술어들을 통하여 분명히 규정적으로 파악하고 특징짓고 있다는 사실이다. 그리하여 신성은 인간의 인격과 이성에 유추적으로 생각된다. 다만 인간은 자기 자신에 있어서는 이 속성들을 제한되고 제약된 형태로 의식함에 반하여 신에 있어서는 이러한 모든 속성들이 '절대적'인 것, 즉 '완성된' 것으로 생각되는 것이다. 그런데 이와같은 서술어들은 모두 분명하고 명료한 개념들로서 우리의 사고와 분석, 아니 정의까지도 미칠 수 있는 것들이다. 우리가 이렇게 개념적으로 분명하게 사유 가능한 대상을 합리적이라고 부를 수 있다면, 위에 언급한 서술어들로 묘사된 신성의 본질은 하나의 합리적인 것, 그리고 그 속성들을 인정하고 주장하는 종교는 그만큼 하나의 합리적 종교라고 특징지을 수 있을 것이다. 그러한 서술어들을 통해서만이 단순한 '감정'과는 반대로 분명한 개념적 확신으로서의 신앙이 가능한 것이다. 그리고 적어도 그리스도교에 관한 한 "감정은 모든 것이고 이름은 단지 소리와 연기뿐이다"라는 파우스트의 말은 참이 아니다. 이 파우스트의 말 가운데서 '이름'이란 곧 개념에 해당하는 말이다. 오히려 우리는 바로 한 종교가 '개념들'도 갖고 있으며, 초감성적인 것에 대하여 개념적인 인식(곧 신앙에 의한 인식)을 — 그 개념들이 위에 열거한 것들이든 아니면 그들을 더 발전시킨 것이든간에 — 갖고 있다는 사실을 그 종교의 우월성과 고등성의 표시로 간주

한다. 그리고 그리스도교가 개념들을 갖고 있다는 사실, 그것도 월등히 분명하고 명료하고 풍부하다는 사실은 실로 다른 발전 단계와 형태들의 종교들에 대하여 그리스도교가 갖는 유일하거나 주된 우월성은 아니지만 그래도 아주 본질적인 우월성의 표시이다. 이 점은 처음부터 아주 단호하게 강조되어야 할 것이다.

그러나 우리는 동시에 종교에 대한 그릇되고 일방적인 오해에 대해서도 경고를 하지 않으면 안 된다. 그것은 다름 아니라 이미 언급된, 혹은 더 추가될 수도 있는 유사한 합리적 속성들이 신성의 본질을 <u>다한다</u>는 견해이다. 이러한 오해는 종교에 대한 교훈적 언어의 개념세계나 언설 양식, 설교나 강의를 통한 종교의 해박한 취급, 그리고 더 나아가 우리들의 성스러운 경전들 자체로부터 생기기 쉬운 견해다. 이러한 것들에 있어서는 합리성이 전면에 서게 되며 종종 그것이 전부인 것처럼 보이기도 한다. 그렇지만 이것은 미리부터 예측할 수 있는 일이다. 왜냐하면 모든 언어란 말들로 구성되어 있는 한 무엇보다도 개념들을 전달하기 때문이다. 그리고 개념들이 더욱더 분명하고 확실할수록 그 언어는 그만큼 좋은 언어인 것이다. 그러나 비록 합리적 속성들이 흔히 전면에 있다 하더라도 그들은 결코 신관념을 다할 수는 없으며 오히려 그들은 하나의 <u>비합리적</u>인 주체를 전제로 한 속성들인 것이다. 그들도 역시 전적으로 신의 <u>본질적</u> 속성들이기는 하나 <u>종합적</u>[1]인 본질적 속성들이며, 그렇게 이해되는 한에 있어서만 그들은 올바로 이해된다. 다시 말해서, 이들 속성들이 그들을 지니고 있는 어떤 대상에 대하여 서술한다 하더라도 결코 그 대상 자체가 그들 안에서 함께 인식되거나 될 수 있는 것이 아니다. 그것은 하나의 다른 독자적인 방식으로 인식되어야만 한다. 왜냐하면 그 대상은 어떤 방식으로든지 파악될 수 있음에 틀림없기 때문이다. 만약 그렇지 않다면 우리는 그것에 대하여 도대체 아무것도 말할 수 없을 것이다.

---

1. '종합적'이란 '분석적'이라는 말에 대조되는 개념으로서, '분석적' 속성이란 한 사물의 개념 자체로부터 필연적으로 도출되는 속성임에 반하여 '종합적' 속성은 그렇지 않은 종류의 속성을 의미한다(역자 주).

신비주의도 그것을 '불가언적인 것'(to arrēton)이라고 부르고 있기는 하지만 그렇다고 그것에 대하여 아무것도 말할 수 없다는 것을 뜻하는 것은 아니다. 왜냐하면 그렇다면 신비주의는 오로지 침묵 속에 거할 수밖에 없기 때문이다. 그러나 신비주의야말로 대단히 말을 많이 해 왔던 것이다.

2. 우리는 여기서 합리주의와 더 깊은 종교와의 대조에 봉착하게 된다. 이 대조와 그 특징들은 앞으로도 종종 우리의 관심사가 될 것이다. 그러나 우선 합리주의의 제일의 특징이자 가장 현저한 특징이며 그것과 함께 다른 모든 특징들이 연관되어 있는 문제가 우리 앞에 놓여 있다. 합리주의는 기적의 부정이요 그 반대는 기적의 긍정이라는 흔히 하는 구별은 분명히 틀렸거나 혹은 적어도 아주 피상적인 견해다. 왜냐하면 기적이란 자연의 인과적 고리가 그것을 만들고 지배할 수 있는 한 존재에 의하여 가끔 파괴되는 것이라는 통속적인 이론 그 자체야말로 더할 나위 없이 합리적인 이론이기 때문이다. 합리주의자들은 종종 이러한 뜻에서의 기적의 가능성을 묵인해 왔거나 혹은 심지어 그 가능성을 선험적으로 구축하고자 하기도 했다. 반면에 단호한 비합리주의자들은 흔히 기적의 문제에 대해서는 무관심해 왔다. 합리주의와 그 반대에 있어서 오히려 문제가 되는 것은 종교적 삶 그 자체가 지니는 기분과 감정상의 내용에 있어서 발견되는 독특한 질적 차이이다. 그리고 이 차이는 근본적으로 우리의 신관념에 있어서 합리적인 것이 비합리적인 것을 압도하거나 혹은 전적으로 배제하는가, 아니면 그 반대인가 하는 것에 의하여 결정지어지는 것이다. 교리적 정통주의 자체가 합리주의의 어머니였다는 흔히 듣는 주장은 사실 부분적으로 타당한 말이다. 그러나 그 이유는 단순히 정통주의가 교설과 교리 형성에 정신을 쏟았기 때문은 아니다. 가장 열광적인 신비주의자도 그렇게 했기 때문이다. 그 참 이유는 오히려 정통주의는 교리의 형성에 있어서 그 대상의 비합리적인 면에 대하여 어떠한 방식으로든지 정당하게 대할 수 없었으며, 종교적 체험에 있어서 그

것을 살릴 수 있는 길을 발견하지 못하였고 오히려 그것을 명백하게 무시함으로써 신관념을 일방적으로 합리화했다는 점이다.

3. 이러한 합리화로의 편향은 오늘날까지 신학에서뿐만 아니라 종교 연구 전반에 걸쳐서 아직도 밑바닥까지 지배하고 있다. 우리의 신화 연구, '원시종교'의 연구, 그리고 종교의 시초와 기원을 밝혀 보려는 시도까지도 이러한 편향에 희생이 되고 있는 것이다. 물론 사람들은 이러한 연구들에 있어서 우리의 논의가 출발점으로 삼았던바 그러한 높은 합리적 개념들을 처음부터 사용하고 있는 것은 아니다. 그러나 사람들은 이들 합리적 개념들과 그들의 점차적 '진화'를 주요 문제로 삼아 그들보다 덜 가치가 있는 표상들과 개념들은 그들의 전단계로서 구성하고 있는 것이다. 사람들은 언제나 표상과 개념들에 눈길을 돌리며, 게다가 인간의 일반적인 사유활동의 영역 속에서도 발견되는 '자연적 개념'에 눈길을 던진다. 그리하여 그들은 가히 경탄할 만한 정력과 기술로써 종교의 가장 원시적인 표현에서조차도 발견될 수 있는 종교적 체험이 지닌 전적인 특이성 앞에 눈을 감아 버린다. 아니, 경탄할 만하다기보다는 놀랄 만한 일이다. 왜냐하면 인간의 한 체험의 영역 가운데서 그 영역의 특유한 것으로서 그 안에서만 주어지는 것이 발견될 수 있다고 할 것 같으면 그것은 바로 종교적 체험의 영역에서이기 때문이다. 실로 이 점에 있어서는 종교의 적들이 친구나 중립적 이론가들보다도 더 날카롭게 보고 있다. 왜냐하면 적수들 쪽에서는 그 모든 '신비주의의 소동'이 '이성'과는 아무 관계도 없다는 것을 아주 정확히 파악하고 있기 때문이다. 따라서 종교란 합리적인 언사로 끝나는 것이 아니라는 것을 인식하고 종교가 갖고 있는 여러 특징들의 관계를 해명하여 종교 자체의 성격이 분명하게 드러나도록 자극하는 것은 언제나 보람있는 일이다. 우리는 이것을 <u>성스러움</u>이라는 독특한 범주와 관련하여 시도해 보고자 하는 것이다.

제 2 장

누멘적인 것

어떤 것을 '성스러운' 것으로 인식하고 인정하는 일은 무엇보다도 종교적 영역에서만 일어나는 하나의 고유한 가치평가의 행위이다. 이 가치평가는 곧 다른 영역으로, 예를 들어 윤리로 파급되어 가지만 그 자체는 다른 영역으로부터 발생하는 것은 아니다. 그것은 하나의 전적으로 특이한 종류의 요소를 지니고 있는 것으로서, 이 요소는 위에 말한 뜻에서의 합리적인 것을 벗어나며 <u>개념적</u> 파악으로는 전혀 접근할 수 없는 하나의 불가언적(arrēton)인 것이다.

1. 이와같은 주장은, 만약에 성스러움이 보통의 언어적 용법 — 철학, 그리고 신학에서조차 흔히 쓰이는 — 에서 지닌 그러한 뜻이라면 처음부터 거짓일 것이다. 우리는 '성스럽다'는 말을 결코 그 근원적인 뜻에서가 아니라 전적으로 부차적인 뜻으로 사용하는 데 익숙해져 있다. 우리는 보통 그것을 완전히 <u>선하다</u>는 뜻에서 하나의 절대적인 <u>윤리적</u> 속성으로 이해하고 있는 것이다. 그래서 칸트는 성스러운 의지를 말하기를 의무감의 동기로부터 어떤 흔들림도 없이 도덕적 법칙에 복종하는 의지라고 한다. 그러나 이것은 단순히 완성된 도덕적 의지일 뿐이다. 마찬가지로 사람들은 어떤 의무나 법칙의 신성성을 말할 때 그 법칙이 실천적 필연성과 보편타당한 구속력을 지닌다는 것을 뜻한다. 그러나 '성스럽다'는 말의 이러한 용법은 엄밀한 것이 못 된다. 성스럽다는 것은 물론 이 모든 뜻을 포함하나, 동시에 우리의 감정이 이미 말해주듯이 분명히 어떤 여의(餘意)를 지니고 있으며, 우리는 여기서 우선 그것을 <u>분리</u>시켜야만 한다. 아니, 사실을 말할

것 같으면 셈족의 언어나 라틴어나 희랍어, 그리고 그밖의 고전어에 있어서 '성스럽다'는 말과 그 유사어들은 우선 무엇보다도 오로지 이 여의만을 가리켰으며, 도덕적인 것의 요소는 전혀 포함되지 않거나, 있다 하더라도 근원적인 것이 아니었으며, 결코 그것만을 의미하는 경우는 없었다. 우리의 언어적 감각이 오늘날 두말할 필요 없이 언제나 윤리적인 것을 성스럽다는 것에 끌어들이기 때문에, 우리는 성스러움의 고유한 특수 요소를 탐구함에 있어서 적어도 연구의 임시적 방편으로서 성스러운 것에 있어서 윤리적인 요소, 그리고 이에 더하여 합리적 요소들을 모두 제외한 것을 가리킬 수 있는 특수한 이름을 찾을 필요가 있다.

우리가 지금 말하고 있으며 어느 정도나마 제시하고자 하는 바, 즉 느끼게 하고자 하는 바는 모든 종교들 가운데에 본래적으로 가장 내적인 핵심으로서 살아 있는 것이며, 만약 그것이 없다면 어떤 종교도 가히 종교라 부를 수도 없을 것이다. 그러나 그것은 셈족의 종교들 가운데서, 그중에서도 특히 성서적 종교 안에, 뛰어난 힘을 갖고 살아 있다. 그것은 이 성서적 종교에서 독자적인 이름을 갖고 있다. 곧 '카도쉬'(qādosch)라는 말로서, 희랍어의 '하기오스'(hagios)와 라틴어의 '쌍투스'(sanctus), 그리고 좀더 정확하게 '싸체르'(sacer)라는 말들이 거기에 해당한다. 이 세 가지 언어 모두에서 이들 이름들이 '선' 내지 절대적 선의 뜻도 함께 담고 있다는 것은 그 관념의 가장 높은 발전과 성숙의 단계에서는 의심의 여지가 없다. 그러기에 우리는 그들을 '성스럽다'라고 번역하는 것이다. 그러나 이러한 '성스럽다'는 말은 본래 그 자체로서는 윤리적으로 중립적이며, 독자적으로 고려돼야만 하는 하나의 고유하고 근원적인 요소가 점차적으로 윤리적인 도식화와 보충을 받은 결과 비로소 나온 말이다. 그리고 이 요소가 발전되는 시초에는 위에 언급한 모든 표현들은 의심의 여지 없이 선과는 전혀 다른 어떤 것을 의미했다. 이 점은 오늘날의 학자들에 의하여 일반적으로 인정되고 있다. 그들은 '카도쉬'(qādosch)라는 말이 단순히 선으로 해석되는 것은 하나의 합리주의적 곡해라고 올바른 해명을 하고 있는 것이다.

2. 따라서 우리에게 요청되는 것은 첫째로 이러한 요소, 즉 성스럽다는 말의 여의만을 우선 그 특수성에 있어서 포착할 수 있으며, 둘째로 그것의 어떤 변종이나 혹은 발전단계까지도 함께 파악하고 표시할 수 있게 하는 하나의 이름을 이 특수한 요소에 대하여 발견하는 일이다. 나는 이를 위하여 우선 라틴어의 '누멘'(numen)이라는 말로부터 '누멘적인 것'(das Numinöse)[1]이라는 말을 만들겠으며 (마치 사람들이 'omen'에서 'ominös'라는 말을 형성하듯이 'numen'에서 'numinös'라고), 이에 따라 하나의 독특한 누멘적인 해석과 가치평가의 범주에 대해서, 그리고 마찬가지로 그 말이 사용될 때마다, 즉 어떤 대상이 누멘적인 것으로 여겨질 때마다 나타나는 누멘적인 마음의 상태에 대해서도 말하게 될 것이다.[2] 이 범주는 전적으로 자류적(自類的, sui generis)이기 때문에 다른 모든 근원적이고 원초적인 소여와 마찬가지로 구명은 될 수 있으나 엄밀한 의미에서 정의는 될 수 없는 것이다. 우리가 듣는 이로 하여금 그것을 이해하도록 돕는 유일한 방법은 우리의 구명을 통하여 그 자신 안에서 누멘적인 것이 자극을 받아 살아 움직이고 의식될 때까지 그를 이끌어 주려고 시도하는 일뿐이다. 우리는 이 방법을 사용함에 있어서 우리에게 이미 알려져 있고 친숙한 마음의 영역들에서 발견되는, 누멘적인 것과 유사하거나 혹은 아주 대조적인 것들을 제시함으로써 도움을 얻을 수 있을 것이다. 그리고 우리는 다음과 같이 첨가할 것이다. "우리가 말하고 있는 '갑'이

---

1. 'Das Numinöse'에 대한 번역어 '누멘적인 것'은 어떤 구체적인 누멘적 사물이나 현상을 가리키는 것이 아니라 오히려 '누멘됨'이나 '누멘성'에 가까운 뜻으로 취해져야 한다. 예를 들어, '누멘적인 것의 의미'라는 말을 사용할 때의 경우와 같다. 마찬가지로, '성스러운 것'(das Heilige)도 '성스러움'에 가깝다(역자 주).
2. 나중에야 발견한 일이지만 나는 이 점에 있어서 결코 최초의 발견자라고 할 수 없다. 나의 책 「초세상적인 것의 감정」(*Das Gefühl des Überweltlichen*) 제 1 장, "누멘적 감각(sensus numinis)의 발견자로서의 친첸돌프"를 참조할 것. 또 칼빈은 그의 「기독교 강요」에서 이미 '신성의 감각, 즉 신적 누멘에 대한 어떤 이해'에 대하여 말하고 있다.

라는 것이 꼭 이것은 아니지만 이것에 유사하며 또 저것과는 대조적이다. 이제 당신 <u>스스로도</u> 그것이 무엇인지 알 수 있겠소?" 달리 말하자면, 우리가 말하고 있는 '갑'이란 것은 엄밀한 의미에서 가르쳐줄 수 있는 것은 아니며 오직 자극할 수 있고 각성시킬 수 있을 따름이다. '영(Geist)으로부터' 오는 다른 모든 현상들과 마찬가지로.

제 3 장

'피조물적 감정'
— 누멘적 대상에 대한 느낌의 주관적 반영으로서 —
(누멘적인 것의 요소 Ⅰ)

1. 우리는 독자들을 향하여 강하고 될 수 있는 대로 순수한 종교적 흥분의 순간에 대하여 숙고해 볼 것을 촉구한다. 이것을 할 수 없는 사람이나 그러한 체험이 전혀 없는 사람은 부디 더 이상 이 책을 읽지 말라고 부탁하고 싶다. 왜냐하면 사춘기의 감정이나 소화불량, 혹은 사교적 감정 같은 것은 회고해 볼 수 있으면서도 고유한 종교적 감정은 회상할 수 없는 사람과는 종교적 문제에 대하여 논하기가 어렵기 때문이다. 그런 사람은 자기가 알고 있는 설명의 원리들을 총동원해서 갈 수 있는 데만큼 가려고 애쓰며 '미'(Äesthetik)를 예컨대 감각적 쾌락으로, 그리고 종교를 인간의 집단적 본능이나 사회적 가치평가의 기능으로, 혹은 이보다도 더 원시적인 것으로 해석하려 해도 면책이 될 것이다. 그러나 미적 체험의 특수성을 스스로 체험한 일이 있는 예술가는 그러한 이론들을 고맙지만 받아들일 수는 없다고 할 것이며, 종교적인 사람은 더욱 그렇게 할 것이다.

우리는 한 걸음 더 나아가서 엄숙한 예배의 <u>감동</u>과 같은 영혼의 상태들을 고찰하고 분석함에 있어서 가능한 한 정확하게 그들이 우리가 예컨대 어떤 선한 행위를 볼 때 느끼는 윤리적 <u>고양</u>의 상태들과는 공유하고 있지 <u>않는</u> 요소에, 그리고 감정의 내용상 그들 안에서만 특별히 발견되는 요소에 주목하기를 촉구한다. 우리는 여기서 그리스도교인들로서 우선 그 강도는 약하다 하더라도 다른 체험의 영역들에서도 발견되고 있는 감정들에 틀림없이 부딪칠 것이다. 즉 감사, 신뢰,

사랑, 확신, 겸손한 복종, 그리고 헌신의 감정이다. 그러나 이러한 감정들이 결코 경건한 순간의 전부는 아니며 그 어느 것도 예배가 지니고 있는 전적으로 특이한 성질들과 거기에서만 발견되는 독특한 감동의 엄숙함을 채 나타낼 수는 없는 것이다.

2. 다행히도 슐라이어마허는 그러한 특이한 체험 가운데서 특히 주의할 만한 요소 하나를 포착해 냈다. 그는 그것을 '의존성'의 감정이라고 부른다. 그러나 이 중요한 발견은 두 가지 면에서 비판을 받을 점이 있다.

첫째로, 그가 여기서 본래 의미하는바 의존성의 감정이란 그 독특한 성질에 있어서 볼 것 같으면 개인적 부족감이나 무력감, 또는 환경의 여건 때문에 오는 좌절감과같이 우리의 삶과 체험의 다른 영역들 가운데서도 주어질 수 있는 그러한 '자연적' 의미에서의 의존감정이 아니다. 그것은 이러한 자연적 감정들과 상응점도 갖고 있으며 따라서 그들을 통해서 유추적으로 표시될 수도 있고 '구명'될 수도 있으며, 그 감정 자체가 스스로 느껴질 수 있도록 암시될 수도 있다. 그러나 이 모든 유사성과 유추에도 불구하고 그 감정 자체는 이들 유사한 감정들과는 질적으로 다르다. 사실 슐라이어마허 자신도 경건한 의존성의 감정과 다른 의존적 감정들과의 차이를 강조하고 있다. 그러나 그럴지라도 이것은 단지 절대적인 것과 상대적인 것, 혹은 완전한 것과 단계적인 것과의 구별이지 어떤 독특한 질적 구별은 아닌 것이다. 우리가 그 감정을 의존성의 감정이라고 부를 때 우리는 사실 자체에 대한 단지 하나의 유추에 관여하고 있을 뿐이라는 점을 슐라이어마허는 간과하고 있는 것이다.

이와같은 비교와 대조를 통해서 내가 무엇을 말하려고 하는지 아마도 독자들은 스스로 알 수 있을 것이다. 나는 그것을 다른 어떤 방법으로도 표현할 수 없다. 왜냐하면 그것은 하나의 근원적이고 기초적인, 따라서 그 자체로서만이 규정될 수 있는 어떤 영혼의 소여이기 때문이다. 아마도 우리가 지금 말하고 있는 요소가 아주 두드러지게 나타나고 있는 잘 알려진 예 하나를 들면 추가로 도움이 될 것이다. 아브라함이 창세기 18장 27절에서 소돔 사람들의 운명에 대하여 하느님과 감히 말하고자 할 때 그는 고하기를, "먼지와 잿더미와 같은 제가 감히 당신께 말하려 하나이다"라고 했다. 여기서 우리는 자기고백적인 '의존성의 감정'을 볼 수 있으며 이것은 모든 자연적인 의존성의 감정들을 훨씬 능가하는, 그리고 동시에 그들과는 질적으로 틀린 감정인 것이다. 나는 이와같은 감정을 표시하는 단어를 찾아서 피조물적 감정이라고 부르고 싶다. 모든 피조물을 초월하는 자를 대할 때 자신의 '무'(無) 속으로 함몰되고 사라져 버리는 피조물들이 느끼는 감정을 말한다.

여기서 다시 한번 분명한 점은 이 '피조물적 감정'이라는 표현 역시 사실 자체에 대한 하나의 개념적 설명 이상의 것이 아니라는 점이다. 왜냐하면 여기서 문제가 되는 것은 단지 이 새로운 단어만이 표현할 수 있는 것, 즉 어떤 절대적으로 위압적인 것 앞에서 함몰되거나 자신의 무성(無性)을 느낀다는 요소만이 아니라, 바로 어떠한 위압적인 것이기에 그렇게 느끼는가 하는 것이 문제이기 때문이다. 이 대상 자체의 성격은 합리적 개념들로서는 파악될 수 없으며 불가언적인 것이다. 이 성격은 그 대상의 경험이 마음속에 불러일으켜 주는 감정적 반응 — 오직 사람들 스스로가 체험해야만 하는 — 이 지니고 있는 독특한 음조와 내용에 대한 참조와 자기성찰을 통하여만이 간접적으로 알려질 수 있는 것이다.

3. 슐라이어마허의 규정이 갖고 있는 두번째 결함[1]은 그가 의존의 감정, 혹은 우리가 지금 말하고 있는 대로 피조물적 감정을 통하여 종교적 감정 그 자체의 본래적 내용을 규정하고자 하는 데 있다. 그렇게 되면 종교적 감정이란 제일차적으로 하나의 자기감정, 곧 나 자신의 어떤 독특한 피결정성, 즉 나의 의존성에 대한 감정일 것이다. 따라

---

1. 세번째 결함도 나중에 언급될 것이다.

서 슐라이어마허에 의할 것 같으면 우리는 이러한 자기감정의 외부적 원인을 생각해 보는 간접적 추리에 의해서야 비로소 신 자체에 부딪칠 수 있게 된다. 그러나 이것은 실제의 심리적 사실에 어긋나는 것이다. '피조물적 감정'이란 오히려 주관에 나타나는 하나의 수반적 요소 내지 결과로서, 틀림없이 내 밖에 존재하고 있는 하나의 대상과 일차적으로 그리고 직접적으로 관여하고 있는 어떤 다른 감정적 요소(즉 '두려움')의 그림자와 같은 것이다. 그리고 이 대상이야말로 곧 누멘적 대상인 것이다. 아브라함의 경우와같이 오직 누멘의 현존이 체험되는 곳에, 혹은 누멘적 성격을 지닌 어떤 것이 느껴지는 곳에, 따라서 누멘적이라는 범주가 어떤 실재하는 혹은 상상적인 대상에 적용될 때만이 비로소 그 반영으로서의 피조물적 감정이 마음속에 발생하는 것이다.

이것은 너무나도 분명한 경험적 사실이기 때문에 심리학자들도 종교적 체험을 분석함에 있어서 제일 먼저 발견하는 점이다. 윌리암 제임스는 그의 저서「종교적 체험의 다양성」에서 희랍인들의 신관념의 발생에 대하여 언급하면서 약간 단순하기는 하나 다음과 같이 말하고 있다:

> 우리는 여기서 희랍 종교의 기원에 관하여 논할 필요는 없다. 그러나 지금까지 들은 예들을 일별해 볼 때 우리는 다음과 같은 결론에 도달한다:
>
> 인간의 의식 속에는 실재에 대한 감각, 객관적 현존에 대한 느낌, '저 밖에 있는 어떤 것'이라고 부를 만한 것에 대한 지각이 있는 것 같으며, 이 감각은 현재의 심리학이 주장하는 바와 같이 실존하는 존재들을 본래 우리에게 알려 주는 특수하고 개별적인 감각들보다도 더 깊고 넓은 것이다.[2]

---

2. 본문이 영어로 되어 있으므로 영문으로부터 번역했다. 단지 강조점만은 옷토가 한 대로 따랐다(역자 주).

제임스는 그의 경험론적이고 실용주의적인 입장으로 인하여 인간의 정신 자체에 들어 있는 인식의 성향이나 관념들의 기초를 인정할 수 없기 때문에 이 사실을 설명하기 위하여 어떤 이상하고 신비적인 가설을 취할 수밖에 없다. 그러나 그는 그 사실만은 분명히 파악하고 있으며 그것을 설명해서 없애 버리기에는 그는 너무나도 실재론자이다. 바로 이러한 일차적이고 직접적인 소여로서의 '사실 감각', 즉 객관적으로 주어진 누멘적인 것에 대한 느낌으로부터 '의존의 감정' 혹은 '피조물적 감정'이 비로소 결과로서 따라나오는 것이다. 즉, 체험하고 있는 주체의 자기 스스로에 대한 평가절하이다.[3] 다른 말로 할 것 같으면, 나의 '전적인 의존성'의 감정은 그의 '전적인 우월성(그리고 불가접근성)'의 감정을 전제로 하고 있는 것이다. 그렇다면 이렇게 나의 밖에서 객관적으로 느껴지는 누멘적인 것 그 자체는 무엇이며 어떠한 것인가?

---

3. 슐라이어마허에 대해서 R. Otto, *West-östliche Mystik*, 2판(Gotha, 1929), C부의 더 자세한 논의를 참조할 것.

제 4 장

두려운 신비
(누멘적인 것의 요소 Ⅱ)

이 누멘적인 것은 그 자체가 개념들로는 설명될 수 없는 비합리적인 것이기 때문에 오로지 그것이 체험자의 마음 가운데 불러일으키는 특이한 감정적 반응을 통해서만 알려질 수 있다. 그것은 인간의 마음을 이러저러한 특정한 감정으로 사로잡으며 움직이는 성격을 갖고 있다. 우리가 여기서 시도하고자 하는 바는 바로 이 '이러저러한 특정한 감정'을 드러내고자 하는 것이다. 이것을 시도함에 있어서 우리는 이번에도 그와 연관된 감정들을 비교하고 대조해 보거나 혹은 상징적 표현들을 사용함으로써 그 감정이 스스로 우러나도록 해 보고자 한다. 실로 우리는 슐라이어마허와는 달리 바로 대상에 관계된 저 일차적인 특정한 감정 그 자체를 찾고자 하는 것이다. 우리가 이미 본 대로 피조물적 감정은 단지 이러한 일차적 감정의 그림자이며 이차적으로 비로소 자기 감정 속에 따라오는 것이다.

이제 우리는 모든 강한 종교적 감정의 술렁임에 있어서 가장 기본적이고 가장 심오한 면을 한번 관찰해 보자. 그것은 구원의 믿음, 신뢰나 사랑 이상의 무엇으로서, 이러한 부차적인 것들과는 전혀 별도로 우리 안에서 때때로 정신을 차리지 못할 정도의 힘을 가지고 우리의 마음을 흔들어 놓고 사로잡는다. 우리가 주위의 사람들 가운데서 경건한 사람의 갑작스런 종교성의 폭발이나 감정적 노출에 있어서, 혹은 의례와 전례에서 발견되는 엄숙함과 질서 속에서, 혹은 오래된 종교적 유물이나 건축물, 사원이나 교회당의 분위기 속에서 감정이입이나 공감이나 추체험(追體驗)을 통하여 그것을 추구해 볼 것 같으면, 우리에게는 그것의 표현으로서 단 하나만이 남게 된다. 곧 두려운 신비(mysterium tremendum) 혹은 무서운 비밀의 감정이다. 이러한 감정은 때로는 깊은 예배의 평온 속에서 고요한 조수와같이 우리의 마음에 엄습해 오기도 한다. 그리하여 보다 지속적인 영혼의 상태로 이행하여 오래 계속되다가 여운을 남기고는 드디어 아주 사라져 버리면서 우리의 영혼을 또다시 속된 세계로 몰아넣기도 한다. 또 그런가 하면 갑자기 저돌적인 충격과 경련을 일으키면서 영혼으로부터 폭발해 나오기도 하며 때로는 이상한 흥분과 도취, 환희와 황홀경으로 이끌기도 한다. 미친 듯한 악마적인 형태로 나타나기도 하며 으스스할 정도의 소름과 전율로 하락하기도 한다. 거칠고 야만적인 그 이전의 단계들과 표현들이 있는가 하면 또한 섬세하고 순수하고 밝은 것으로 발전되기도 한다. 또한 어떤 것 앞에서는 피조물의 겸손하고 말없는 침묵과 떨림으로 변하기도 한다. 과연 어떤 것 앞에서인가? 말할 수 없는 신비 속에서 모든 피조물을 초월한 자 앞에서이다.

우리는 결국 무엇인가 말하려고 이렇게 말하고 있다. 그러나 동시에 한 가지 분명한 것은 우리는 사실 아무것도 말하고 있는 것이 아니며, 적어도 개념을 통하여 규정하려는 우리의 시도는 단지 순전히 부정적인 것뿐이라는 사실이다. 개념적으로는 '신비'라는 말은 숨겨진 것, 즉 공개되지 않은 것, 파악되거나 이해되지 않은 것, 일상적인 것이 아닌 것, 친숙하지 않은 것을 그 자체가 무엇인지를 좀더 정확하게 나타냄이 없이 단지 지칭하는 것뿐이다. 그러나 이와 더불어 뜻하고자 하는 바는 전적으로 긍정적인 어떤 것이며, 이 긍정적인 어떤 것은 오직 감정들로만 체험될 뿐이다. 이제 우리는 이 감정들이 우리 속에 울리기를 바라면서 논의를 통하여 그들을 분명히 해 보고자 한다.[1]

---

1. 前개념적이요 超개념적인, 그러면서도 인식적인 의의를 지니며 대상과의 관련성을 지닌 '감정'의 의미에 대해서 *Das Gefühl des Überweltlichen*, 327면에 있는 '감정'에 대한 결어를 참조.

㉠ '두려움'(전율)의 요소

이 체험적 사실의 긍정적 성격에 대하여 무엇인가 우리에게 가르쳐 주고 있는 것은 우선 부가어 '두려움'(tremendum)이라는 말이다. 전율이란 우리에게 잘 알려진 하나의 '자연적' 감정인 공포에 지나지 않는다. 하지만 전율은 그것과는 전적으로 종류가 다른 어떤 감정적 반응을 가리키는 지극히 근사한, 그러면서도 다만 하나의 유추적 성격 이상을 지니지 않는 이름으로서 사용될 수 있다. 이 특유의 감정은 실로 공포와 유사성을 지니고 있으며 따라서 그것을 통하여 유추적으로 암시될 수 있으나 그래도 무서워한다는 것과는 전혀 다른 어떤 것이다.

우리는 몇 가지 언어들 속에서 전적으로 혹은 일차적으로 이 공포 이상의 '공포'를 표시하는 표현들을 들 수 있다. 예를 들어, 히브리어로 성스럽다는 말 '히크디쉬'(hiq'dīsch)와 같은 것이다. 어떤 것을 "마음속에 성스럽게 간직한다"라는 말은 다른 보통의 두려움과는 혼동해서는 안 될 독특한 두려움의 감정을 가지고 그것을 구별한다는 뜻이며, 누멘적인 것의 범주를 가지고 그것을 평가한다는 것을 의미한다. 구약성서는 이런 감정을 나타내는 다른 평행적인 표현들을 풍부히 갖고 있다. 특별히 주의할 만한 표현은 '에맛 야웨'(emāt Jahveh)라는 표현으로서, 신이 쏟아붓는, 아니 악령처럼 보낼 수도 있는, 인간의 사지를 파고들며 마비시키는 '신의 두려움'(Gottesschrecken)을 의미한다. 마치 희랍인들이 말하는 '공황적 공포'(deima panikon)에 아주 가까운 것이다. 예컨대 출애굽기 23장 27절의 "내가 너의 앞에 하느님의 두려움을 보내어 네가 이르는 모든 백성들을 혼란케 하리라"라든가 혹은 욥기 9장 34절이나 13장 21절에 나오는 것과 같은 것이다. 그것은 제아무리 위협적이고 위압적인 피조물이라 할지라도 자아내지 못할 내적 무서움으로 가득찬 공포이다. 무언가 '으스스한' 면을 지닌 어떤 것이다.

희랍어에는 '세바스토스'(sebastos)라는 말이 있다. 초대 그리스 도교인들은 이 '세바스토스'라는 칭호는 그 어떤 피조물에게도, 비록 황제라 할지라도, 붙여질 수 없다는 것과, 그것이 하나의 누멘적인 이름이라는 것을 분명히 느꼈다. 따라서 만약에 한 인간을 '세바스토스'라고 부름으로써 그를 누멘적 범주로 평가한다면 이것은 하나의 우상숭배를 범하는 짓이었다. 영어에는 '오'(awe)라는 말이 있어 그 깊고 가장 본래적인 뜻에 있어서 거의 동일한 의미를 지니고 있다. 혹은 '그는 경악했다'(He stood aghast)라는 표현도 이에 가깝다. 독일어에는 성서의 언어 용법에 따라서 '하일리히'(heilig)라는 말을 만들었지만, 그 감정의 거칠고 낮은 전단계를 표시하는 데는 자생적인 독자적 표현을 갖고 있다. 즉 '무시무시함'(Grauen)이나 '무시무시하다'(sick grauen)와 같은 말들이다. 그보다 더 높고 고상한 단계의 표현으로는 '전율을 느낀다'(erschauern)라는 말이 제법 정확하게 그리고 다분히 이러한 의미 내용을 지니고 있다. '전율적인'과 '전율'이란 말은 이미 형용사의 부가 없이도 흔히 성스러운 전율에 유사하다.[2] 나는 분트(Wundt)의 정령숭배론(Animismus)을 논함에 있어 '공포'(Scheu)라는 말을 제안한 일이 있다. 그러나 이 때 그 감정이 지닌 누멘적인 것을 표현하려고 할 것 같으면 공포란 말을 인용부호 속에 집어넣어야 할 것이다. 아니면 '종교적 공포'라고 해야 할 것이다. 그것의 전단계는 '귀신'에 대한 공포(공황적 공포)와 그것의 이상한 타락인 '유령에 대한 공포'이다. 그리고 이와같은 어떤 켕기는 것(uncanny)에 대한 느낌 가운데서 종교적 두려움은 처음 싹트기 시작하는 것이다. 그러한 '공포'와 그것의 '거칠은' 형태들, 그리고 언젠가 태고적 인간의 마음속에 생소하고 새롭게 나타난 '켕기는

---

2. 그것의 약화된 형태를 나타내는 좀더 투박하고 통속적인 표현으로서 'gruseln'(몸서리치다)와 'gräsen'(소름끼치다)이 있다. 이들에는, 특히 'gräßlich'(끔찍한)라는 말에는, 누멘적 요소가 아주 정확하게 나타나 있다. 이와 마찬가지로 'Greuel'(소름끼침)도 본래는 말하자면 부정적으로 누멘적이다. 루터는 이 말을 그런 뜻에서 당연하게 히브리어 'sehiqqūß'에 대한 번역어로 사용하고 있다.

것'에 대한 느낌으로부터 모든 종교사의 발전은 시작되었으며, 이 새로운 출발과 더불어 인류에게 하나의 신기원이 수립된 것이다. '귀신'들과 '신'들이 이 뿌리에서 나왔고 '신화적 감각'과 '환상'의 여타 산물들도 이 감정이 객체화되는 가운데서 산출되었다. 그리고 이것을 모든 종교사적 과정의 원초적이며 질적으로 고유한, 그리고 다른 어떤 것으로부터도 도출될 수 없는 기본적 요소요 기본적 본능으로 인정하지 않고서는 모든 종교 발생의 이론들, 예를 들어 정령숭배론이나 주술이론이나 혹은 민속심리적 설명들은 처음부터 그릇된 길을 걷게 되며 진짜 문제를 지나쳐 버리게 된다.[3]

종교란 자연적인 공포로부터 발생하는 것도 아니며 억측에 불과한 소위 일반적인 세계에 대한 불안(Weltangst)으로부터 나오는 것도 아니다. 왜냐하면 무시무시함이란 자연적이고 일상적인 공포가 아니라 그 자체가 이미 신비적인 것의 최초의 술렁임이요 낌새이기 때문이다. 비록 이것이 아직은 '켕기는 것'이라는 거칠은 형태로이긴 하나 그것은 여타의 일상적이고 자연적인 영역에서는 주어지지 않으며 자연적인 것으로는 환원될 수는 없는 범주에 따른 평가의 시초인 것이다. 그리고 그것은 단순한 '자연적' 성향과는 확실히 틀린 다른 하나의 고유한 마음의 성향이 일깨워져 있는 자에게서만 가능한 것이다. 이러한 성향은 처음에는 단지 저돌적으로 거칠게 나타나지만 그래도 역시 인간 정신이 지니고 있는 하나의 전적으로 독자적이고 새로운 체험과 평가의 기능을 말해 주고 있는 것이다.

이 누멘적 공포의 원시적이고 거칠은 시초적 표현들에 대하여 조금

---

3. 나의 논문 "분트의 민속심리학에 있어서 신화와 종교", *Theologishce Rundschau*, 1910, vol. 1과 *Deutsche Literaturzeitung*, 1910, Nr. 38의 논문들 참조. 여기서 펼친 나의 주장이 최근의 연구들, 특히 Marett와 Söderblom에 의하여 확인되는 것은 기쁜 일이다. 물론 이 두 사람이 내가 주장하는 것만큼 날카롭게 모든 '자연적' 감정들과는 전적으로 특이한 종교적 '두려움'의 성격을 드러내는 것은 아니다. 하지만 특별히 Marett는 내가 말하는 바에 지극히 가까이 가고 있다. 마땅히 획기적인 것으로 간주되는 그의 저서 *The Threshold of Religion* (London, 1909)을 참조. 그리고 N. Söderblom의 *Das Werden des Gottesglaubens* (Leipzig, 1915)와 이에 대한 나의 논의(*Theologische Literaturzeitung*, 1925년 1월호)를 참조.

만 더 살펴보기로 하자. '귀신에 대한 공포'의 형태로서 나타나는 누멘적 공포는 그것의 소박하고 거칠은 첫번째 술렁임으로서의 이른바 '원시인들의 종교'가 지닌 본질적인 특징이다. 이러한 공포와 그 소산인 환상적 형상들은 나중에 바로 이 신비스러운 충동, 즉 누멘적 감정의 더 높은 단계들과 발전 형태들을 통하여 극복되고 제거된다. 그러나 비록 그 감정이 더 높고 순수한 표현에 도달한 지 오래라 하더라도 그 감정의 원초적 술렁임들은 언제나 또다시 영혼으로부터 소박하게 터져나올 수 있고 새롭게 체험될 수 있다. 도깨비나 유령 이야기들의 '무시무시함'이 전반적으로 높은 심성을 형성하고 있는 사람들 가운데서도 아직도 매력과 힘을 지니고 있다는 사실은 그 좋은 예라 하겠다. 놀라운 점은 '켕기는 것' 앞에서의 이 독특한 공포는 자연적인 공포나 경악에서는 결코 발견되지 않는 독특한 <u>신체적</u> 반응을 자아낸다는 사실이다. "찬물을 끼얹듯 소름이 끼친다"라든가 "등골이 오싹하다"라는 표현들은 이것을 말해 준다. 오싹함이란 어떤 초자연적인 것이다. 더 날카로운 심적 성찰을 할 수 있는 능력이 있는 사람은 누구든지 이러한 '공포'가 자연적 공포와 비교해 볼 때 단지 그 정도와 강도에 있어서 차이가 난다거나 혹은 그것이 유별나게 강도를 지닌 것이 전혀 아니다는 것을 알 것이다. 왜냐하면 그것의 본질은 강도와는 전혀 무관한 것이기 때문이다. 그것은 때로는 너무 강해서 우리의 골수를 파고들며 머리카락이 치솟고 사지가 떨리기도 하는가 하면 때로는 거의 알아차리지도 못할 정도로 약한 자극으로 우리의 마음을 엄습했다가는 곧 사라지기도 한다. 그것은 자체의 강도는 있지만 다른 감정의 강화로 해서 생기는 것은 아니다. 어떤 자연적인 공포도, 단순히 강하기 때문에 그것으로 변하지는 않는다. 우리는 이루 말할 수 없을 정도로 공포와 불안과 경악에 사로잡혔다 하더라도 '켕기는 것'의 감정은 털끝만치도 가지지 않을 수 있는 것이다. 일반적으로 우리의 심리적 탐구가 보다 더 확실하게 여러 감정들을 질적 차이에 따라 연구하고 분류하는 시도를 할 것 같으면 우리는 이 점을 더 명백하게 볼 수 있을 것이다. 이 점에 있어서 아직도 우리에게 언제나 장애가 되는 것은 감정을 쾌감과 불쾌감으로 너무 대략적으로 분류하는 일이다. 쾌감들이라 할지라도 결코 강도에 따라서만 서로 구별되는 것은 아니다. 종류의 차이에 따라서도 예리하게 구별될 수도 있는 것이다. 쾌락, 만족, 기쁨, 미적 희열, 윤리적 고양, 혹은 예배의 체험에서 얻어지는 종교적 행복감 등은 모두 종류가 다른 마음의 상태들이다. 물론 이들은 서로 상응점과 유사점들을 갖고 있기 때문에 하나의 공통적 유개념으로 묶을 수 있으며 이 유개념은 그들을 하나의 유로서 다른 정신적 체험들의 유들과 구별해 주고 있다. 그러나 이 유개념이 다양한 종류들을 단지 동일한 감정이 지니고 있는 정도의 차이로 만들어 버리는 것은 아니며, 나아가서 그 유개념은 그 개념 밑에 묶인 개개의 감정들의 '본질'을 명료하게 하는 일조차 하지 못하는 것이다.

누멘적인 것의 감정은 더 높은 단계들에 있어서는 비록 단지 귀신의 공포와는 다른 것으로 나타나지만 그래도 자신의 본래의 계보와 친척관계를 부정할 수는 없다. 귀신 신앙이 다신 신앙으로 고양된 지 오래다 할지라도 제신들은 언제나 누멘들로서 어떤 '으스스함', 즉 '켕기며 공포적인' 독특한 성격을 지니고 있으며 이 성격은 '숭고성'에 의하여 완성되거나 도식화되게 된다.[4] 그리고 이러한 요소는 최고의 단계인 순수한 하느님 신앙의 단계에서도 사라지지 않을 뿐만 아니라 본질상 사라질 수도 없다. 단지 부드러워지고 세련될 뿐이다. 거기서는 '무시무시함'이 무한히 숭고하게 된 형태로 다시 나타나서 영혼은 그 가장 깊은 뿌리 속까지 깊이 떨며 침묵한다. 이 감정은 그리스도교의 예배 가운데서 '거룩 거룩 거룩'이라는 말로 강하게 우리의 마음을 사로잡으며, 테르스테겐(Tersteegen)의 노래 가운데서도 터져나온다:

　　하느님께서 임재해 계시도다.

---

4. '도식화'의 개념에 대해서는 8장에서 설명될 것이다. 간단히 말하면, 비합리적인 것에 합리성이 가미됨을 말한다(역자 주).

> 우리 안의 모든 것은 잠잠하고
> 그 앞에 깊이 머리 숙일지어다.

여기서 무시무시함의 감정은 정신을 착란시키는 면은 잃어버렸으나 우리의 마음을 사로잡는 불가언적인 어떤 것은 그대로 지니고 있는 것이다. 그것은 신비적인 전율이며 그것을 느끼는 자 안에 부수적 반응으로서 전에 묘사한 피조물적 감정을 불러일으킨다. 곧 자신의 무성(無性)의 감정이요 '공포' 속에서 객체적으로 체험된 두렵고 위대한 것 자체 앞에서 느끼는 자신의 함몰감이다.[5]

누멘에 있어서 누멘적 전율을 자아내는 요소를 가리키는 것으로서 우리는 성서에서 중요한 역할을 하며 그 수수께끼 같은 불가해성으로 인하여 주석가들이나 신학자들에게 많은 곤란을 주어 온 누멘의 한 속성에 접하게 된다. 그것은 곧 야웨의 진노(orgē)라는 말로서 신약성서에서는 신의 진노(orgē theou)로서 다시 나타난다. 우리는 후에 이 '진노'와 전에 말한 귀신 내지 유령과의 관계가 아직도 분명히 느껴질 수 있는 부분들을 구약성서에서 더 찾아 보아야 할 것이다. 동시에 이 진노는 많은 종교들에게서 나타나고 있는 신비스러운 '신의 노여움'(ira deorum)의 개념에 분명히 상응하고 있다.[6] '야웨의 진노'라는 개념이 지닌 이상한 면들은 이미 오래 전부터 학자들의 눈길을 끌어 왔다. 우선 구약성서의 여러 군데에서 손쉽게 알 수 있는 바는 이 진노가 윤리적 속성들과는 도대체 전혀 무관하다는 것이다. 이른 바 '자연의 숨겨진 힘'과도같이, 혹은 너무 가까이 접근하는 자는 누

---

5. 슐라이어마허도 그의 '의존의 감정'에서 근본적으로 이러한 '공포'를 뜻하고 있다는 것이 그의 여러 진술 가운데서 나타난다. 예를 들어, 그의「종교 강화」제 2 판 84면에서 말하기를: "그러한 성스러운 외경에 대해서 나는 여러분에게 기꺼이 말하기를, 그것은 종교의 첫번째 요소라고 하겠다"고 하였다. 그리고 그는 여기서 우리의 논술과 전적으로 일치하면서 '성스러운' 공포가 모든 자연적 공포와는 전혀 다른 성격을 지닌 것을 주의하고 있다. … (나머지 생략)
6. 우리가 인도의 제신들을 살펴볼 것 같으면 거기에는 전적으로 그런 진노로 된 신들이 있으며, 높은 은총의 신들도 그들의 선한 형상(śiva-mūrti)과 더불어 자주 노한 형상(krodha-mūrti)도 갖고 있으며 그 반대로 노한 형상과 더불어 선한 형상을 갖고 있기도 하다.

구든지 감전시키는 축적된 전기와도같이 진노는 타오르며 종잡을 수 없이 나타난다. '예측할 수' 없고 '자의적인' 것이다. 신성을 합리적인 속성들에 따라서만 생각하곤 하는 사람들에게 있어서는 이 진노는 하나의 변덕이나 자의적 열정으로 보일 것이다. 그러나 구약의 경건한 사람들은 이러한 견해를 틀림없이 거부했을 것이다. 왜냐하면 그들에게 있어서는 그러한 진노란 결코 '성스러움' 자체의 손상이 아니라 오히려 하나의 자연적 표현이며 결코 제거될 수 없는 요소로 보이기 때문이다. 그리고 이것은 전적으로 타당한 일이다. 왜냐하면 이 진노란, 결국 그 자체에 있어서는 전혀 비합리적인 '두려움' (tremendum) 바로 그 자체가 인간의 심적 생활이라는 자연적 영역으로부터 주어진 소박한 유추를 통하여 파악되고 표현되는 것이기 때문이다. 그리고 이 유추는 사실 최고로 인상적이고 적합한 유추로서 언제나 그 가치를 지닐 것이며 우리들의 종교적 감정을 표현함에 있어서 아직도 결코 피할 수 없는 유추일 것이다. 그리스도교도 역시 슐라이어마허와 릿췰[7]의 항의에도 불구하고 '신의 진노'에 대해서 무엇인가 가르칠 점이 있다는 것은 전혀 의심의 여지가 없는 일이다.

그러나 여기서 동시에 분명한 사실은 이 진노라는 말을 사용할 때 우리는 하나의 진정한 합리적 개념보다는 오히려 개념에 유사한 어떤 것과 관계하고 있다는 점이다. 그것은 하나의 지시어(Ideogramm)로서 종교적 체험이 갖고 있는 어떤 독특한 감정의 요소를 가리키는 순수한 치표(Deute-Zeichen)이다. 이 독특한 감정적 요소는 공포로 충만케 하는 이상한 압도적인 성격을 지니고 있으며, 신에 대해서 단지 선함과 자비와 사랑과 친근성 등 요컨대 인간의 세계에 친숙한 요소들만을 인정하고자 하는 부류의 사람들에게 있어서는 참으로 방해가 되는 요소이다. 사람들은 흔히 이 진노를 '자연적'이라고 그릇 말하

---

7. Ritschl은 19세기 독일의 개신교 신학자로서(1822-1899) 칸트와 슐라이어마허 등의 영향을 받았으며, 그의 저서로는 *Die christliche Lehre von der Rechtfertigung und Versöhnung* 등이 있다. 그는 하느님 나라를 죄의 용서를 통하여 실현되는 보편적인 윤리적 공동체로 이해했다(역자 주).

고 있으나 사실 그것은 오히려 전적으로 비자연적인, 즉 누멘적인 진노(ira)이며, 그것은 도덕적 실수에 대한 상벌과 같은 신의 정의라는 합리적이고 윤리적인 요소로써 채워짐으로 해서 합리화되는 것이다. 그러나 우리가 주의할 점은 신의 정의에 대한 성서적 관념에는 항시 이 채워진 요소와 근원적 요소가 융합되어 있다는 사실이다. '신의 진노' 속에는 언제나 이 비합리적인 것이 함께 작동하고 번뜩이고 있어서 '자연적 인간'으로서만은 느낄 수 없는 어떤 공포감을 제공하고 있는 것이다.

야웨의 '진노'나 '무서움'과 관련된 표현으로서 '야웨의 질투' (Eifer)라는 것도 성서에 나타난다. 그리고 '야웨를 위한 질투' (eifern) 또한 누멘적 마음의 상태로서 그 속에 있는 자들로 하여금 두려움(tremendum)의 성질들에 접하게 한다. 시편 66편 10절에 발견되는 "당신의 전을 향한 질투가 나를 잠식했나이다"라는 격렬한 표현을 상기할 수 있다.[8]

---

8. 시편 66편 10절에는 이 구절이 안 나오므로 옷토가 잘못 인용한 것이다(역자 주).

ⓛ 압도성(위압성)의 요소

우리는 '두려운'(tremendum)이라는 형용사에 대하여 전개한 여태까지의 생각을 '절대적 불가접근성'이라는 지시어로서 요약할 수 있다. 그러나 그 뜻을 완전히 드러내기 위하여는 또 하나의 요소가 첨가되어야 한다는 것을 즉시 느낄 수 있을 것이다. 다름아닌 '힘', '위력', '위압', '절대적 압도성'의 요소다. 이를 표현하기 위하여 우리는 '위압성'(majestas)이라는 하나의 상징적 이름을 취하고자 한다. 더우기 우리의 언어적 감각에 있어서도 이 말에는 미약하나마 아직도 누멘적인 것의 마지막 자취가 여운으로 남아 있기 때문이다.[9] 따라서 '두려움'의 요소를 좀더 충분히 표현하자면 '두려운 위압성'(tremenda majestas)이라고 바꾸어 말해야 할 것이다. 이 위압성의 요소는 신비주의에서 보이는 것과같이 첫번째 요소인 불가접근성이 후퇴하고 사라져 버려도 생동적으로 보존될 수 있다. 바로 이 절대적 압도성 혹은 위압성이라는 요소와의 관계 속에서, 그것의 그림자 혹은 주관적인 반응으로서 전에 언급한 '피조물적 감정'이 생기는 것이다. 다시 말하면 객체적으로 의식된 압도적인 것에 대한 대조로서의 자신의 함몰성 내지 무화, 그리고 먼지와 잿더미같이 자신이 아무것도 아님을 분명하게 느끼는 감정이며, 이것이 말하자면 종교적 '겸손'의 감정을 이루고 있는 누멘적 원료인 것이다.

여기서 다시 한 번 우리는 '의존성의 감정'이라는 슐라이어마허의 표현에 대해서 고찰해야 한다. 우리는 전에 이 개념을 고찰할 때 이미 슐라이어마허는 단지 반응과 결과에 지나지 않는 것을 오히려 출발점으로 삼았다고 비판했으며, 따라서 그는 객체적인 것을 그것이 나의 감정 안에 던져 주는 그림자로부터 추리하여 비로소 도달하려고 한다는 비판을 했다. 이제 우리는 더 나아가서 세번째의 비판을 제기할 수

---

9. 이런 이유로 해서 종교적 감정을 지닌 사람에게는 이 표현이 인간에게 사용될 때는 언제나 반쯤은 신성모독과 같은 느낌을 갖게 되는 것이다.

밖에 없다. '자신을 의존적으로 느낀다'는 표현에서 슐라이어마허가 뜻하는 바는 '자신을 조건지어진 것으로 느낀다'라는 것이다. 따라서 그는 이 '의존성'의 요소에 대한 논의를 당연히 '창조와 보존'을 다루는 부분에서 전개하고 있다. 인간의 '의존성'에 대한 신 쪽에서의 반대어는 <u>원인성</u>, 즉 <u>모든 것의 원인</u>이 된다는 것, 혹은 모든 것을 조건짓는다는 것일 것이다. 그러나 이러한 요소는 우리가 예배에서 주어지는 '경건한 감정'에 대하여 생각해 볼 때 발견하는 최초의 요소이거나 가장 직접적인 요소는 절대로 아니다. 그것은 사실 누멘적인 것이 아니고 단지 누멘적인 것의 도식에 불과한 것이다. 그것은 어떤 비합리적인 요소가 아니고 철저히 신관념의 <u>합리적</u> 측면에 속하는 것으로서, 개념적으로 정확하게 발전시킬 수 있는 것이며 전적으로 다른 원천으로부터 발생되는 것이다. 그러나 전에 고찰한 아브라함의 말 속에 표현되고 있는 '의존성'은 <u>피조성</u>(Geschaffenheit)의 의존성이 아니라 <u>피조물성</u>(Geschöpflichkeit)의 의존성이며 압도적인 것 앞에 느끼는 무력감과 자신의 무성(無性)인 것이다. 그리고 지금 우리가 논의하고 있는 바의 '위압성'과 '먼지와 잿더미 됨'의 감정이란 우리가 그것에 대하여 사유를 전개시켜 보자마자 창조와 보존이라는 관념들과는 전혀 다른 표상들의 나열로 이어진다. 즉, <u>신비주의</u>의 어떤 형태들에서 보이는 것처럼 한편으로는 자아의 소멸이요 다른 한편으로는 초월적인 것만의 유일한 <u>실재성</u> 내지 전부가 됨이다. 이런 형태들의 신비주의가 지닌 주요 특성 중의 하나는 한편으로는 아브라함의 자기비하와 아주 유사하게 그것을 되풀이하는 자기비하로서, 완전하게 실재하지 못하며 본질상 — 아니, 심지어 전적으로 — 아무 것도 아닌 존재로서의 자신과 '피조물' 일반의 비하인 것이다. 그리고 이 비하는 자아성이라는 거짓된 망상을 버리고 자아를 소멸시킴으로써 실천적으로 완성되기를 <u>요구</u>하게 된다. 다른 한편으로는 이에 상응하여 신비주의는 그것이 관계하고 있는 초월적 대상을 단적으로 존재의 충만 때문에 우월한 것으로 평가하며 그 앞에서 자신은 스스로의 무를 느끼게 되어 "나는 아무 것도 아니요 당신은 모든 것!"이라는 고백을 하게 되는 것이다. 이러한 고백에는 인과적 관계는 문제가 되지 않는다. 절대적 의존성(작용을 받은 자로서의 나 자신의)[10]의 감정이 아니라 절대적 우월성(압도적인 것으로서의 그의)이야말로 여기서 사유의 출발점이 되는 것이며, 이 사유가 존재론적인 용어로 진행될 것 같으면 두려운 것이 지닌 '힘'의 충만은 '존재'의 충만으로 바뀌는 것이다. 우리는 한 그리스도교 신비주의자의 다음과 같은 말에 귀를 기울일 필요가 있다:

> 인간은 자기 스스로의 무와 왜소함 속으로 함몰되고 용해되어 버린다. 그에게 신의 위대함이 분명히 그리고 적나라하게 인식되면 될수록 그만큼 그의 왜소함은 더 드러나게 될 것이다.[11]

혹은 이슬람교의 신비주의자 바예시드 보스타미(Bajesid Bostami)의 말을 들어 보자:

> … 그때에 지극히 높으신 주께서 나에게 그의 비밀을 계시해 주셨고 그의 모든 영광을 나에게 보여 주셨다. 내가(더 이상 나의 눈으로가 아니라) 그의 눈으로 그를 보는 순간 그의 빛에 비하면 나의 빛은 흑암과 어두움에 지나지 않음을 깨달았다. 그리고 나의 크기와 빛남은 그의 것 앞에서는 아무것도 아니었다. 또 내가 진실의 눈으로 그를 위한 봉사로 행한 헌신과 경건의 일들을 검토해 보니 그 모든 것이 나로부터가 아니라 그분 자체로부터 나온 것임을 깨달았다.[12]

혹은 신비가 엑카르트(Eckhart)의 가난과 겸손에 대한 말도 좋은 예다. 인간이 가난하고 겸손해지면 하느님은 모든 것 안에 모든 것이 되

---

10. 이것이야말로 오히려 자신의 실재성을 인정하는 셈이 될 것이다.
11. C. Greith, *Die deutsche Mystik in Predigerorden*, 144면 이하.
12. De Courteille 역 *Tezkereh-i-Evlia* (Memoiren der Gottesfreunde; Acta sanctorum) Paris, 1889, 132면.

며 단적으로 존재와 존재자가 된다. 인간의 '신비적' 신개념은 위압감과 겸손의 체험으로부터 싹튼다. 다시 말해서 플로티누스주의나 범신론과 같은 사변으로부터가 아니라 아브라함의 체험으로부터 발생하는 것이다.

우리는 이러한 위압감과 피조물적 감정이 극단으로 고조됨으로 인해서 발생하는 신비주의를 '위압성의 신비주의'라고 부를 수 있다. 이 '위압성의 신비주의'는 '일치의 직관'을 추구하는 신비주의와는 비록 내적으로 연결될 수 있다 하더라도 그 기원에 있어서 확실히 다르다. 전자는 후자로부터 생기는 것이 아니라 분명히 우리가 지금 구명하고 있는 누멘적 감각(sensus numinis)의 비합리적 요소가 최고도의 긴장에 다다랐을 때 생기는 것이다. 이렇게 이해될 때에만이 위압성의 신비주의는 비로소 이해될 것이다. 위압성의 신비주의는 엑카르트에 있어서 하나의 분명하게 느낄 수 있는 단락을 형성하고 있으며 동시에 그의 존재의 사변이나 '일치의 직관'과 아주 밀접하게 연결되면서 그것을 관통하고 있다. 그리고 예컨대 플로티누스에게서는 전혀 발견할 수 없는 하나의 전적으로 독자적인 주제를 형성하고 있다. 이 주제를 엑카르트 자신은 다음과 같은 말로 표현하고 있다: "그대들에게 있어서 신이 위대하게 되도록 힘쓸지어다." 혹은 아브라함의 체험과 좀더 분명한 일치를 보이면서, "네가 이제 너 자신을 스스로에게 보여 주었으니, 볼지어다, 나는 존재하나 너는 존재하지 않는도다."[13] 혹은, "진실로! 나와 모든 피조물은 아무것도 아니고, 당신만이 존재하며 당신은 모든 것입니다."[14] 이것은 신비주의다. 그러나 너무나도 명백하듯이 그의 존재의 형이상학으로부터 생겨난 신비주의는 아니며 그러면서도 이 존재의 형이상학을 자신의 목적을 위하여 사용할 수 있는 그러한 신비주의이다. 우리는 신비주의자 테르스테겐(Tersteegen)의 다음과 같은 말 속에서도 이와 전적으로 동

---

13. Spamer, *Texte aus der deutschen Mystik*, 52면. 이 인용문 전반부의 뜻은 분명치 않음(역자 주).
14. 同上, 132면.

일한 것을 발견할 수 있다:

> 주 하느님, 필연적이고 무한하신 존재, 지고의 존재, 아니 유일한 존재요 존재 이상의 존재시여! 당신만이 "나는 존재한다"고 힘있게 말할 수 있으며 그 말은 너무나 무조건적이고 의심의 여지가 없이 진실이기에 "나는 존재한다, 나는 살아 있다"라는 당신의 입으로부터 나오는 말씀보다 진리를 더 확실케 하는 서언(誓言)은 찾을 수 없나이다. 진실로 당신은 존재하시나이다. 나의 영혼이 당신 앞에 머리 숙이며 내 안에 가장 깊은 것이 당신은 계시다고 고백을 하나이다. 그러나 나는 무엇입니까? 이 모든 것은 무엇입니까? 내가 무사하며 이 온갖 것들이 무사하나이까? 이 '나'라는 것이 도대체 무엇입니까? 이 모든 것이 도대체 무엇입니까? 우리는 당신께서 우리의 존재를 원하시는 한 존재할 뿐입니다. 당신에 비할 때 당신의 존재 앞에서 하나의 환상과 그림자와 같아 감히 존재라고 부를 수조차 없는 가련하고 하잘것없는 우리들입니다. 나와 온갖 것들의 존재는 당신의 존재 앞에서 사라지나이다. 마치 찬란한 태양 앞에 보이지도 않고 없는 것과도 같은 조그마한 촛불과 같나이다.[15]

아브라함과 엑카르트와 테르스테겐에게 생겼던 감정은 오늘날도 분명한 신비주의적 체험의 특징들을 지니고 일어날 수 있다. 남아프리카에 관한 어떤 책의 소개[16] 가운데는 다음과 같은 말이 씌어 있다:

> 저자는 키가 크고 힘세며 강인한 성격을 소유한 말이 없는 보어인들의 한 사람이 말한 의미 심장한 얘기들을 되풀이하고 있다. 저자는 그가 고작해야 자기 양과 가축들, 혹은 그가 잘 알고 있는 표범들의 습성 외에는 거의 어떤 심오한 얘기라고는

---

15. Tim Klein, *Gerhard Tersteegen* (München, 1925), 'Der Weg der Wahrheit' 73면.
16. O. Schreiner의 책 *Thoughts on South Africa* (London, 1923)에 관한 소개, *The Inquirer*, July 14, 1923.

하는 것을 들어 본 일이 없었다. 찌는 듯한 태양 아래 약 두 시간 가량이나 넓고 넓은 아프리카의 평원을 건너질러 간 후 그는 탈(Taal)어로 서서히 말했다. "한 가지 오랫동안 당신에게 물어보고 싶은 것이 있었읍니다. 당신은 공부를 많이 하셨을 테니까요. 이런 들에 혼자 있을 때, 그리고 태양이 잡목들에 내리쬐고 있을 때, 당신은 무엇인가가 말하고 있다는 느낌이 들지 않습니까? 귀로 들을 수 있는 어떤 것은 아니지만 마치 내가 너무나 너무나 작아지는 듯하며 다른 어떤 것은 너무나 커지는 듯합니다. 그렇게 되면 이 세상의 작은 일들이 모두 <u>아무것도 아닌 것</u> 같아집니다."[17]

---

17. 신비주의를 하나의 단일한 현상으로 취급하는 잘못에 관하여는 *West-östliche Mystik*, 95면 이하를 참조. 엑카르트에 있어서 위압성의 신비주의에 관해서는 같은 책 256면 이하를 볼 것.

ⓒ '활력성'의 요소

마지막으로 두려움과 위압성의 요소는 그 안에 세번째의 요소를 안고 있다. 나는 그것을 누멘적 활력(Energie)이라고 부르고 싶다. 그것은 특별히 전에 언급한 '진노'에서 생동적으로 느낄 수 있으며 생동성, 정열, 감정적 기질, 의지, 힘, 운동, 흥분, 활동, 충동과 같은 지시어들로서 표현된다. 이러한 특징들은 귀신의 단계로부터 시작하여 '살아 계시는 하느님'의 표상에 이르기까지 근본적으로 어디서나 발견된다. 그들은 누멘의 요소로서 이 요소가 경험되는 순간 인간의 마음은 활성화되고 '열성'으로 치달으며 엄청난 긴장과 역동성으로 채워진다— 그것이 금욕적 생활에서든, 세상과 육에 대한 싸움에서든, 혹은 그 자극이 외부로 폭발하는 경우 영웅적 활동과 행동 등으로 나타나든. 그들이야말로 바로 신관념에 있어서 비합리적 요소를 구성하고 있는 것으로서 단지 합리적 사변과 정의에 입각한 '철학적' 신에 대항하여 어디서나 가장 많은, 그리고 가장 강력한 저항을 불러일으켜 온 것이다. 철학자들은 이러한 신관념의 비합리적 요소가 등장할 때마다 언제나 그것을 '의인주의'(Anthropomorphismus)라고 공박했다. 사실 이러한 비판은 그 변호자들 스스로가, 인간의 심정적 영역으로부터 차용해 온 지시어들이 단지 유추적(analogisch) 가치 이상은 지니고 있지 않다는 사실을 대부분 간과해 온 이상 타당한 비판이었다. 그러나 이러한 과오에도 불구하고 그들이 신적인 것(누멘)의 한 진정한 요소인 비합리적 요소를 올바로 감지하고 그러한 지시어들을 통하여 종교를 전적인 합리화로부터 보호했다는 점에 있어서는 그 비판은 정당한 것이 못 된다. 왜냐하면 '살아 계신' 하느님과 '주의주의'(主意主義, Voluntarismus)를 위한 투쟁이 있는 곳에는 루터가 에라스무스에게 대항했던 것과같이 언제나 비합리주의자들의 저항이 있었던 것이기 때문이다. 루터가 그의 「의지의 예속성」(*De servo arbitrio*)에서 말하고 있는 '신의 전능'(omnipotentia dei)이란 것은 다름아닌 절대적 우월성으로서의 신의 위압성과 부단히 몰아치고 활동적이며 강요하며 생동적인 존재로서의 그의 '활력'(Energie)과의 결합에 지나지 않는 것이다. 이러한 활력성은 주의주의적 형태의 신비주의에도 강하게 살아 있다. 예를 들어 그간에 나타난 나의 저서「동·서양의 신비주의」에 있는 "엑카르트에 있어서의 역동적 신비주의"에 관한 장을 참조하면 좋을 것이다. 또한 피히테의 주의주의적인 신비주의와 끊임없는 거대한 행동적 충동[18]으로서의 절대(das Absolute)에 대한 사변, 혹은 쇼펜하우어가 말하는 악령적 '의지'의 개념 등에도 이 '활력적인 것'은 계속 나타나고 있다. 그러나 양자는 모두 일찌기 신화에서 발견되는 결함을 지니고 있다. 즉, 그들은 불가언적인 것에 대한 지시어 정도로밖에 쓰여질 수 없는 '자연적' 속성들을 절대의 비합리적 요소에 대하여 실재적으로 적용하고 있으며 감정 표현의 순수한 상징들을 충분한 개념들로서, 그리고 학문적 인식의 기초들로서 사용하는 오류를 범하고 있는 것이다. 우리가 나중에 보겠지만 이 누멘적 활력성의 요소는 괴테에 의하여 그가 소위 '마력적인 것'이라고 부르고 있는 것에 대한 이상한 묘사 가운데서 아주 독특한 방식으로 체험되고 강조되어 있다.

---

18. 이 점에 관해서 좀더 상세하게는 *West-östliche Mystik*, 303면: 'Fichte und das Advaita' 참조.

㉒ 신비의 요소 : '전혀 다른 것'

"개념적으로 파악된 신은 신이 아니다."
― 테르스테겐

우리는 누멘적인 대상을 '두려운 신비'(mysterium tremendum)라고 불렀으며 우선 두려운이라는 형용사에 대하여 먼저 구명해 보았다. 그것은 이 부가어가 신비(mysterium)라는 주어보다는 좀 이해하기 쉬운 말이기 때문이었다. 이제 우리는 이 '신비'라는 말의 뜻에 대해서도 그 의미를 해석하면서 가까이 접근해 보고자 한다. 왜냐하면 '두려운'이라는 형용사는 결코 '신비'라는 명사로부터 저절로 풀려 나오는 속성이 아니라 '신비'에 대한 하나의 종합판단적 서술어이기 때문이다.[19] 물론 이 양자 중 하나에 대한 우리의 감정적 반응들은 다른 하나에 대한 감정적 반응으로 쉽게 이행(移行)하는 것이 사실이다. 실로 우리의 언어적 감각으로서는 '신비'라는 말은 '두려운'이라는 종합판단적 서술어와 너무나도 밀접히 연결되어 있기 때문에 우리가 그중에 어떤 하나를 지칭하면 다른 하나도 동시에 암시될 정도다. '비밀'은 이미 그 말 자체가 쉽게 '무서운 비밀'을 뜻한다. 그러나 언제나 그러한 것은 아님을 명심해야 한다. 두려움과 신비의 요소는 그 자체에 있어서 확실히 상이한 것이며, 누멘적인 것의 신비스러운 요소는 감정체험상 두려움의 요소를 능가할 수 있는 것이다. 사실 그것은 너무나도 강하게 전면에 부상하기 때문에 두려움의 요소는 거의 사라져 버리는 경우도 있다. 때로는 하나가 우리의 마음을 전적으로 사로잡기 때문에 다른 하나는 전혀 같이 나타나지 않을 수도 있는 것이다.

ㄱ) 신비 가운데서 두려움의 요소를 빼고 남은 것을 우리는 좀더 정

---

19. 다시 말하면 '두려움'은 '신비'라는 개념 속에 이미 내포되어 있던 것을 분석적으로 도출한 것이 아니라 새로운 어떤 내용을 가리킨다는 말이다(역자 주).

확히 기이한 것(mirum) 혹은 경이로운 것(mirabile)이라고 부를 수 있다. 이 기이한 것은 그 자체가 아직 어떤 탄복할 만한 것(admirandum)이라는 뜻은 아니다. (그러기 위해서는 나중에 우리가 언급할 매혹성 ⟨fascinans⟩과 장엄성 ⟨augustum⟩의 요소가 가미되어야 할 것이다.) 또한 '경탄하다'라는 뜻도 아니고 오로지 '이상히 여기다'라는 말이 비로소 거기에 해당하는 말이다. '이상히 여기다'라는 말은 우리가 거의 잊고 있지만 '<u>이상</u>'(Wunder)이라는 단어로부터 온 것으로서 일차적인 의미에서 마음속에 하나의 이상, 이상한 것, 기이한 것에 부딪쳤다는 것을 뜻한다. 따라서 진정한 의미에서의 '이상히 여기다'라는 말은 순수히 누멘적 감정의 영역에 처해 있는 심정적 상태로서, 오직 퇴색되고 통속화된 형태로서만이 일반적인 의미에서의 놀라움이 되는 것이다.[20]

우리가 기이한 것에 상응하는 심정적 반응을 표현하는 말을 찾아볼 것 같으면 우리는 또 한 번 전적으로 '자연적인' 심정적 상태에 관하여 사용되는, 따라서 단지 유추적인 의미만을 지니게 되는 하나의 단어를 발견하게 된다. 곧 '기막힘'(stupor)이라는 말이다. '기막히다'라는 것은 분명히 전율과는 다른 말이다. 그것은 우리로 하여금 입을 딱 벌리게 하는 순전한 놀라움과 절대적인 이질감을 뜻한다. 라틴어의 'obstupefacere'[21]에 비견할 수 있고, 좀더 정확히는 희랍어의 'thambos'와 'thambeisthai'에 해당한다.[22] 'thamb'이라는 소리는 순전한 놀라움의 심정적 상태를 특별히 잘 표현해 준다. 마르코 복음 10장 32절의 "저희가 놀라고 좇는 자들은 두려워하더라"라는 말은 '놀라움'(stupendum)과 '두려움'(tremendum)의 차이를 아주 잘 나타내

---

20. 똑같은 의미의 변화를 우리는 범어의 'aścarya'라는 말에서 찾아볼 수 있다. 나중에 이에 대한 언급이 있겠지만, 이 경우에도 역시 근원적으로는 누멘적 영역에 속한 개념이 세속화한 것이다. 그리하여 속된 영역으로 '떨어져' 버린 것이다. 이러한 경우는 한둘이 아니다. *Das Gefühl des Überweltlichen*, 187면에 있는 논의, 즉 처음에는 순전히 누멘적인 술어였던 'deva'와 'asura'에 관한 논의를 참조.
21. '정신을 잃게 하다'라는 뜻(역자 주).
22. '놀라움'과 '놀라다'라는 뜻(역자 주).

주고 있다. 한편, 전에 이 두 가지 요소가 쉽게 잘 섞인다고 한 것은 바로 이 'thambos'라는 말의 경우에 타당한 것으로서, 그렇게 되면 이 말은 누멘적인 것이 주는 숭고한 전율을 나타내는 하나의 고전적인 술어가 된다. 그러기에 루터는 마르코 복음 16장 5절을 아주 적절하게 "그리고 그들은 놀랐다"라고 번역하고 있는 것이다. 'thamb'이라는 어간이 지닌 회화적 요소는 히브리어의 'tāmahh'라는 말에 다시 나온다. 이것 역시 '나자빠지다'라는 뜻인데, 이것 역시 '놀라다'라는 뜻으로 전의되었으며 단지 '이상히 여기다'라는 뜻으로 퇴색하고 말았다.²³

신비(mysterium), 신비적(mystēs), 신비주의(Mystik)라는 말들은 아마도 범어 'mus'에 아직도 보존되어 있는 어간으로부터 유래하는 것이다. 'mus'란 말은 '감춘다', '숨긴다', '비밀히하다' 등의 뜻을 지니고 있으며 따라서 속인다거나 몰래 한다라는 뜻도 된다. 일반적인 의미로는 신비란 먼저 모든 친숙하지 못한 것, 혹은 이해되지 않거나 설명되지 않은 것이라는 뜻에서의 비밀을 일컫는 말이다. 그러한 한 신비라는 말 자체도 우리의 의중에 있는 바에 비하면 자연적인 것의 영역으로부터 취한 단지 하나의 유추적 개념에 불과하며, 사실 자체를 정말로 다 나타냄이 없이 단지 하나의 유추의 목적으로 사용된 명칭일 뿐이다. 사실 자체, 즉 종교적으로 신비한 것 혹은 진정으로 기이한 것이란 가장 적절히 표현할 것 같으면 '<u>전혀 다른 것</u>'(das 'Ganz andere', thāteron, anyad, alienum, aliud valde), 생소한 것, 소외감을 주는 것으로서, 일상적인 것, 아는 것, 친숙한 것, 따라서 '편안한 것'의 영역을 벗어나는 것이며 이러한 것들과는 반대되고 <u>따라서</u> 마음을 순전한 놀라움으로 채우는 것이다.²⁴

이와같은 점은 원시인의 종교에서와같이 누멘적 감정이 처음 거칠

---

23. 'thamb'과 같은 묘사어이며 그와 유사한 의미를 지닌 말로서 독일어의 'baff'된다라는 말이나 혹은 화란어의 'verbazen'이라는 말이 있다. 둘 다 전적인 기막힘을 뜻한다.
24. *Das Gefühl des Überweltlichen* 제 8 장, "기독교와 비기독교적 사변과 신학에 있어서 '전혀 다른 것'"을 참조할 것. 229면의 'Das Aliud valde bei Augustin' 참조.

은 술렁임을 보이게 되는 낮은 단계에서도 이미 찾아 볼 수 있다. 이 단계의 특징은 정령숭배론(Animismus)적 종교이론이 주장하듯이 혼령들이라 부르는 보이지 않는 이상한 실체가 관심의 대상이 되어 있다는 것이 아니다. 혼령들에 대한 표상들 내지 유사한 개념들은 오히려 모두 나중에 첨가된 '합리화 작업들'에 의하여 비로소 나타나는 결과들로서, 이러한 합리화는 기이한 것의 수수께끼를 어떻게 해서든지 해석하려고 시도하나 결국 그와 동시에 언제나 생생한 체험을 둔화시키고 약화시키는 결과를 초래한다. 그러한 합리화로부터 나오는 것은 종교 자체가 아니라 종교의 합리화이다. 그리고 이 종교의 합리화는 종종 그럴듯한 해석들을 가지고 너무나도 단단한 이론을 구축하기 때문에 신비 자체는 추방을 당하게 된다.[25] 철저히 전개된 교리 철학과 마찬가지로 그것은 종교의 기초가 되는 체험을 묽게 하고 납작하게 만들어 종국에 가서는 아주 추방을 해 버리는 것이다. 비록 종교의 낮은 단계라 할지라도 거기서 오히려 진정한 특징을 이루고 있는 것은 역시 어떤 독특한 감정적 요소다. 그것은 곧 '전혀 다른 것' 앞에서 느끼는 기막힘으로서, 사람들은 이러한 다른 것을 '신령', '귀신', 혹은 '신'(deva)이라 부르기도 하며, 혹은 어떠한 이름도 붙이지 않는다. 사람들은 그것을 해석하고 고정시키기 위하여 새로이 환상적 그림을 만들어 내거나, 혹은 이야기를 꾸며 대는 상상력이 귀신에 대한 공포의 술렁임과는 별도로 그 이전에 이미 산출해 놓은 전설의 세계로부터 환상적 그림들을 전용하기도 한다.

앞으로 우리가 언급하게 될 법칙에 의하면, 이러한 '전혀 다른 것'의 감정은 그 자체가 이미 '자연적으로' 수수께끼 같은 대상들, 혹은 이질감을 자아내거나 깜짝 놀라게 하는 것들과 관계되어 있거나 아니면 때로는 그들을 통하여 함께 자극된다. 예를 들어 자연의 세계나 동물들, 그리고 인간들에 있어서 이질적이거나 괴상한 현상이나 사건 혹은 사물들과 같은 것이다. 그러나 여기서도 역시 중요한 사실은 누

---

25. 정신주의(Spiritismus)가 보여 주듯이, '개념적으로 파악된' 혼령은 사람들을 더 이상 두렵게 하지 않는다. 이와 더불어 그것은 더 이상 종교 연구의 대상이 되지 않는 것이다.

멘적 감정이라는 특이한 유(類)의 요소가 하나의 '자연적' 요소와 연계되어 있다는 것이며, 결코 후자가 어떤 정도상의 상승을 통하여 전자로 바뀌는 것은 아니라는 점이다. 자연적 이질감과 '초자연적' 대상 앞에서 느끼는 이질감 사이에는 어떠한 정도상의 이행도 있을 수 없다. 그리고 초자연적 대상에 관하여서만이 '신비'라는 표현은 비로소 그 완전한 뜻을 나타내게 되는 것이다.[26] 아마도 사람들은 이 점을 '신비'라는 명사보다는 '신비적'이라는 형용사 속에서 더 분명히 느낄 수 있을 것이다. 예를 들어 아무도 자기가 알 수 없는 시계의 장치나 이해 못할 학문을 두고서 심각하게 "이것은 나에게는 신비적이다"라고 말하지는 않을 것이다. 아마도 어떤 사람은 이에 이의를 제기하면서 말하기를 신비적이란 말은 다만 우리에게 어떤 경우에든지 절대적으로 이해 안 되는 것을 뜻하는 반면에, 아직은 당분간 이해 안 되기는 하나 근본적으로는 이해가능한 것은 단지 '문제가 있다'라고 말할 뿐이라고 주장할 것이다. 그러나 이것은 결코 사실을 끝까지 구명하는 것이 못 된다. 참으로 '신비한' 대상이 우리에게 이해불가능한 이유는 단지 우리의 인식이 그것과 관련해서 어떤 극복할 수 없는 한계를 갖고 있기 때문이 아니라, 바로 그 유와 본질에 있어서 우리와는 비교할 수도 없고 따라서 그 앞에서 우리는 순전한 놀람으로 주춤할 수밖에 없는 하나의 '전혀 다른 것'에 부딪치고 있기 때문이다. 아우구스티누스는 그의 「고백록」 11장에서 우리를 얼어붙게 만드는 '전혀 다른 것'의 요소, 곧 누멘의 '비유사성'(dissimile)과 그 반대, 즉 누멘의 합리적 측면인 '유사성'(simile)과의 대조에 관해서 다음과 같은 적절한 표현을 하고 있다:

> 나에게 환히 비추이며 또 나의 마음에 부딪치되 상하게 하지는 않는 이것은 무엇인가? 나는 무서워 떠나 또 불타고 있다. 내가 그것과 다른 한 나는 무서워 떨며, 내가 그것과 유사한 한 나는 불타고 있는 것이다.

---

26. '비합리적'이라는 말에 대해서도 이 점은 마찬가지다.

우리는 방금 말한 바를 누멘적 감정의 타락 내지 희화(戱畵)인 유령에 대한 공포에서 더욱 분명히 할 수 있다. 그러면 유령에 대한 분석을 시도해 보자.

우리는 위에서 이미 유령에 대한 '공포'의 독특한 감정적 요소를 '무시무시함' 혹은 '소름끼침'으로 표현했다. 분명히 이 '무시무시함'은 유령 이야기가 갖고 있는 매력에 공헌을 하고 있다. 즉, 그것에 따르는 긴장감과 그 해소는 우리들에게 어떤 쾌적한 안락함을 제공한다. 이렇게 볼 때 우리에게 쾌감을 주는 것은 본래 유령 자체가 아니라 우리가 유령으로부터 다시 해방된다는 상황인 것이다. 그러나 확실히 이것만으로는 유령 이야기가 갖고 있는 매혹적인 힘을 충분히 설명할 수 없다. 유령의 본래적 매력은 오히려 그것이 하나의 기이한 것(mirum)으로서 그 자체가 우리의 환상을 비상하게 자극하면서 흥미와 더 큰 호기심을 일깨우는 작용을 하고 있다는 데에 있다. 바로 이 이상한 것 자체가 우리의 환상을 유혹하는 것이다. 그러나 이 환상의 유혹은 결코 그 이상한 것이 '어떤 길쭉하고 하얀 것'(어떤 사람이 한번 '유령'을 이렇게 묘사했다)이기 때문이거나 혹은 그것이 '혼령'이기 때문에, 아니면 우리의 환상이 유령에 대하여 생각해 낸 어떤 적극적인 개념적 속성 때문에 생기는 것이 아니다. 오히려 그것은 하나의 기이한 것, 하나의 '비물'(非物, Unding), '도대체 본래 있지도 않는' 어떤 것, 그리고 '전혀 다른 것'으로서 우리의 현실의 테두리와는 전적으로 다른 현실에 속하면서도 동시에 억제하기 어려운 흥미를 우리 마음속에 일으키는 어떤 것이라는 사실에 근거하여 우리의 환상을 자극하는 것이다.

이러한 하나의 희화에서조차 이미 발견할 수 있는 진리는 훨씬 더 강한 의미에서 귀신에 관한 체험에 대해서도 타당하다. 유령에 대한 공포는 귀신에 대한 체험의 하나의 파생물에 불과한 것이다. 이 귀신에 대한 체험선상에서 누멘적 감정, 즉 '전혀 다른 것'의 감정은 고조되고 명료하게 되는가 하면, 이러한 더 고차적인 발전은 누멘적 대상을 단지 익숙하고 친숙한 것, 즉 결국 '자연' 일반으로부터 구별시켜 주며, 따라서 그것을 '초자연적인 것'으로 만들 뿐만 아니라 끝내는 '세상' 자체와도 대조시킴으로써 그것을 '초세상적인' 것 자체로까지 고양시키게 되는 것이다.

'초자연적인 것'과 '초세상적인 것'이라는 말은 한편 적극적인 지칭들처럼 보이며, 우리가 그들을 신비한 것에 대하여 사용할 것 같으면 그 신비는 처음에 지녔던 단지 부정적인 의미를 탈피하여 적극적인 언표가 되는 것같이 보인다. 그러나 이것은 개념이라는 측면에서 볼 때는 하나의 가상에 지나지 않는다. 왜냐하면 '초자연적'과 '초세상적'이라는 말은 자연과 세상이라는 말과 관련하여 볼 때 분명히 단지 부정적이고 배제적인 서술어일 뿐이기 때문이다. 그러나 사실상 최고로 적극적인 누멘적 감정내용이라는 측면에서 볼 때는 가상이 아니라 옳은 표현이다. 단지 이 감정내용은 여기서도 역시 개념적으로는 풀릴 수 없을 따름이다. 이 감정내용을 통해서 '초세상적'과 '초자연적'이라는 말들은 갑자기 하나의 독특하고 '전혀 다른' 실재 및 그 성격에 대한 지칭으로 되게 된다. 이 실재의 특이성에 대하여 우리는 어떤 것을 <u>느낄 수는</u> 있으나 그것을 개념적으로 분명히 표현할 수는 없는 것이다.

신비주의에서 말하는 '저 너머'(epekeina, beyond)라는 것도 역시 모든 종교에 이미 존재하고 있는 비합리적 요소가 극도의 긴장상태를 이룬 것을 의미한다. 신비주의는 '전혀 다른 것'으로서의 누멘적 대상을 우리의 일상적 경험과 극단적으로 대립시키되, 단순히 자연적이고 세상적인 모든 것과의 대립으로 만족하지 않고 급기야 '존재' 혹은 '존재자' 자체와 대립시킨다. 결국 신비주의는 그것을 '무'(無)라고 부른다. 여기서 무라는 것은 단지 어떤 것으로도 말할 수 없다는 것을 뜻할 뿐만 아니라 존재하고 있는, 혹은 생각될 수 있는 모든 것과 단적으로, 그리고 본질적으로 이질적이며 반대적이라는 뜻이다. 그러나 신비주의는 '신비'의 요소를 파악하기 위하여 개념적 사유가 할 수 있는 유일한 방법인 부정과 대립을 역설의 단계로까지 강화시키는가 하면, 동시에 신비주의는 '전혀 다른 것'의 적극적인 속성을 감정의 차원, 아니 감정의 충일 가운데서 지극히 생동적으로 포착하고 있다. 우리 서양의 신비주의자들이 말하는 독특한 '무'(nihil)에 대한 고찰은 불교의 신비주의자들이 말하는 '공'(空)한 것 혹은 '공'(śūnyatā)에 대해서도 마찬가지로 타당하다. 신비주의자들이 사용하는 신비적 언어나 지시어 혹은 지표에 대하여 아무런 내적 감정도 느껴 보지 못한 사람에게는 불교적 신비주의자의 공과 공화(空化)에 대한 추구는 서양의 신비주의자들에서 보이는 무와 무화에 대한 추구와 마찬가지로 일종의 어리석음으로 보일 것이다. 그리고 불교 그 자체도 병든 마음에서 나오는 '허무주의'와같이 보일 것이다. 그러나 사실은 '무'와 마찬가지로 '공'도 '전혀 다른 것'에 대한 누멘적 지시어인 것이다. 공이란 '기이한 것'(mirum) 그 자체 — 그러면서 동시에 우리가 곧 언급하게 될 '역설'과 '이율배반적인 것'으로까지 고조되는 것 — 이다. 이와같은 인식을 지니지 못한 사람에게는 공을 찬양하는 반야바라밀다(般若波羅密多)에 관한 경전들은 순전히 미친 이야기로 보일 것이다. 나아가 그는 바로 이 경전들이 수백만의 사람들에게 어떠한 매혹을 지녀 왔는지 도저히 이해 못할 것이다.

ㄴ) 우리가 신비라고 부르는 누멘의 요소는 종교사적 발전의 거의 모든 선상에서 점점 더 그 기이성의 성격이 상승되며 강화되어 가는 자체 내의 발전을 거치게 된다. 사실 우리는 이 과정의 세 단계를 들 수 있다. 즉, 단지 이질적인 것의 단계, 역설적인 것의 단계, 그리고 이율배반적인 것의 단계이다.

① '전혀 다른 것'으로서의 기이성은 우선 불가해적인 것이며 크리소스토무스(Chrysostomus)가 말한 것같이 파악할 수 없는 것(akatalēpton)으로서, 우리들의 사고범주를 초월하기에 우리의 개념적 파악에 잡히지 않는 어떤 것이다.

② 그러나 기이한 것이란 우리의 사고범주를 벗어날 뿐만 아니라 때로는 그것에 역행하며 그것을 해체시키고 혼란시키는 듯하기도 한다. 따라서 그것은 단지 불가해할 뿐 아니라 이제는 곧바로 역설로 되

어 버린다. 모든 이성을 초월할 뿐만 아니라 '이성에 거슬러'가는 것 같이 보인다.

③ 그리고 이 역설의 가장 예리한 형태야말로 우리가 이율배반이라고 부르는 것이다. 이것은 단지 역설 이상의 것이다. 왜냐하면 이제는 이성에 거슬리고 그 척도와 법도를 무시하는 듯한 발언들이 나올 뿐만 아니라, 이러한 발언들은 그 자체 내에서 모순을 일으키며 그들이 언급하고 있는 대상 자체에 대해서도 서로 합치될 수 없고 지양될 수도 없는 상반된 것들을 말하고 있는 것이다. 여기서 기이성은 합리적 이해의 의지에 대하여 비합리성의 가장 신랄한 형태로 나타난다. 비단 우리의 범주들로 불가해할 뿐만 아니라, 비단 그것이 지닌 비유사성 때문에 파악불가능할 뿐만 아니라, 아니 우리의 이성을 혼란시키고 눈멀게 하고 번민 가운데 궁지로 몰아넣을 뿐만 아니라, 그 자체 내에서 분명히 반대와 모순 속에 대립되어 있는 것이다. 우리의 이론에 따르면 이러한 요소는 신관념에 있어서 비합리적인 것을 강조하는 특징을 지닌 '신비신학'에 특히 잘 나타날 것임에 틀림없으며, 사실 신비신학이 그러하다는 것은 잘 알려진 사실이다. 신비주의는 본질적으로, 그리고 제일차적으로 기이성의 신학, 즉 '전혀 다른 것' 의 신학인 것이다. 그렇기 때문에 신비주의는 엑카르트에서와 같이 종종 '들어 보지도 못한 것의 신학', 새롭고 희한한 것에 관한 신학, 혹은 대승불교의 신비주의에서처럼 역설과 이율배반의 학문, 그리고 일반적으로 자연스러운 논리에 대한 공격으로 되는 것이다. 신비주의는 반대의 일치(coincidentia oppositorum)라는 논리로 흐르는 것이다(그리고 신비주의가 타락하는 경우에는 실레시우스〈Silesius〉의 경우에서처럼 이러한 논리를 가지고 사람들을 놀라게 하는 재기발랄한 장난을 일삼게 된다). 그러나 그럴지라도 신비주의는 일반 종교에 절대적으로 대립되는 것은 아니다. 양자의 진정한 관계는, 우리가 여기서 언급하고 있는 요소들이 모든 진정한 종교적 감정의 기본을 이루고 있는 누멘적인 것, 즉 '전혀 다른 것'이라는 일반적인 종교적 요소로부터 발생했다는 사실을 기억한다면 곧 분명하게 될 것이다.

이 점은 사람들이 보통 어떠한 신비주의와도 대립된다고 여기는 바로 욥이나 루터와 같은 인물에서도 위에 언급한 신비주의의 요소들이 발견된다는 사실을 기억하면 분명해진다. 역설과 이율배반으로서의 '전혀 다른 것'의 요소는 우리가 나중에 '욥적인' 사상계열이라 부르는 것을 형성하고 있으며, 어느 누구보다도 루터에 있어서 가장 특징적인 것이다. 이 점에 관해서는 차후에 더 얘기될 것이다.

제 5 장

누멘적 찬송들
(누멘적인 것의 요소 Ⅲ)

신에 대한 단순한 '합리적'인 찬송과, '두려운 신비'의 요소들에 따라 비합리적인 것과 누멘적인 것에 대한 감정까지도 표현하는 찬송과의 차이는 다음과 같은 시들을 비교해 보면 잘 드러날 것이다.

겔러트(Gellert)는 다음의 시에서 '자연 속의 신의 영광'에 대해서 실로 힘차고 찬란하게 노래하고 있다 :

> 하늘은 영원한 자의 영광을 기리며,
> 그 소리는 그의 이름을 전파하는도다.

종결의 절까지 포함하여 여기서는 모든 것이 밝고, 합리적이고, 친근하다.

> 나는 너의 창조주, 지혜와 선이며
> 질서의 신, 너의 구원이로다!
> 온 마음 다하여 나를 사랑하며
> 나의 은혜에 동참할지어다.

그러나 이 찬송이 아무리 아름답다 하여도 결코 '신의 영광'에 완전히 합당한 것은 아니다. 한 세대 전에 랑게(E. Lange)에 의해서 지어진 〈신의 위엄〉(die Majestät Gottes)이라는 시와 비교해 보면 우리는 위의 시가 어떤 요소를 결여하고 있는지 곧 느낄 수 있을 것이다 :

> 당신 앞에서 천사들의 합창은 떨며
> 그들은 눈과 얼굴을 떨구니

그토록 무섭게 당신은 보이나이다.
그곳으로부터 그들의 노래는 울려나옵니다.
피조물은 당신의 현존 앞에서 굳어지며
당신의 현존은 온 세계를 채우나이다.
그리고 이 바깥 세상은,
오 불변의 영이시여,
당신이 스스로를 감추시는 영상과 같나이다.
케루빔과 세라핌들은 언제나 당신을 찬양하고
당신 앞에는 옛적 무서운 군대도
겸손히 무릎 꿇나이다.
힘과 영예, 나라와 거룩함은 모두 당신의 것
공포가 나의 마음을 앗아 가나이다.
만유 위에 뛰어난 위엄이 당신께 있사오니
거룩 거룩 거룩 부르도다.¹

이것은 겔러트의 시 이상이다. 그러나 여기서마저도 이사야서 6장에 있는 세라핌의 노래에서 발견되는 것은 아직 결여되어 있다. 그의 '굳어짐'에도 불구하고 랑게도 역시 10개나 되는 긴 절들을 노래하고 있는 반면에 천사는 간략히 두 절만 노래하고 있다. 그리고 그는 그치지 않고 신을 '당신'이라 부르고 있으나, 천사는 야웨 앞에서 삼인칭적으로 말하고 있는 것이다.²

---

1. A. Bartels의 시 "우리의 하느님은 강한 성이시다"를 참조할 것: *Deutsch-christliches Dichterbuch*, 274면.
2. 사실 우리는 지고의 존재를 언제나 '당신'이라고 부를 수는 없다. 성녀 테레사는 신에게 말하기를 '영원한 위엄'이라 했고, 프란치스꼬회원들은 '당신'이라 부른다. 1823년 12월 31일 Eckermann에게 한 말 가운데서 괴테는 누멘적인 것의 두려운 신비성에 아주 가까이 접근하고 있다: "사람들이 이 파악할 수도 없고 상상할 수도 없는 지고의 존재가 마치 자기들과 마찬가지인 양 신의 이름을 취급한다. 그렇지 않다면 '주 하느님', '사랑하는 하느님', '선한 하느님'이라고 말하지 않을 것이다. 그들이 하느님의 위대하심을 철저히 느낀다면 그들은 침묵을 지킬 것이며 경외 때문에 그의 이름을 부르지 못할 것이다."

누멘적인 찬송과 기도가 비상하게 풍부한 것은 유대인의 큰 화해의 날인 욤 키푸르(Jom Kippur)의 전례다. 반복해서 나오는 이사야서 6장의 세라핌의 삼중 거룩송이 그것을 뒤덮고 있으며 다음과 같은 놀라운 기도(Ubeken tēn pachdeka)도 있다.

> 야웨(JHWH) 우리 하느님, 당신의 공포가 당신의 모든 피조물들에 임하게 하시오며 당신을 경외하는 두려움이 당신이 만드신 모든 것에 오게 하소서. 그리하여 당신의 모든 피조물들이 당신을 두려워하고 모든 존재가 당신 앞에 머리 숙이며 온 마음으로 당신의 뜻을 행하려는 약속을 하게 하소서. 야웨(JHWH) 우리 하느님, 우리가 아옵나니 통치가 당신의 것이요 권능이 당신의 손에, 그리고 힘이 당신의 우편에 있고 당신의 이름은 당신이 만드신 모든 것 위에 뛰어나나이다.

또한 다음과 같은 기도(Qādosch attā)도 있다:

> 당신은 거룩하시고 당신의 이름은 두렵사옵니다. 어떤 신도 당신밖에는 없사오니, "만군의 야웨는 심판 가운데 숭고하시며 거룩하신 하느님은 공의 가운데 거룩히 되시는도다"라고 씌어 있나이다.

또한 다른 찬란한 노래들(Jigdal Elohim Chaj, Adon 'olām')도 더욱더 이러한 소리를 발하고 있으며, 가비롤(Salomo ben Jehudah Gabirol, 1020-1058)이 지은 연작시 〈왕관〉도 그러하다. 예를 들어 다음과 같은 시(Niflaïm)가 있다:

> 당신의 업적은 놀라우시며
> 나의 영혼이 이를 알고 인정하나이다.
> 권능과 위대함이, 오 하느님, 당신의 것이며
> 광채와 영광과 찬송이 당신의 것이며
> 나라와 그 영예도 당신의 것이옵니다.

하늘 높은 곳과 바다 깊은 곳의 피조물들이 증언하나니
저들은 허무 속으로 꺼질지라도 당신은 남아 계시도다.
권능이 당신의 것이며 그 비밀을 측량하다
우리의 생각은 지쳐 버리나이다.
당신은 생각의 경계보다 더 위대하시기 때문이옵니다.
전능의 덮개가 당신의 것이며
비밀과 근원이 당신께 속하나이다.
빛의 사람들에게도 숨겨진 이름이 당신의 것이오며
무 위에 세계를 유지하며 심판의 날에 숨겨진 것을
드러내는 힘도 당신의 것이오며 …
모든 높이와 충만함 위에 뛰어난 보좌가 당신의 것이며
천공의 비밀 속에 감싸인 거처도 당신의 것이옵니다.
모든 생명을 비추는 빛이 당신의 것이오며
우리는 단지 그 그늘 속에서 떨고 있음을 말할 뿐이옵니다.

또 하나의 시(Atta nimBa)는 다음과 같이 읊고 있다:

당신은 존재하시나이다!
귀로 들어서 당신께 미치지 못하고
눈의 빛이 당신께 이르지 못하나이다.
'어떻게', '왜', '어디서'가
당신께는 징표로 붙어 있지 않으나
당신은 존재하시나이다!
당신의 비밀은 숨겨져 있사오니
그 누구가 그것을 헤아릴 수 있사오리까!
깊고 깊은 그 비밀을
그 누구가 찾을 수 있사오리까![3]

---

3. M. Sachs, *Festgebete der Israeliten* (Breslaw, 1898: 15판), 제3부.

제 6 장

매혹성
(누멘적인 것의 요소 Ⅳ)

그대, 홀로 기쁨을 누리는 자―
그토록 본질적으로, 그토록 순수하게

1. 누멘적인 것의 내용(그것의 형식은 신비성임)은 한편으로는 이미 우리가 상설한 바 있는 위압적이고 압도적인 두려움(tremendum)의 요소다. 그러나 그것은 동시에 다른 한편으로는 분명히 독특한 힘으로 끌어당기며, 매료하며, 매혹하는 어떤 것으로서, 이제 위압적인 두려움의 요소와 더불어 하나의 묘한 대조적 조화를 이루게 된다. 루터는 말한다: "우리는 성스러움에 두려움을 가지고 영광을 돌리는 것과 한가지로, 그것으로부터 도피하지 않고 오히려 더 가까이 나아간다." 그리고 오늘날의 한 시인은 "그 앞에 무서움을 느끼나 이끌리도다"라고 말하고 있다. 대조적 조화라는 누멘적인 것의 이와같은 양면성은 전인류의 종교사가 증언하고 있는 것이다. 적어도 '귀신에 대한 공포'의 단계로부터는 그래 왔다. 이 대조적 조화는 종교사 일반에 있어서 가장 묘한, 그리고 가장 주의를 요하는 현상이다. 귀신이나 신은 우리의 마음에 그렇게 무시무시하고 공포적인가 하면 또한 그렇게도 유혹적이고 매력적일 수가 없는 것이다. 지극한 비천함 속에서 용기를 잃고 그 앞에 떨고 있는 피조물은 동시에 언제나 그 앞으로 나아가려는, 아니 그것을 어떻게 해서든지 소유하려는 충동을 느낀다. 신비는 단순히 놀라운 것(Wunderbare)만이 아니라 또한 경탄스러운 것(Wundervolle)이기도 한 것이다. 감각을 혼란케 하는 것과

더불어 감각을 홀리고, 빼앗아 가고, 이상하게 황홀케 하며, 흔히 도취와 흥분으로 격앙시키는 디오니소스적인 누멘의 작용들도 나타나는 것이다. 우리는 이것을 누멘의 '매혹적인' 요소라 부르고 싶다.

2. 매혹성이라는 누멘의 이러한 비합리적 요소와 함께 가면서 그것을 도식화해 주는 합리적 표상과 개념들은 사랑·자비·동정·도움 등이며, 이들은 모두 일반적인 영혼의 체험에서 주어지는 '자연적인' 요소들로서, 종교의 경우에 있어서는 단지 그들이 완전한 것으로 여겨진다는 차이만 있을 뿐이다. 그러나 이러한 요소들이 종교적인 행복의 체험에 있어서 제아무리 중요하다 하더라도 그들은 결코 종교적 행복의 전부를 차지하지는 못한다. 종교적 불행 ― '진노'의 체험으로서 ― 이 깊이 비합리적 요소들을 지니고 있는 것과 같이 그 반대인 종교적 행복도 마찬가지로 그러하다. 단순한 자연적인 위로나 신뢰감, 혹은 사람의 행복이 제아무리 높이 고조된다 하여도 지복(至福)이란 훨씬 그 이상의 것이다. 순전히 합리적으로, 혹은 윤리적으로 파악된 신의 '진노'가 결코 신성의 비밀에 둘러싸인 저 깊은 전율(Schauervolle)의 감정을 다하지 못하듯이 '은총의 마음'이 결코 신성의 체험 가운데 주어지는 지복의 신비 속에 있는 경탄(Wundervolle)의 감정을 다하지 못하는 것이다. '은총'이라는 말로 그것이 잘 표현되기는 해도, 누멘적 감정으로 충만한 그 말의 뜻을 생각해 보면, 진정한 은총의 마음은 동시에 '그 이상의' 무엇을 포함하고 있는 것이다.

3. 이 '그 이상의' 것은 종교사에 있어서 오랜 전단계의 역사를 지니고 있다. 아마도 다음과 같은 추측이 우리에게 가능하고 또 그럴 듯하게 보일는지도 모른다. 즉, 종교적 감정은 그 최초의 발전단계에서는 먼저 단지 한 면으로만, 곧 위압적인 면으로만 발생했고 단지 귀신에 대한 공포의 형태만을 먼저 취했다고. 예컨대, 종교적 감정의 나중 발전단계에서조차도 '종교적으로 경배하다'를 뜻하는 말이 본래 '화

해시키다' 혹은 '진노를 달랜다'라는 뜻을 지니고 있다는 사실은 이러한 추측을 뒷받침해 주는 것이다. 범어의 'aradh'라는 말은 그러한 예이다.[1] 그러나 이러한 귀신에 대한 공포가 그 이상 아무것도 아니었으며, 점차 우리의 의식 속으로 다가오는 보다 완전한 체험을 위한 단지 한 요소가 아니었다면, 그러한 공포만으로는 누멘에 적극적으로 귀의하려는 감정으로의 이행은 불가능했을 것이다.[2] 그것으로부터는 단지 속죄와 화해, 진노의 달램과 회피로서의 '소재'(消災, apaiteisthai)와 '양재'(攘災, apotrepein)를 위한 의식(儀式)만이 나올 수 있을 뿐이다. 그것으로부터는 누멘적인 것이 우리가 찾고 바라고 갈망하는 대상이 된다는 사실은 결코 설명되지 못할 것이다. 갈망도, 단지 사람들이 기대하는 자연적인 요구와 도움만을 위한 것이 아니라 누멘 자체를 향한 것이며, '합리적' 의식(儀式)의 형태로가 아니라 사람들이 그것을 통해서 누멘적인 것을 소유하고자 했던 저 이상한 '성례적인' 행위와 의례와 통교방법들로써 원하는 것이다.

종교사의 전면에 서 있는 정상적이고 이해하기 쉬운 표현들과 종교적 행위의 형태들, 예를 들어 화해·간청·제사·감사 등의 곁에는 점점 더 우리의 주목을 끄는 일련의 이상한 현상들이 있다. 사람들은 이 현상들 속에서 단순한 종교 외에 '신비주의'의 뿌리를 찾아 낼 수 있다고 믿는다. 수많은 이상한 행위들과 환상적인 매개들을 통하여 종교적 인간들은 신비스러운 것 자체를 정복하여 스스로를 그것으로 충만케 하고 심지어 자신을 그것과 동화시키려는 시도를 하고 있는 것이다. 이러한 행위들에는 두 가지 유형이 있다. 하나는 주술적인 행위, 주문, '영력', 항마(降魔), 성별(聖別), 축귀(逐鬼) 등을 통하여 자신과 누멘과를 주술적으로 혹은 숭배를 통하여 동화하려는 행위요, 다른 하나는 신들림, 내거(內居), 자기충만의 샤만적인 방법

---

1. 나중에는 이 말의 근원적인 뜻인 '화해'는 거의 완전히 사라지고 단지 '경배하다'만을 뜻하게 되었다.
2. 이 결정적인 사실, 그리고 종교사가들에 의하여 그 수수께끼 같은 문제성에 있어서 한 번도 파악되어 본 일이 없는 사실, 그리고 언급은 되었다 하더라도 곧 경시되어 버린 사실에 대해서 더 상세하게 GA, 11면을 참조.

으로 흥분과 황홀 상태로 들어가는 것이다. 출발점은 아마도 먼저 단순한 주술적인 것이었으며 그 의도는 누멘의 마력을 '자연적' 목적을 위하여 자신의 것으로 만들려는 것뿐이었을 것이다. 그러나 그것에 머물러 있지는 않았다. 누멘의 소유와 사로잡힘 자체가 목적으로 되어 그 자체를 위하여 추구되었으며 이를 위하여 극도로 정제되고 때로는 난폭한 금욕의 방법이 동원되기도 했다. '종교적 삶'이 시작된 것이다. 그리고 이러한 이상한, 그리고 종종 괴상한 누멘적 사로잡힘의 상태에 머무는 것 자체가 주술을 통해서 추구된 속된 이익들과는 전혀 다른 하나의 선, 아니 하나의 구원으로 된 것이다. 이러한 체험에 있어서도 역시 발전과 순화와 성숙의 단계가 있으며, '영적인 삶'이라는 가장 숭고하고 순수한 상태와 고귀한 신비주의에 이르러 그 극치를 이룬다. 이러한 완성의 상태들은 비록 그 자체 내에 상당한 상이성을 보이고 있지만 한 가지 공통점은 그들을 통해서 신비가 그 적극적인 실재성과 내적인 성격에 있어서 체험되며, 실로 비교할 수도 없는 지복을 가져다주는 것으로서 체험된다는 사실이다. 그러나 이 지복이 본래 어떤 것인지는 역시 말로 표현하거나 개념화될 수 있는 것이 아니며 오직 직접 체험될 수밖에 없는 것이다. 이 지복은 소위 '구원론'이 구원의 적극적인 축복으로 제시하고 있는 모든 것을 포괄하며 생기를 불어넣어 주는 것이지만, 그 모든 축복들이 결코 이 지복을 다하지는 못한다. 지복은 이 모든 축복들을 관통하며 열기를 더해 주면서 그것들을 우리의 이성이 파악하고 말할 수 있는 것 이상의 복들로 만들어 주는 것이다. 지복은 모든 이해를 초월하는 평화를 주며, 우리의 혀는 그것에 대하여 오직 더듬거릴 뿐이다. 그리고 단지 비유와 유추로써만 우리는 멀리서나마 이 지복에 대해서 하나의 부족하고 혼돈된 이해를 허용받을 뿐이다.

4. "눈으로 본 적도 없고 귀로 들은 적도 없으며 누구의 마음에 이르른 적도 없는 것"— 누가 이 바울로의 말이 지니고 있는 높은 울림과

디오니소스적인 황홀감을 느끼지 않으랴. 의미있는 일은, 감정의 극치를 언어로 담고 있는 이러한 말 속에는 모든 상(像)이 사라지고 우리의 마음은 상을 떠나 순수히 부정적인 것만을 붙잡는다는 사실이다. 그리고 이보다도 더 의미있는 일은, 우리가 이러한 말을 읽고 듣는 가운데 그것이 단지 부정적인 언사들임을 전혀 의식하지 않는다는 사실이다. 그리하여 우리가 그러한 부정적 언사들의 나열에 황홀감을 느끼며 심지어 취해 버릴 수도 있다는 사실과, 나아가서는 아무런 긍정적인 내용도 담고 있지 않으면서도 깊은 감동을 주는 수많은 찬송의 시들이 씌어졌다는 사실은 더욱더 놀라운 일인 것이다:

> 오 하느님, 당신은 바닥도 없는 깊음,
> 어찌 제가 당신을 족히 알 수 있사오리까.
> 당신은 위대한 높음,
> 어찌 입으로 당신의 성품을 제가 말하리까.
> 당신은 깊이를 알 수 없는 바다
> 당신의 자비에 저를 던지나이다.
> 저의 마음은 올바른 지혜가 없사오니
> 당신의 팔로 저를 감싸 주소서.
> 저와 다른 이들을 위하여
> 당신을 그려 보고 싶건만
> 자신의 연약함을 깨닫나이다.
> 당신은 시작도 끝도 없는 모든 것이오니
> 저는 그만 모든 지각을 상실하나이다.[3]

이와 같은 시에서 우리가 주목해야 할 점은 얼마나 누멘적 체험의 긍정적인 내용이 개념적 표현과는 독립적인 것이며, 또 그것이 순전히 감정 자체만으로부터도 얼마나 강하게 파악될 수 있으며 얼마나 근본적으로 '이해'될 수 있으며 얼마나 심오하게 음미될 수 있는가 하는

---

3. Ernst Lange의 신의 위엄을 노래하는 시(1727): A. Bartels, *Deutsche-christliches Dichterbuch*, 273면.

사실이다.

5. 단순한 '사랑', 단순한 '신뢰'는 제아무리 우리에게 행복감을 준다 해도 우리가 부르는 가장 부드럽고 내면적인 구원의 노래 속에 생동하고 있는 저 황홀한 요소를 설명해 주지는 못한다. 특히 〈예루살렘 너 높은 성아 …〉나 〈주여, 내가 멀리서 당신의 보좌를 바라보았나니 …〉와 같은 우리의 마지막 날의 구원을 갈망하는 노래들에서 우리는 그러한 황홀감에 접하게 된다. 혹은 성 베르나르두스(Bernard von Clugny)가 지은 다음과 같은 춤추는 듯한 노래들도 좋은 예다:

> 오 시온, 하나뿐인 도시여,
> 하늘에 지은 신비스러운 거처여,
> 나 때로는 그대로 인해 기뻐하며
> 때로는 그대로 인해 탄식하고 슬퍼하며 갈망하는도다.
> 몸으로는 못 가니 마음은 자주 그대 속을 다니도다.
> 그러나 땅 위의 육신이요 육신적인 땅인즉
> 곧 떨어져 버리는구나.
> 너의 성벽들과 성채들을 채우는 충만한 광채를
> 그 누가 말로 표현하리오.
> 나는 말할 수 없도다,
> 손가락으로 하늘을 만질 수 없듯이,
> 바다 위를 달릴 수 없듯이, 날으는 화살을 멈출 수 없듯이.
> 그대의 광채 모든 마음을 압도하도다.
> 오 시온이여, 오 평화여, 오 영원한 도시여,
> 그 어느 찬양이 그대를 드러내리.
> 오 새로운 거처여, 경건한 무리, 경건한 백성들이
> 그대를 세우고 높이며, 그대를 고취하고 증대시키며,
> 자신들과 합치며, 그대를 완전케 하고 하나로 만들도다. [4]

---

4. Bernardus Morlanensis, *De vanitate mundi et gloria caelesti* (Eilh. Lubinus 편; Rostochii, 1610; 제2권).

혹은,

> 가장 복된 존재, 무한한 희열,
> 모든 완전한 욕망의 근원,
> 영원한 광채, 찬란한 태양,
> 변화와 변천을 모르는.

혹은,

> 오, 신성의 깊은 바다에 빠진 자,
> 근심과 불안과 괴로움을
> 그는 모두 벗어났도다.

6. 여기서 우리는 '매혹적인 것'이 갖고 있는 그 '이상의 무엇'이 살아 있는 것을 본다. 이것은 또한 모든 구원의 종교에서 발견되는 구원의 축복에 대한 고도로 고조된 찬양 속에도 살아 있으며, 이러한 찬양은 개념이나 형상을 통한 표현이 지니고 있는 유별난 종교적 빈곤이나 흔히 보이는 유치함과는 언제나 아주 대조적인 것이다. 예컨대 단테와 더불어 지옥, 연옥, 천당, 그리고 하늘의 장미 사이를 다녀 본 사람은 후자를 다 느껴 보았을 것이다. 그는 점점 더 긴장 속에서 마침내 막이 내리기를 기다린다. 드디어 막은 내린다. 그리고 우리는 그 뒤에 감추어진 것이 너무나 빈약함에 심히 놀라는 것이다.

> 깊고 밝은 광명의 실체 속에서 색깔은 다르나
> 크기는 같은 세 개의 반지가 나에게 나타났다.

기껏 세 가지 색깔의 반지나 보려고 이렇게 편력을 했단 말인가라고 '자연인'은 묻는다. 그러나 예언자의 혀는 실로 개념으로는 도달할 수 없고, 바로 그렇기 때문에 감정으로밖에는 체험할 수 없는 그 광경이 지닌 엄청난 <u>적극적</u> 내용을 회상하며 흥분하여 더듬거린다:

> 오! 말은 얼마나 부족하며 나의 <u>이해</u>는 어찌 그리 약한가!

내가 보는 대로는 이것은 적게 말하기에는 <u>너무나도</u> 크도다.

'구원'이란 어디서나 '자연적' 인간에게는 겨우 이해되거나 혹은 전혀 이해될 수 없는 어떤 것이며, <u>그가 구원을 이해하는 대로는</u> 오히려 극도로 지루하고 재미없는, 그리고 때로는 곧바로 입맛없고 부자연스러운 것으로 보인다. 예를 들어 그리스도교의 구원론에 있어서 신을 보는 '지복적 직관'(visio beatifica)이나 혹은 신비주의자들이 말하는 '모든 것 안에 모든 것인 신'의 단일성(henosis)과 같은 것이다. '<u>그가 이해하는 대로</u>'라고 말했지만 사실 그는 아무것도 이해 못한다. 그리고 그가 이해를 돕기 위한 표현으로서 제공된 것, 즉 구원의 감정을 가리키고 있는 지시어에 지나지 않는 개념적 유추들을 내적 체험 없이 자연적인 개념들과 혼동하거나 아예 '자연적으로' 이해할 수밖에 없는 한, 그는 점점 더 목표로부터 멀어져 갈 뿐이다.

7. 매혹성의 요소는 종교적 동경의 감정에만 살아 있는 것은 아니다. 그것은 깊이 침잠된 개인적 기도나 성스러운 것을 향한 마음의 고양, 혹은 진지한 태도로 행하는 심화된 공동의례 속에 주어지는 엄숙성의 요소에도 이미 살아 있는 것이다. 그것이야말로 '엄숙한 것'의 체험 속에서 말할 수 없이 우리의 영혼을 충족시키고 만족시키는 것이다. 아마도 슐라이어마허가 그의 「그리스도교 신앙론」제5장에서 주장하고 있는 바가 이 매혹성의 체험과 누멘적 감정 일반에 관해서 타당할 것이다. 즉, 그러한 체험은 결코 합리적 요소와의 결합이나 침투 없이 그 자체만으로는 발생하지 않는다는 것이다. 그러나 이러한 주장이 옳다 하더라도, 그것은 슐라이어마허가 제시하고 있는 것과는 다른 이유들에서 그러하다. 그리고 다른 한편으로는, 그러한 체험은 크고 작은 정도의 차이는 있지만 지배적인 감정으로 될 수 있으며, 때로는 그것만이 <u>거의</u> 유일하게 영혼을 채우는 평온(hēsychia)과 황홀의 상태로 이끌 수도 있는 것이다. 다가오는 하느님 나라와 저 세상적인 낙원의 행복의 형태로든, 혹은 행복을 부여하는 초세상적인 것 자체

속으로 자신이 몰입되는 형태로든, 기다림 속에서든 혹은 이미 현재적 체험("내가 당신을 소유하기만 한다면 하늘이든 땅이든 관계없나이다") 속에서든, 이러한 지극히 다양한 형태와 현상 속에서도 어떤 이상하게 강한 선의 체험이 하나의 내적인 연관을 갖고 주어지는 것이다. 이 체험은 오로지 종교만이 아는 것이며 단적으로 비합리적인 것으로서, 우리의 마음은 그것에 관해서 동경과 예감으로 알며 어둡고 불충분한 상징적 표현들을 매개로 해서 인식한다. 이러한 상황은 합리적 존재로서의 우리들 배후에, 혹은 그 너머로, 우리의 감각적·심리적·정신적 본능과 욕구의 충족과 해소만으로는 만족을 얻지 못하는 인간 존재의 어떤 궁극적이고 가장 높은 면이 숨겨져 있다는 사실을 암시하고 있는 것이다. 신비주의자들은 그것을 '영혼의 근저' (Seelengrund)라고 부른다.

8. 우리는 신비성의 요소를 고찰함에 있어서 '전혀 다른 것'은 '초자연성'과 '초세상성'의 관념을 낳으며, 이들은 신비주의에서 말하는 '저 너머'(epekeina)라는 표현이 말해 주듯이 모든 합리적인 세상성 (Hiesigkeit)과 가장 날카롭게 대치되어 있다는 것을 보았다. 이와 똑같은 현상이 매혹성의 요소에서도 발생한다. 즉, 이 매혹성은 긴장의 극치에 이르면 충일적인 것(das Überschwengliche)으로 되며 이것은 곧 신비적인 요소로서, 바로 초세상성의 선상에서 발견되는 '저 너머'에 해당되며 또 그렇게 이해되어야 한다.

9. 그러나 충일성의 흔적은 비록 그것이 다른 요소들에 의하여 통제되고 절제되기는 하나 신비주의에서뿐만 아니라 모든 진정한 종교적 지복의 감정에 살아 있다. 이것은 우리가 '은총'·'개종'·'중생'과 같은 위대한 체험들을 관찰해 보면 가장 분명히 알 수 있는바, 이러한 체험들 안에는 종교적 체험이 전형적인 순수성과 고조된 행위로 나타나며 배워서 익힌 경건성과 같은 덜 전형적인 형태에서보다는 더 명료하게 나타난다. 이러한 체험들의 그리스도교적 형태들에 있어서

확고한 중심을 이루고 있는 것은 죄의 빚과 종살이로부터의 구속의
체험이다. 우리는 후에 이 구속의 체험도 이미 비합리적 요소들이 없
이는 주어질 수 없다는 것을 보게 될 것이다. 그러나 이 점을 당분간
도외시한다 하더라도 우리가 여기서 언급할 수 있는 것은 사람들이
그러한 경험들 속에서 진정하게 체험한 바의 불가언적 성격이며, 그
러한 체험들과 더불어 주어지는 지복적 흥분, 사로잡힘, 고양, 그리
고 종종 그러한 체험들이 초래할 수 있는 비정상성과 기괴성에 가까
운 현상들이다. 바울로로부터 시작하여 소위 '개종자'들의 자서전적
이야기들은 이것을 입증하고 있다. 제임스는 그의 「종교적 체험의 다
양성」에서 이러한 예를 상당수 수집해 놓고 있다. 비록 그가 그러한
예들에서 움직이고 있는 '비합리적' 요소를 간과하고 있기는 하지만
그 한 예를 들어 본다:

> 그 순간 말할 수 없는 기쁨과 환희만이 있었다. 그 체험을 완전
> 히 묘사하기는 불가능하다. 마치 거대한 교향악단의 연주를
> 듣는 것과같이 개개의 음들이 용해되어 하나의 부풀은 조화를
> 이루며 듣는 이로 하여금 아무 것도 의식 못하고 다만 그의 영
> 혼이 위를 향하여 끌려가며 자신의 감정에 못이겨 거의 터져
> 버리는 것과 같았다.[5]

또 한 사람은 다음과 같이 말한다:

> 내가 이러한 친밀한 교제를 말로 표현하려고 하면 할수록, 나
> 는 더욱더 그것을 우리의 일상적인 표상으로는 도저히 묘사할
> 수 없음을 느낀다.[6]

그리고 또 한 사람은 거의 의도적으로 정확하게 지복의 질적 '이질
성'을 그밖의 '합리적' 기쁨과 구별하고 있다:

---

5. William James, *Varieties of Religious Experience*, 66면.
6. 同上 68면.

> 성자들이 하느님의 사랑스러움에 대하여 갖는 관념들과 그들이 그 안에서 체험하는 기쁨은 아주 독특하며 자연적 인간이 소유하거나 생각할 수 있는 어떤 것과도 다르다.[7]

그외에도 여러 곳에서 비슷한 이야기가 발견되며, 야콥 뵈메도 다음과 같이 말하고 있다:

> 영 안에서의 승리가 어떤 것인지 나는 말로 할 수 없고 글로 쓸 수도 없다. 그 어떤 것과도 비교할 수 없고 다만 죽음 가운데서 생명이 탄생되는 것과 같으며 죽은 자의 부활에 비교될 수 있을 뿐이다.[8]

신비주의자들에 있어서는 이러한 체험은 완전히 충일적인 것으로 고조된다:

> 오, 나의 가슴이 느끼는 것을 당신에게 말할 수만 있다면, 어떻게 그것이 불타고 있으며 소모되고 있는가를. 다만 그것을 표현할 언사를 찾지 못하는도다. 내가 다만 얘기할 바는, 내가 느끼는 것의 조그만 방울 하나만이라도 지옥에 떨어진다면 그 지옥은 하나의 천국으로 변할 것이라는 것뿐이다.

이렇게 게누아의 카타리나(Katharina von Genua)는 말하고 있으며, 그 여자와 정신적으로 연결된 수많은 사람들도 이와 비슷한 증언을 하고 있는 것이다. 일찌기 한 교회 성가도 이보다 조금 부드럽기는 하나 동일한 체험을 말해 주고 있다:

> 하늘의 왕께서 그들에게 주신 것
> 그들밖에 그 누가 알리오.
> 아무도 감지하지 못하는 것,
> 아무도 접해 보지 못하는 것이

---

7. 同上 229면.   8. 同上 417면.

그들의 밝아진 감각을 장식하며
신적인 존귀로 그들을 이끄는도다.

10. 우리가 그리스도교에서 은총의 체험과 중생으로 알고 있는 경험은 그리스도교 밖의 숭고한 영적 종교들에 있어서도 그 유례를 찾아볼 수 있다. 구원을 가져다 주는 깨달음(bodhi)의 열림, 영적인 눈의 개안, 무지의 어두움을 몰아내며 비할 데 없는 체험으로 비추어 주는 지혜(jñāna) 혹은 신의 은총(prasāda) 등은 그러한 예들이다. 여기서도 역시 우리는 지복의 체험이 갖고 있는 전적으로 비합리적인, 그리고 전적으로 특이한 요소를 항시 직접적으로 알아볼 수 있는 것이다. 이 요소는 물론 그 양태에 있어서 다양하며 그리스도교에서 체험된 것과는 아주 다르다. 그러나 그 체험의 강도에 있어서는 어디서나 비슷한 것이며 어디서나 하나의 절대적 매혹이요 구원으로서, 모든 '자연적으로' 언표할 수 있고 비교할 수 있는 것과는 반대로 하나의 '충일적인 것'이거나 혹은 그러한 자취를 강하게 지닌 것이다. 그리고 이 점은 불타의 열반(nirvāna)과 차갑고 부정적인 듯 보이는 그 희열에 대해서도 역시 마찬가지이다. 열반이란 단지 개념상으로만 부정적인 것일 뿐이지 감정상으로는 가장 강력한 형태의 적극적인 실재이며, 그것을 신봉하는 자를 열광시킬 수도 있는 하나의 매혹적인 것이다. 나는 한 불교 스님과의 대화를 생생하게 기억하고 있다. 그는 아주 고집스럽게 그의 부정신학(theologia negativa)과 무아(無我)설 및 공(空) 사상을 증명하는 근거들을 나에게 아낌없이 늘어놓았다. 그러나 그가 말을 마쳤을 때, 나는 그러면 열반 그 자체는 무엇인가라고 물었다. 그는 오랜 주저 끝에 드디어 나지막이, 그리고 자제하는 듯한 대답을 했다. 곧 희열 — 말할 수 없는 — 이라고. 그리고 그가 의미하는 바는 그의 말보다도 그의 대답의 나지막함과 자제성, 그의 목소리와 표정과 몸짓의 엄숙함 속에서 더 분명히 드러났다. 그것은 매혹적 신비에 대한 고백이었으며 그 나름대로 쉘랄 에딘(Dschelal

Eddin)이 자기 식으로 말한 바를 전하고 있는 것이다.

> 신앙의 본질은 단지 하나의 놀라움이다.
> 그러나 신으로부터 도피하기 위함이 아니다.
> 아니, 취해서 친구에게 매달리며
> 아주 그 안에 빠져 버리기 위함이다.[9]

또 '히브리 복음서'는 "그것을 발견한 자는 놀랄 것이다. 그리고 놀라면서 그는 왕이 될 것이다"라고 보기 드물게 심오한 말을 하고 있는 것이다.

11. 그렇다면 우리의 주장은, 한편으로는 탁월성과 인과성의 길에 따라 신이란 사람이 사유할 수 있는 가장 높은 것, 가장 강한 것, 가장 좋은 것, 가장 아름다운 것, 그리고 가장 사랑스러운 것이라는 점이다. 그러나 다른 한편으로는 부정의 길에 따라서는, 신은 단지 모든 사유가능한 것들의 근거요 최상급일 뿐만 아니라 그 자체에 있어서 스스로를 위한 한 실재라는 것이다.

---

9. G. Rosen, *Mesnevi des Dschelal eddin Rumi* (München, 1913), 89면.

제 7 장

어마어마함
(누멘적인 것의 요소 Ⅴ)

1. 희랍어의 '데이노스'(deinos)란 형용사는 번역하기에 특이한 어려움이 있으며 그것이 지니는 이상한 다면성 때문에 파악하기도 어려운 말이다. 이 말의 어려움과 난해성은 어디서 오는 것일까? 그것은 다름아니라 이 말이 누멘적인 것 — 물론 대부분의 경우 낮은 차원에서 수사학적 혹은 시적 용법에 따라 옅어지고 약화된 형태이지만서도 — 을 가리키기 때문이다. 그 말의 의미는 누멘적인 것이 갖고 있는 켕기는 것에 기초하고 있으며, 그 요소들이 전개되어서는 '끔찍하고 두려운', '악하고 당당한', '힘차고 이상한', '놀랍고 경탄스러운', '몸서리치며 매혹적인', '신이나 귀신과 같은', 그리고 '활성적인' 것을 뜻하게 된다. 소포클레스는 그의 「안티고네」에 나오는 합창 속에서 경이로운 존재인 인간 앞에서 느끼는 진정한 누멘적 공포의 감정을 그 모든 요소들을 내포시켜 우리에게 일깨워 주고 있다 : "polla ta deina, kouden anthrōpou deinoteron pelei." 우리 말에는 한 사물이 갖고 있는 누멘적인 인상을 규정하고 불러일으키며 총체적으로 표시해 주는 단어가 결여되어 있기 때문에 이 구절은 번역될 수 없는 구절이다.[1]

아마도 그것에 가장 가까운 것은 우리말의 '어마어마한 것'(das Ungeheure)이라는 말일 것이다. 따라서 우리는 위의 구절을 다음과 같이 번역하면 그 기분에 따라 제법 정확하게 재현할 수 있을 것이다

---

1. 범어에는 'abhva'라는 말이 있어 Geldner의 해석에 의하면 'deinos'의 뜻에 상당히 가깝게 상응한다.

: "어마어마한 것은 많다. 그러나 인간보다 더 어마어마한 것은 없다."

이 때 우리는 이 '어마어마한'이란 말의 원초적인 의미 — 감정상의 유래를 지닌 — 에 주의해야 할 것이다. 우리는 보통 '어마어마하다'라는 말로써 단순히 연장이나 상태에 있어서 거대한 것을 의미한다.[2] 그러나 이것은 말하자면 하나의 합리주의적인, 즉 합리화되고 추가된 의미이다. 왜냐하면 '어마어마하다'(ungeheuer)는 말은 본래는 무엇보다도 우리에게 '편안하지 않은'(nicht geheuer) 것, <u>켕기는 것</u>, 즉 하나의 누멘적인 것을 지칭하는 말이기 때문이다. 그리고 인간에 있어서 바로 이러한 순전히 켕기는 면을 소포클레스는 아까 그 구절에서 뜻하고 있는 것이다. 우리가 그 말의 이러한 근본적 의미를 철저히 느낄 수 있다면 그 말은 누멘적인 것과 그것의 요소들 — 신비·두려움·위압·장엄·활력(아니, 매혹성도 이미 그 안에 암시되고 있다) — 에 대한 꽤 정확한 표현이 될 수 있을 것이다.

2. '어마어마하다'는 말의 다양한 의미들과 그 의미의 변천은 괴테에 있어서 잘 찾아볼 수 있다. 그도 역시 이 말로써 우선 연장에 있어서 <u>아주 거대한 것</u>, 너무 커서 우리의 공간적 이해의 범위를 넘어서는 것을 뜻한다. 예를 들어 「빌헬름 마이스터의 편력 시대」에서 빌헬름이 마카리엔의 집에서 천문학자에 의해서 천문대에 이끌려 가는 장면에 나오는 측량할 수도 없는 밤하늘의 궁창과 같은 것이다. 괴테는 거기서 멋있고 정확하게 언급하기를,

<u>어마어마한 것</u>은 더 이상 숭고하지 않다.
그것은 우리의 이해력을 <u>초월한다</u>.[3]

라고 하고 있다. 그러나 괴테는 다른 곳에서는 '어마어마하다'라는

---

2. 독일어로 'ungeheuer'라는 말은 거대하다는 뜻도 갖고 있다(역자 주).
3. *Wilhelm Meisters Wanderjahre*, 1권 10장; 'Dichtung und Wahrheit' 2,9에 나오는 슈트라스부르크 사원의 거대한 정면에 관한 표현도 참조할 것.

말을 그 원의에 따라 전혀 다른 색채를 갖고 사용하고 있다. 이런 경우에는 거대한 것은 오히려 '어마어마하게-켕기고-겁먹게 하는' 것을 뜻하게 된다:

> 그리하여 한 집이 남아 있다.
> 한 어마어마한 사건이 발생하여
> 들어가는 자마다 공포를 자아내는 도시다.
> 거기에는 낮의 해가 그렇게 밝게 비추지도 않으며
> 별들도 그 빛을 잃은 것처럼 보인다.[4]

괴테에 있어서 이 어마어마한 것이 완화되면 '불가해한' 것이 되나, 그 안에도 역시 하나의 가벼운 전율의 자취를 찾아볼 수 있다:

> 그리고 그는 점점 더 분명하다고 믿기를,
> 생각을 어마어마하고 불가해한 것으로부터
> 돌려 버리는 것이 더 좋다고 생각했다.[5]

그리하여 그에 있어서는 어마어마한 것이란 쉽게 우리가 말하는 '엄청난 것' 혹은 전혀 예기치 못했던 것으로서의 '기이한 것'(mirum), 이질감을 주게끔 다른 것을 뜻하게 된다:

> 불행하도다! 나는 아직 채 회복도 못했는데!
> 전혀 예기치 못한 것이 다가올 때,
> 우리의 눈이 어마어마한 것을 보게 될 때,
> 우리의 마음은 잠시 멈춘다:
> 그것과 비교할 만한 어떤 것도
> 우리는 갖고 있지 않다.

「탓소」(Tasso)에 나오는 이러한 안토니오의 말에서 어마어마한 것이

---

4. *Wahlverwandschaften* 2,15.
5. *Dichtung und Wahrheit* 4,20. 젊은시절의 자기 자신의 종교적 발전을 묘사하는 가운데 나온다.

란 말은 물론 거대한 것을 뜻하는 것이 아니다. 그러한 것은 실로 거기 없었기 때문이다. 또한 본래 어떤 '겁먹게 하는 것'도 아니고 우리 안에 경악(thambos)을 자아내는 어떤 것을 의미한다 : "그것과 비교할 만한 어떤 것도 우리는 갖고 있지 않다." 독일 사람들은 이에 해당하는 감정을 특별히 '아연실색하다'(sich verjagen)라고 부른다. 이 말은 'jäh', 혹은 'jach'(급격한, 갑작스런, 불의의)라는 어간으로부터 온 것으로서 그 의미는 정신을 못 차리도록 마음을 경악시키는 전혀 예기치 못했던 것, 혹은 영문모를 것의 갑작스런 등장에 관계된 말이다. 마지막으로, 다음과 같은 파우스트의 놀라운 말 가운데서 '어마어마한'은 전적으로 바로 우리가 얘기하고 있는 누멘적인 것을 그 모든 양상에 따라 지칭하는 말로 나타나는 것이다 :

> 외경은 인간이 지닌 가장 좋은 면이다.
> 세상이 아무리 그 감정을 과소 평가할지라도
> 일단 사로잡히면 우리는 깊이 <u>어마어마한</u> 것을 느낀다.[6]

---

6. *Faust* 2부 1막.

제 8 장

유추적 감정들

(1) 대조적 조화

누멘적인 것이 지니고 있는 이러한 두번째의 면, 즉 자기 자신으로 끌어당기는 면을 충분히 인정하기 위하여 우리는 '두려운 신비'라는 본래의 명칭에다가 그것이 동시에 절대적으로 매혹적인 것이라는 점을 첨가해야만 했다. 그리고 이렇게 무한히 전율적이며 동시에 무한히 경탄스러운 이중적 성격이야말로 우리의 감정에 드러나는바 신비가 지니고 있는 고유하고 적극적인 내용인 것이다. 우리는 신비의 내용적 정체와 성격이 지니고 있는 이러한 대조적 조화를 묘사해 보고자 시도했지만 성공할 수는 없었다. 그러나 이 대조적 조화는 종교가 아니라 미학에 속하는 영역으로부터 오는 한 유추를 통하여 멀리서나마 암시될 수 있다. 비록 이 유추가 우리가 다루고 있는 사실의 창백한 그림자에 불과하며 그 자체도 또한 쉽게 설명할 수 있는 것은 아니지만, 우리는 숭고한 것(das Erhabene)의 예를 통해서 도움을 받을 수 있다. 사람들은 흔히 숭고함이라는 아주 친숙한 감정적 내용으로써 '초세상적'이라는 부정적인 개념을 즐겨 채우며 신의 초세상성도 곧 바로 그의 '숭고성'을 가지고 설명한다. 그리고 이것은 하나의 유추적인 표현으로서 허용될 수도 있다. 그러나 만약 우리가 그것을 심각하게 문학적으로 뜻한다면 그것은 오류다. 종교적 감정은 미적 감정이 아니다. '숭고한' 것은 그것이 아무리 아름다운 것과 다르다 할지라도 '아름다운' 것과 더불어 아직도 미학의 범주에 속하는 것이다. 그러나 다른 한편으로는 누멘적인 것과 숭고한 것 사이의 유추는 쉽게 이해될 수 있다. 첫째, '숭고한' 것은 칸트 식으로 말하자면 하나의 더 이상 '풀어질 수 있는 개념'이 아니다.[1] 우리는 물론 어떤 대상을 숭고하다고 부르자마자 일률적으로 생각나는 몇 개의 일반적이고 합리적인 특징들을 열거할 수 있을 것이다. 예를 들어 그것은 '역동적'이라든가 '수학적'이라고, 즉 힘의 강력한 발현이나 공간적 위대성 때문에 우리의 이해력의 한계에 접근하거나 그것을 벗어날 위험이 있는 것이라고 말할 수 있다. 그러나 이것은 분명히 숭고한 인상의 한 조건에 지나지 않지 그 본질을 이루는 것은 아니다. 어떤 것이 단지 크다고 숭고한 것은 아니다. 그 숭고성의 개념 자체는 설명되지 않은 채 남아 있으며 그 자체에 어떤 비밀스러움을 간직하고 있는 것이다. 바로 이 점이 숭고한 것과 누멘적인 것 사이의 공통점이다. 그외에 두 번째로 우리가 지적할 것은, 숭고한 것도 누멘적인 것과 마찬가지로 이중적 성격을 지닌다는 점이다. 즉, 그것은 우선 압도적이면서도 동시에 비상하게 매력적인 인상을 마음에 준다는 것이다. 그것은 우리를 겸허하게 만드는가 하면 동시에 우리를 고양시키며, 우리의 마음을 제약하는가 하면 또 스스로를 초월하게 하며, 공포와 유사한 감정을 유발시키는가 하면 다른 한편으로는 행복한 감정을 자아내기도 한다. 그러기에 숭고성의 감정은 이러한 유사성으로 인하여 누멘적인 것의 감정과 밀착되어 있으며 서로가 서로를 '자극'하거나 자극받기도 하며, 하나가 다른 하나 속으로 '이행'해 버릴 수도 있는 것이다.

---

[1] 혹은 다른 말로는, 칸트도 그렇게 말하겠지만, 단지 느낄 수는 있으나 개념적으로 정의할 수는 없다는 말이다.

(2) 감정연계의 법칙

ㄱ) '자극'과 '이행'이라는 표현들은 나중에도 우리에게 있어서 중요한 개념들이 될 것이며, 특히 후자는 오늘날 진화론에 있어서 두드러지게 나타나는 오해들에 감싸여 그릇된 주장들을 낳고 있으므로 우리는 여기서 곧바로 이들 개념들을 좀더 자세히 살펴보고자 한다.
  표상들이 서로 '끌어당긴다'는 사실과 어떤 표상이 그것과 비슷한 다른 표상을 자극하여 의식 속으로 들어오게 한다는 사실은 심리학에서 잘 알려진 기본법칙이다. 감정에 대해서도 전적으로 유사한 법칙이 작용하고 있다. 하나의 감정도 역시 그와 비슷한 감정을 유발시키며 그것을 동시에 품도록 할 수 있다. 아니, 유사성을 통한 인력의 법칙에 따라서 표상들이 서로 뒤바뀌게 되므로 사실은 '갑'이라는 표상이 적합한 경우에도 우리는 '을'이라는 표상을 지닐 수 있듯이, 감정의 뒤바뀜도 가능해서 우리는 어떤 인상에 대해서 사실은 '갑'이라는 감정이 적합한 반응임에도 불구하고 '을'이라는 감정으로 대응하기조차 하는 것이다. 마지막에는 우리는 한 감정으로부터 다른 감정으로 아주 이행해 버리는 수도 있다. 이 이행은 우리가 알아차리지 못할 정도로 단계적으로 진행되어 '갑'이라는 감정은 서서히 사라지며 이와 비례해서 그 감정에 의하여 자극된 '을'이라는 감정이 증대되며 강화된다. 그러나 사실 여기서 '이행'하는 것은 감정 자체가 아니다. 감정이 서서히 그 양태를 바꾸거나 전혀 다른 감정으로 발전한다는 것, 즉 정말로 변질된다는 것이 아니라는 점이다. 사실은 내가 이행하고 있는 것이다. 즉, 나의 감정적 상태가 바뀜에 따라 한 감정은 감소되고 다른 감정은 증대되므로 하나의 감정으로부터 다른 하나의 감정으로 내가 이행하는 것이다. 한 감정 자체가 실제로 다른 감정으로 '이행'한다면 그것은 그야말로 하나의 '변질'일 것이며 연금술에 의하여 금을 만들어 내는 것과 마찬가지일 것이다.

유추적 감정들

ㄴ) 그러나 바로 이와같은 변질을 오늘날의 진화론 — 좀더 정확히 말하자면 변질론이라고 불러야 될 — 은 종종 가정하면서 '점차로 진화된다'(즉, 하나의 질적인 것이 다른 하나의 질적인 것으로)라는 애매한 표현, 혹은 '후생'(Epigenesis)이나 '타생'(Heterogonie)[2]이라는 더더욱 애매한 개념들을 도입한다. 이와같은 방식으로 예컨대 윤리적 당위성의 감정이 발전되어 나왔으리라는 것이다. 그들은 주장하기를 맨 처음에는 친족공동체와 같은 것에서 볼 수 있는 단지 관습에 따른 획일적 행동의 강요만이 있었다는 것이다. 그 다음 이로부터 보편적 구속력을 지닌 당위의 개념이 '발생'했다고 한다. 그러나 그 개념이 어떻게 시작했는지는 언급하지 않는다. 당위의 개념은 습관에 의한 강요와는 <u>질적으로</u> 전혀 다른 것이라는 점을 무시하고 있는 것이다. 좀더 섬세하게 파고들면서 질적 차이들을 파악하려는 심리적 분석은 투박하게 둔한시되며, 따라서 문제의 핵심을 놓치게 되는 것이다. 아니면 문제를 의식하기는 하지만 '점차로 발전된다'는 식의 생각으로 문제를 은폐하고, 우유가 오래되면 시게 되듯이 '시간의 지속'에 의해서 하나가 다른 것으로 되게 하려는 이론이다. 그러나 '당위'라는 것은 전적으로 독특하고 근원적인 내용을 가진 관념으로서, 신맛으로부터 파랑색이 나올 수 없듯이 다른 어떤 것으로부터도 도출될 수 없는 것이다. 물질적인 세계에 있어서와 마찬가지로 정신계에 있어서도 변질이란 있을 수 없다. 오로지 정신 자체로부터만이 당위의 관념은 '진화될 수 있는', 즉 각성될 수 있는 것이다. 왜냐하면 그것은 이미 정신 안에 <u>소질로서</u> 내재해 있기 때문이다. 만약 그렇지 않다면 어떤 '진화'도 그것을 나타나게 할 수 없을 것이다.

ㄷ) 역사적 과정 자체는 진화론자들이 추정하는 것과 전적으로 일치

---

2. 後生이나 他生은 진정한 진화가 아니다. 그들은 오히려 생물학에서 '애매한 발생'이라고 부르는 것이다. 그리고 이것을 토대로 부가와 축적을 통하여 단지 하나의 집합체가 형성되는 것이다(옷토 주). '후생'이란 한 사물의 속성들이 진화 이전부터 싹으로 이미 존재하는 것이 아니라 나중에 비로소 생긴다는 개념이며, 타생도 이와 비슷한 개념이다 (역자 주).

할는지도 모른다. 즉, 상이한 감정의 요소들이 어떤 역사적 순서에 따라 점차적으로 연이어 등장했을는지도 모른다는 것이다. 다만 이러한 현상의 설명방법이 진화론자들의 생각과는 다르다. 즉, 이미 주어진 감정이나 표상은 유사성의 척도에 따라 다른 감정과 표상들을 자극하고 각성시킨다는 법칙으로써 위와 같은 현상은 설명될 수 있는 것이다. 예를 들어, 인습에 의한 강요와 당위에 의한 강요 사이에는 사실 하나의 유사성이 존재한다. 곧, 양자 모두 실천적 강요라는 점이다. 따라서 전자의 감정은 후자의 감정을 — 우리 마음 자체가 그것을 위한 소질을 갖추고 있다면 — 우리 마음속에 일깨워 줄 수 있는 것이다. 그렇게 되면 '당위'의 감정은 함께 울릴 수 있으며 우리는 점차적으로 전자로부터 후자로 이행하게 되는 것이다. 이러한 경우, 하나와 다른 하나와의 대치가 문제되는 것이지 결코 양자 사이의 변질이나 진화가 문제되는 것은 아니다.

ㄹ) 누멘적 감정도 윤리적 구속성의 감정과 마찬가지이다. 전자도 후자와 같이 다른 어떤 것으로부터도 도출될 수 없는 감정이며, 다른 어떤 것으로부터도 진화될 수 없는 하나의 질적으로 자류적이고 근원적인 감정이다. 시간적인 의미에서가 아니라 원칙적인 의미에서 하나의 근원적 감정(Urgefühl)인 것이다. 그러나 하나의 감정이기에 동시에 다른 감정들과 많은 유사점들을 지니고 있으며, 따라서 그들을 '자극'하고 유발시키기도 하며, 또한 그들에 의하여 유발되기도 한다. 이러한 누멘적 감정을 유발시키는 요소들과 자극들을 탐구하고 보여 주는 것, 그리고 어떤 유사점들이 그들로 하여금 유발적이게끔 만드는가, 다시 말하면 누멘적 감정을 일깨우는 자극의 연쇄를 발견하는 것이야말로 종교의 진화과정을 '후생설적으로' 혹은 기타 방법으로 재구성하는 것 대신 우리가 참으로 해야 할 과제인 것이다.

ㅁ) 확실히 숭고한 것의 감정은 종종 누멘적 감정을 일깨워 주는 바로 그러한 자극 중의 하나이며, 우리가 발견한 법칙에 따라서, 그리고 그것이 갖고 있는 누멘적 감정과의 유사점으로 인하여 오늘날도

역시 그러한 자극이 될 수 있다. 그러나 이 자극 자체는 의심의 여지 없이 자극의 연쇄 가운데서 나중에야 비로소 나온 것이다. 아마도 종교적 감정 자체는 숭고성의 감정보다 일찌기 발생했으며 오히려 후자를 비로소 일깨워 주고 방출시켜 준 것이다— 그러나 그 자체로부터가 아니라 인간의 정신으로부터 그 자체가 지니고 있는 선험적 능력에 따라 방출시킨 것이다.

(3) 도식화

ㄱ) '관념의 연관'(Ideenassoziation; association of ideas) 혹은 독일어로 말해서 표상들의 연계란 일반적으로 '갑'이라는 표상이 주어질 때 '을'이라는 표상도 때때로 함께 나타나게끔 된다는 것만이 아니라, 어떤 상황하에서는 양자의 보다 지속적인 관계, 아니 심지어 영구적인 연결까지도 성립된다는 것을 의미한다. 그리고 이것은 감정의 연계에 있어서도 마찬가지이다. 그래서 우리는 종교적 감정이 위의 법칙에 따라 그것과 연계되어 있는 다른 감정들과 항구적 연결을 갖는 것을 본다. 실제로 연결되었다기보다는 연계되었다고 해야 할 것이다. 왜냐하면 단순한 외적 유추에 따라 주어진 연계나 혹은 우연적 연결은 내적인 본질적 상속성(相屬性)의 원리에 따른 필연적 연결과는 구별되어야 하기 때문이다. 이러한 내적 상속성에 의한, 그리고 실로 선험적인 내적 원리에 따른 필연적인 연결의 한 예는 칸트의 이론에 있어서 인과성의 범주(Kategorie)와 그것의 시간적 도식(Schema), 즉 두 개의 계기적 사건의 시간적 선후와의 연결이다. 이 시간적 선후는 인과성이라는 범주의 첨가로 인하여 두 사건 사이의 원인과 결과라는 관계로서 인식되는 것이다. 여기서 범주와 도식 양자 사이의 연결의 근거는 외적인 우연적 유사성이 아니라 본질적인 상속성이다. 이와 같은 본질적 상속성의 근거 위에서 시간적 순차는 인과성의 범주를 '도식화'하는 것이다.

ㄴ) 이제 이러한 도식화 관계의 또 하나의 예는 성스러움이라는 복합관념에 있어서 합리적인 것과 비합리적인 것과의 관계이다. 비합리적이고 누멘적인 것은 전에 언급한 합리적 개념들에 의하여 도식화됨으로써 성스러움이라는 충족되고 완전한 복합 범주 자체를 그 완전한 의미에 있어서 우리에게 제공하게 된다. 진정한 도식화는 종교적 진리에 대한 감정이 고조되고 지속적으로 발전됨에 따라 다시 분해되거나 분리되는 일이 없이 항시 보다 단단하고 확실하게 된다는 점에 있

어서 단순한 우연적 연결과는 구별된다. 이러한 이유로 해서 성스러운 것과 숭고한 것과의 내적인 연결 역시 단순한 감정의 연계 이상일 것이며, 감정의 연계는 오히려 내적인 연결을 단지 처음으로 깨닫게 하는 계기일 뿐이라는 점을 생각할 수 있다. 모든 고등종교들에 있어서 발견되는 양자 사이의 항구적인 내적 연결은 숭고성 역시 성스러움의 진정한 도식 중의 하나임을 암시하고 있는 것이다.

ㄷ) 종교적 감정에 있어서 합리적 요소가 비합리적 요소에 의하여 철저히 침투되는 것은 우리에게 잘 알려진 다른 하나의 경우, 즉 애정이라는 하나의 보편적 인간감정이 성적 본능이라는 철저히 비합리적인 요소에 의하여 침투되어 있다는 예를 통하여 분명하게 된다. 물론 후자의 요소, 즉 성적 자극은 이성(理性)을 중심으로 하여 볼 때 누멘적인 것과는 정반대 쪽에 놓여 있다. 왜냐하면 누멘적인 것은 '모든 이성의 위'에 처해 있는 반면에 성적 본능은 이성의 밑에 있는 요소, 즉 충동과 본능적 삶의 요소이기 때문이다. 전자는 위로부터 합리적인 것 속으로 침강하는 반면에 후자는 아래로부터, 즉 인간의 보편적인 동물적 본성으로부터 더 높은 인간적 영역 속으로 뚫고 들어가는 것이다. 따라서 여기서 비교되고 있는 것은 인간이 지니고 있는 전혀 상반된 두 면에 처해 있는 것들이다. 그럼에도 불구하고 양자의 중간에 놓여 있는 것, 즉 이성과의 연결관계에 있어서는 양자는 상응점을 보이고 있다. 종족본능이 본능적 삶으로부터 인간의 보다 높은 심정과 감정의 삶으로 ― 건전하게 그리고 자연적으로 ― 파고들어 가서 우리의 바람과 욕구와 갈망, 그리고 애정과 우정과 사랑 및 서정시와 상상적 활동 일반에 침투해야만 비로소 전적으로 독자적인 에로스적 영역은 발생한다. 이 영역에 속하는 것은 모두 언제나 두 가지 요소의 복합적 산물이다. 하나는 에로스적인 영역 외에서도 일어나는 일반적인 현상들, 예를 들어 우정, 애정, 사교적 감정, 혹은 시적 기분이나 환희적 고양과 같은 것들이고, 다른 하나는 이러한 감정들과는 동일 선상에 있지 않으며, '사랑 자체로부터의 내적 가르침'을 실제로 받

아 본 일이 없는 자는 이해하거나 알아차리지도 못하며 낌새조차 느끼지 못하는 독특한 종류의 요소이다.

　종교적 감정과 에로스적 감정 사이의 또 하나의 유사점을 지적할 수 있다. 에로티시즘의 언어적 표현수단은 대부분 단순히 여타의 심정적 체험의 표현들로부터 온 것들로서, 이 표현들이 제맛을 내게 되는 것은, 다른 사람이 아닌 바로 사랑에 빠져 있는 사람이 얘기하며 시를 짓고 노래하고 있다는 사실을 우리가 이미 알며, 사랑의 본래적 표현방법은 말 자체라기보다는 그 말에 부가되는 음성과 몸짓과 흉내 등과 같은 표현의 보조물들이라는 사실을 우리가 이미 알고 있을 때라는 점이다. 한 아이가 자기의 아버지에 대하여 말하든, 혹은 한 처녀가 자기의 애인에 대하여 말하든, '그는 나를 사랑한다'라는 말과 명제 자체는 동일한 것이다. 그러나 후자의 경우에는 동시에 '그 이상의 무엇'이 들어 있는 사랑을 의미하며, 이 '그 이상의 무엇'이라는 것은 단지 양에 있어서뿐만 아니라 그 질에 있어서도 그러한 것이다. 마찬가지로, 어린아이들이 아버지에 대하여 말하든 혹은 인간들이 신에 대하여 말하든, "우리는 그를 경외하고 사랑하고 신뢰해야 한다"는 말과 명제 자체는 동일하다. 그러나 후자의 경우에는 경건한 자만이 느낄 수 있으며 이해할 수 있는 요소가 그 개념들 속에 존재하고 있는 것이다. 이 요소는 신에 대한 경외로 하여금 실로 가장 진정한 어린아이의 경외심이 되도록 하나, 동시에 '그 이상'으로 만드는 것이며, 실로 양에 있어서뿐만 아니라 질에 있어서도 그러한 것이다. 신비주의자 수소(Seuse)도 이러한 뜻에서 일반적인 사랑과 신에 대한 사랑을 구별하여 말한다.

　　　그렇게 달콤한 현도 없었다.
　　　그러나 메마른 판 위에서 당기면 침묵을 지킨다.
　　　사랑이 없는 가슴은 사랑이 가득한 언어를 이해할 수 없다.
　　　마치 독일사람이 이태리사람을 이해 못하는 것과같이.[3]

---

3. Denifle 출간, *Die deutschen Schriften* I, 309면 이하.

ㄹ) 우리의 감정 생활에 있어서 이와같이 전적으로 비합리적 요소에 의한 합리적 요소의 침투는 또 다른 영역에 있어서도 그 예가 발견된다. 그 안에서 하나의 초합리적인 요소가 형성되어 있다는 점에 있어서 이 예는 전에 언급한 에로스적 감정보다도 더 가깝게 성스러운 것의 복합 감정에 비교될 수 있다. 곧, 음악화된 노래가 우리 안에서 자아내는 감정의 예이다. 노래의 가사는 고향에 대한 동경, 위험 속에서의 확신, 미래의 좋은 것을 바라는 희망, 현재 가지고 있는 것의 기쁨 등 '자연적' 감정들을 표현한다. 모두 구체적이고 개념으로 묘사할 수 있는 자연적인 인간운명의 요소들인 것이다. 그러나 순수한 음악 자체는 이와 다르다. 음악은 우리의 마음속에 기쁨과 행복, 아련함과 도취, 그리고 폭풍우와 파도를 일으키되 아무도 도대체 음악의 그 무엇이 이러한 감정을 일으키는지 개념적으로나 말로 설명할 수 없다. 만약 우리가 어떤 음악이 탄식하고 있다거나 환호한다, 혹은 충동을 한다거나 억제를 한다고 말한다면, 이러한 표현들은 우리의 여타의 심리적 영역으로부터 유사성에 입각하여 선택된 지표에 지나지 않을 뿐이며, 적어도 무엇 때문에, 그리고 어떻게 하여 음악이 그런 감정을 산출하는지는 말할 수 없는 것이다. 음악은 순전히 독자적인 종류의, 즉 음악적인 체험과 감정의 진폭을 격발시키는 것이다. 그러나 음악적 감정의 고조와 저하, 그리고 그 다양성들은 비록 부분적이고 잠시뿐이라 하더라도 음악 밖에서 우리에게 친숙한 심정적 상태나 움직임들과 어떤 확실한 유사점과 관련성을 지니고 있는 것이 사실이며, 따라서 그들을 함께 불러일으킬 수도 있으며 그들과 함께 섞일 수도 있다. 그렇게 될 것 같으면 음악은 그들을 통해서 도식화되며 합리화된다. 그리하여 하나의 감정의 복합체가 발생하며 그 안에서 일반적 인간의 감정은 날줄을, 그리고 비합리적인 음악적 감정은 씨줄을 형성하게 되는 것이다. 노래란 따라서 합리화된 음악인 것이다.

그러나 이와는 달리 '프로그램 음악'은 음악적 합리주의로 간주되어야 한다. 왜냐하면 프로그램 음악은 마치 음악 자체는 어떤 신비도 없고 다만 우리의 마음에 친숙한 경험들을 내용으로 하고 있는 것처럼 음악의 본질을 해석하여 오용하고 있기 때문이다. 프로그램 음악은 인간의 운명들을 소리의 형태로 얘기하고자 시도함으로써 음악적인 것의 독자성을 폐기시키고, 유사성과 동일성을 혼동하며 그 자체로서 목적과 내용이 되는 것을 수단과 형식으로 오용하고 있는 것이다. 이것은 사람들이 누멘적인 것의 장엄성을 윤리적 선을 통하여 도식화하는 것이 아니라 아예 그 안으로 사라지게 만들거나, 혹은 '성스러운 것'을 '완전한 선의지'와 동일시하려는 잘못과 같은 오류이다. 사실 '음악극'이라는 것부터가 이미 음악적인 것과 드라마적인 것과를 철저히 결합시킨 것으로서 음악의 비합리적 정신에 배치되는 것이요, 음악과 드라마 양자의 독자성에 배치되는 것이다. 왜냐하면 인간의 일상적 체험을 통하여 음악의 비합리적 요소를 도식화한다는 것은 단지 간헐적으로나, 혹은 단편적으로만 성공할 수 있기 때문이다. 그 이유는 바로 음악이란 그 자체가 결코 인간의 마음을 그 본래적 내용으로 하고 있는 것이 아니며 결코 일상적인 언어에 덧붙여 사용되는 감정표현을 위한 제2의 언어가 아니기 때문이다. 음악도 바로 하나의 '전혀 다른 것'으로서, 실로 때로는 일상적인 체험과 유사하기 때문에 만나기도 하지만 결코 이들 체험과 더불어 일대일 방식으로 세부적인 합치를 보도록 만들 수는 없는 것이다. 물론 양자가 간혹 만나는 경우에는 양자의 혼합을 통하여 음악화된 말의 마력이 발생하는 것이다. 그리고 우리가 이 음악화된 말에 일종의 마력이 있다고 인정하는 한 이것은 이미 음악이 지니고 있는 개념으로 파악될 수 없는 요소, 곧 비합리적 요소를 암시하고 있는 것이다. 그러나 혹시라도 쇼펜하우어처럼 음악에 있어서의 비합리적인 것과 누멘적인 것의 비합리적 요소와를 혼동하지 않도록 우리는 주의해야 할 것이다. 양자는 각각 독자적인 실재이다. 그러나 전자가 후자를 위한 표현수단이 될 수 있는가, 그리고 얼마만큼 그럴 수 있는가 하는 문제는 우리가 나중에 다시 논의하게 될 것이다.

제 9 장

누멘적 가치로서의 거룩함
— 장엄성 —
(누멘적인 것의 요소 Ⅵ)

ㄱ) 우리는 위에서 누멘적인 것을 체험할 때 우리의 마음이 보이는 이상하고 심오한 반응을 보았다. 우리는 그것을 '피조물적 감정'이라 부르고 싶었으며, 이 감정은 함몰감·왜소감·무화감으로 되어 있음을 보았다(물론 우리는 이 표현들 자체가 실제로 뜻하고자 하는 바를 정확하게 표현하거나 전적으로 합당한 것은 못 되고 단지 그것에 대해서 암시 정도만 하고 있다는 사실을 항시 염두에 두어야만 했다. 왜냐하면 이러한 왜소화와 무화라는 것은 실로 사람들이 보통 때 자신의 '자연적인' 미미함, 약함, 혹은 의존성을 의식하는 경우와는 전적으로 다르기 때문이다). 그러한 감정에는 나 자신의, 즉 말하자면 나의 현실성과 나의 현존 자체의 확실한 평가절하라는 특징을 발견할 수 있기 때문이다. 그런데 이번에는 이와 같은 평가절하와 더불어, 누구나가 다 알고 있으며 단지 지적하기만 하면 되는 또 하나의 평가절하가 언급되어야 한다. 이것을 구명해야만 우리는 문제의 참된 핵심에 도달하게 되기 때문이다.

　　　나는 입술이 <u>부정한</u> 사람이며
　　　<u>부정한</u> 백성 중에 거하면서 …

　　　주여, 나로부터 떠나소서,
　　　나는 <u>죄많은</u> 사람이로소이다. …

이와같이 이사야와 베드로는 누멘적인 것을 접하여 느낄 수 있게 될 때 말하고 있다. 이와같은 두 고백에서 눈에 띌 수밖에 없는 사실은 이러한 자기비하적 감정의 반응이 지니고 있는 거의 본능에 가까운 직접적인 자발성이다. 이러한 감정적 반응은 어떤 숙고위에서, 혹은 어떤 규칙에 따라서 생기는 것이 아니라 직접적이고 무의식적인 영혼의 반사작용과도같이 튀어나온 것이다. 이와같은 감정의 폭발은 직접적이며, 지나간 잘못에 대한 자기성찰 후에야 비로소 생긴 것이 아니라 다른 아무것도 없이 단지 누멘을 느낌과 더불어 주어진 것이다. 그리고 그것은 자기 자신과 더불어 자신의 종족, 그리고 모든 존재까지를 포함하여 누멘적인 것 앞에서 비하시키는 감정의 폭발로서, 그것이 단순히, 그리고 아마도 처음에는 전혀, <u>도덕적인 평가절하</u>가 아니라 전적으로 독자적인 평가의 범주에 속한다는 것은 우리가 직접적으로 느낄 수 있는 사실이다. 그것은 의심의 여지 없이 '도덕적 법칙'을 어긴 데서 오는 감정이 아니다— 비록 도덕적 범죄가 발생하는 경우에도 그러한 감정 속으로 휘말리게 된다는 것이 제아무리 자명한 일이라 할지라도. 그것은 오히려 절대적인 <u>속됨</u>의 감정이다.

ㄴ) 그러나 이 속됨의 감정이란 도대체 무엇인가? 이것 역시 '자연적' 인간은 알 수도 없고 상상조차 못하는 일이다. 오직 '영 안에' 있는 자만이 그것을 알고 느낄 수 있으며, 이것은 골수를 찌르는 듯한 날카로움과 가장 엄한 자기비하를 동반한다. 그리고 그는 그 속됨을 단순히 자신의 행위에만 관련시키는 것이 아니라 바로 모든 피조물을 초월한 자 앞에서 피조물로서의 자신의 존재 자체에까지 관련시키는 것이다.[1] 그러나 동시에 이 초월자는 그에 의하여, '속'된 것의 무가치와는 정확하게 반비례하여 전적으로 고유한 <u>가치</u>의 범주로써 평가되게 된다. 이 가치는 오로지 누멘에만 절대적으로 합당한 것이다: '당신만이 홀로 거룩하시도다'. 이 '거룩함'은 단순한 '완전함',

---

1. 이것이 '상속죄'에 대한 교회의 가르침이 갖고 있는 진리의 요소다. 이 9장 전체를 나의 다른 저서 *Sünde und Urschuld*, 특히 1-4장과 비교해 볼 것.

'아름다움', '숭고함', 아니 '선함'마저도 아니다. 그러면서도 다른 한편으로는 그것은 이러한 속성들과 어떤 확실히 느낄 수 있는 일치점을 지니고 있다. 그것도 역시 하나의 가치임에는 틀림없으며, 실로 하나의 객관적 가치로서 동시에 절대적으로 궁극적이며 무한한 가치인 것이다. 그것은 모든 가능한 객관적 가치들의 비합리적 기반과 원천이 되는 누멘적 가치인 것이다.

ㄷ) 모든 고등 종교에는 종교적 감정과 더불어 윤리적 의무와 요구도 함께 발달되어 신의 요구로서 여겨지게 된다. 그러나 윤리적 요구들에 의해서 언제나 혹은 확실하게 채워짐이 없이도 거룩함에 대한 깊은 겸손한 인정은 있을 수 있다. 실로 우리로 하여금 비교할 수 없는 존경을 명하는 인정, 그리고 가장 타당하고 높은 객관적 가치이면서도 동시에 모든 합리적 가치들 위에 있는 순수히 비합리적 가치이며 가장 내면적으로 인정해야만 하는 가치에 대한 인정인 것이다. 그렇다고 해서 이 거룩함 앞에서의 두려움이 단순히 절대적으로 압도적인 것, 그리고 그 앞에서는 맹목적인 공포의 복종밖에 있을 수 없는 그러한 두려운 위압성 앞에서 느끼는 '공포'와 같은 것은 아니다. 왜냐하면 '당신만이 홀로 거룩하시도다'라는 말은 공포로부터 폭발되어 나오는 것이 아니라 두려움 속에서의 찬송으로서, 압도적 힘을 더듬거리며 고백할 뿐만 아니라 동시에 모든 개념을 초월한 가치충만한 것을 인정하고 기리려는 것이기 때문이다.

이와같은 찬송의 대상은 단지 힘에 의한 요구만을 강요하는 단적인 힘만이 아니라 그 자체의 본질에 있어서 섬김을 요구할 만한 최고의 권리를 가진 존재이며 절대적으로 찬송할 만한 가치가 있기 때문에 찬송받는 존재이다: "당신은 찬송과 존귀와 권능을 받으실 가치가 있나이다"(요한 계시록 4장 11절).

ㄹ) 거룩함이 근본적으로 도덕적 범주가 아니라는 것을 깨달은 이상 사람들은 자연히 '거룩'을 '초세상적'이라고 번역한다. 이 번역의 일방성은 우리가 이미 비판한 바 있고 누멘적인 것에 대한 보다 넓은

설명을 통해서 보충한 바 있다. 그러나 그 번역의 가장 근본적인 결함은 이제야 비로소 언급하게 된다. 즉, 그것은 초세상성이란 말이 순전히 존재와 관련된 말이요 전혀 가치와 관련된 말이 아니라는 것이며, 초세상성은 우리로 하여금 숙이게 할 수는 있을는지 모르나 존경심을 자아내지는 않는다는 것이다. 누멘적인 것의 이러한 요소, 즉 그것의 절대적인 가치의 성격을 강조하기 위하여, 그러면서도 동시에 거룩함이라는 절대적 가치 속에서 그것을 단순한 절대적 선으로부터 구별해주는 비합리적 가치요소를 따로 떼어 고찰하기 위해서, 여기에 또 하나의 특수 용어를 도입함이 허용될 것이다. 즉, '장엄한' (augustum, semnos)이라는 말이 그 용어로서 적합할 것이다. 왜냐하면 장엄함은 거룩함(sebastos)이라는 말처럼 본래 누멘적인 대상에만 (예를 들어, 신들을 조상으로 하거나 신과 연관된 통치자들) 어울리는 말이기 때문이다. 그렇다면 매혹성이란 누멘이 지니고 있는 한 성질로서 누멘을 나에게 주관적으로 지복적 가치를 지니게 하는 것인 반면에, 장엄성이란 누멘이 지닌, 그 자체에 있어서 존경할 만한 객관적 가치를 나타내는 말일 것이다.[2] 그리고 이러한 장엄성이 누멘적인 것의 본질적 요소인 한, 종교란 모든 윤리적 도식화를 도외시하고라도 그 본질상 가장 내면적인 의무감이며 양심의 구속과 묶임이요, 압도적인 것의 단순한 강요로부터가 아니라 가장 성스러운 가치 앞에 인정하는 자세로 머리숙임으로부터 오는 순종과 섬김인 것이다.

---

2. 주관적 가치와 객관적 가치의 차이에 대하여 나의 저서 *West-östliche Mystik*, 265면과 나의 논문 'Wert, Würde und Recht', *Zeitschrift für Theologie und Kirche*, 1931, Heft 1을 참조할 것.

가리움과 속죄

ㄱ) 누멘적 가치의 반대는 누멘적 무가치 혹은 반가치이다. 이 누멘적 무가치의 성격이 도덕적 과오로 이전되고 이입되거나 혹은 그것을 자체 내에 포괄하는 경우에야만 비로소 단순한 '비합법성'이나 무질서(anomia)가 죄(hamartia)로 되며 방종과 불경이 되는 것이다. 그리고 도덕적 과오가 그렇게 마음속에 죄로 느껴질 때에야 비로소 그 과오는 양심에 두려운 중압감을 산출하여 마음을 짓누르며 자기 자신의 능력에 대해서 절망적으로 만든다. '죄'가 무엇인지는 '자연적'인 인간은, 아니 도덕적 인간조차도 이해 못한다. 그리고 도덕적 명령 자체가 인간을 '파산'과 '가장 깊은 궁지'로 몰아넣어서 구원을 찾도록 강요하고 만다는 교의적 입장은 분명히 옳은 것이 못된다. 도덕적으로 진지하고, 덕스럽고, 노력하는 사람들 가운데서 구원을 전혀 이해 못하며 대수롭게 여기지 않는 사람도 얼마든지 있는 것이다. 이들은 자신이 잘못이 있고 부족하다는 사실을 잘 알고 있으나 수신의 방법을 알아 실천하며, 보다 더 용감하고 정력적으로 자기들의 길에 매진하는 것이다. 도덕에 숙달된 옛 합리주의가 결여하고 있던 것은 도덕적 법칙을 경외하고 진지하게 인정하는 태도도 아니고, 그 법칙에 따르려는 성실한 노력도 아니요, 자신의 부족을 인식하는 것도 아니었다. 도덕적 합리주의자들은 '옳지 않음'이 무엇인지 잘 알고 엄하게 비판했으며, 그들의 설교와 가르침 속에서 그것을 인식하고 심각하게 대했으며 자신의 부족에 대하여 용감하게 싸울 것을 가르쳤다. 그러나 그들은 어떤 '파산'이나 '구속의 필요성'에는 도달하지 않았던 것이다. 왜냐하면 사실 그들의 반대자들이 비판하듯이, 그들에게는 '죄'가 무엇인지에 대한 이해가 결핍되어 있었기 때문이다. 예를 들어 우리는 제임스의 「종교적 체험의 다양성」이라는 책에서, 거칠은 마음씨의 소유자가 아님에는 틀림없는 테오도르 파커라는 사람의 다음과 같은 자기 고백을 볼 수 있다:

나도 나의 생을 통하여 그릇된 일을 많이 행했고 지금도 하고 있다. 과녁을 놓치면 나는 활을 당겨서 다시 겨냥한다. … 그들도(고대의 인물들) 성냄과 술취함 등 다른 악덕들을 의식하고 있었으며 그것들과 싸워서 승리했다. 그러나 그들은 결코 '신에 대한 적대감'이라는 것은 의식하지 않았으며 할일없이 앉아서 존재하지도 않는 악에 대해서 탄식하고 신음하지는 않았다.[3]

이러한 말은 조잡하지는 않다 해도 적어도 피상적인 말이다. '죄가 얼마나 무거운지'(quanti ponderis sit peccatum)라는 안셀무스의 말을 이해하기 위해서는 비합리적인 것의 심부가 움직여져야만 하는 것이다.

단순히 도덕적인 토양 위에서는 구원의 필요성이나 성화·가리움·속죄와 같은 이상한 것들에 대한 필요성은 자라나지 않는다. 실로 종교의 가장 깊은 신비들을 이루고 있는 이러한 현상들은 합리주의자와 도덕주의자들에게 있어서는 단지 신화적 화석일 뿐이며, 누멘적 영감을 느껴본 일이 없음에도 불구하고 성서적 관념들 속에서 그러한 현상들을 해석하고자 하는 사람은 오히려 올가미들만을 놓는 결과를 초래할 수 있다.[4] 만약 교의학 자체가 구원과 속죄와 같은 개념들을 그 본래의 신비적이고 누멘적인 영역으로부터 합리적이고 윤리적인 영역으로 이전시킴으로써 그들을 도덕적인 개념들로 완화시켜 버리지 않았더라면, 아마도 기독교 신앙론에서 이들 개념들의 시비와 타당성에 대한 논쟁은 훨씬 줄어들었을 것이다. 한 영역에서는 그렇게도 필연적이고 참다운 개념들이 다른 영역에서는 의심스러운 개념들로 되어 버린 것이다.

'가리움'의 요소는 야웨 종교의 의식들에서 느끼는 감정에서 특히

---

3. W. James, *Varieties of Religious Experience*, 81면. 대체로 독일어 번역을 따랐음(역자 주).
4. 소위 '변증법적 신학'이라는 것에서 발생하고 있듯이.

분명하게 우리에게 다가온다. 그러나 다른 종교들에도 덜 분명하게 나마 포함되어 있다. 가리움은 우선 두려움의 표현, 즉 속된 자가 무엇이든지 지니지 않고서는 누멘에 접근할 수 없다는 감정으로서, 누멘의 진노(orgē)에 대하여 어떤 가리개와 방패를 필요로 한다는 생각이다. 그리하여 이러한 가리개는 하나의 '성화', 즉 접근자로 하여금 두려운 위압성과 더불어 교제를 가능케 하는 방법이 되는 것이다. 그러나 성화의 수단, 즉 본래적 의미에서의 은총의 수단은 누멘 자체로부터 부여되고 도출되며 정해지는 것이다.

ㄴ) 그렇다고 할 것 같으면 속죄 자체도 일종의 '가리움'으로서 그것의 더 심화된 형태이다. 속죄란 누멘적 가치와 무가치의 관념이 발전됨으로써 비로소 생기는 관념이다. 단순한 '공포', 혹은 두려운 것 앞에서의 단순한 가리움의 필요가 여기서, 속된 존재로서의 인간은 장엄한 것에 가까이 설 가치가 없다는 감정, 아니, 자신의 전적인 무가치가 성스러운 것 자체를 '부정'(不淨)하게 만든다는 감정으로까지 발전되는 것이다. 분명히 이것이 이사야가 그의 소명의 환상 속에서 본 것이다. 그것은 비록 완화되기는 했으나 아주 분명하게 가파르나움의 백부장의 얘기에서(루가 복음 7장 1-10절) 다시 나온다. "당신께서 저의 집에 들어오실 만한 가치가 저는 없나이다"라고 그는 말하는 것이다. 이것은 양면성을 지니고 있다. 누멘적인 것의 두려움과 그 절대적 불가접근성 앞에서 가볍게 떨리는 공포와, 이를 능가하여 누멘의 현존 앞에서 속된 자가 느끼는 자신의 특별한 무가치, 그리고 이 무가치로 인하여 누멘 자체에 해를 끼치고 그것을 더럽힌다고 믿는 감정이다. 그리고 여기서 '속죄'의 필연성과 갈망이 나타나는 것이며, 누멘과의 인접과 교제, 그리고 누멘의 영속적 소유가 지고의 선으로 원해지고 욕구되면 될수록 더욱더 그러한 갈망은 강해지는 것이다. 곧 피조물로서의 인간 존재요 속된 자연적 존재 자체와 더불어 주어지며 우리를 성스러운 것으로부터 분리시키는 무가치를 제거하려는 갈망인 것이다. 이 갈망은 종교적 감정이 심화되고 종교가 최고

의 단계에 이른다고 사라지는 것이 아니다. 그 반대로 더욱더 강하고 두드러지게 된다. 그것은 전적으로 종교의 비합리적 측면에 속하기 때문에, 우선 합리적 측면이 힘차게 전개하고 형성되어야 할 경우에는 잠재화될 수 있으며, 합리주의적 시대에는 때로는 다른 요소들의 뒤로 후퇴하여 사라지는 듯하기도 하나, 마침내는 전보다도 더 세차고 충동적으로 재등장하는 것이다.

ㄷ) 그리스도교에서처럼 속죄의 필요성이라는 신비가 완전하게 심화되고 강하게 표현된 종교는 없다. 이 점에 있어서도, 아니 특히 이 점으로 인하여 다른 형태의 종교들에 대한 그리스도교의 우월성이 드러나는 것이며, 이것은 실로 순수히 종교 내적인 관점에 따라 그렇다는 것이다. 종교 일반에 가능적으로 들어 있는 것이 그리스도교에 있어서 '순수 현실태'(actus purus)가 된 한, 그리스도교는 완전한 종교이며 다른 종교들보다 더 완전한 것이다. 그리스도교가 지닌 이러한 가장 섬세한 신비에 대한 널리 퍼진 불신은 단지 종교의 합리적 측면만을 염두에 두고 파악하려는 습관에서부터 기인한 것이다. 그리고 이 습관에 대해서는 우리의 교사와 설교자, 우리의 성직자와 교육자들의 교육사업 자체에 책임이 크다. 그러나 그리스도교의 신앙론이 그리스도교적인, 그리고 성서적인 종교성을 대표하고자 한다면 이 속죄의 요소를 결코 포기할 수 없다. 그리스도교 신앙론은 그리스도교적 경건성에 입각한 감정적 체험의 분석을 통하여 어떻게 '누멘 그 자체'가 자기자신을 신자들에게 전달함으로써 스스로를 속죄의 도구로 만들었는가를 분명히 밝혀야 할 것이다. 이러한 신앙론의 성격에서 볼 것 같으면 베드로와 바울로, 혹은 제2 베드로가 속죄와 대속에 대해서 무엇을 말하고 있는가, 아니 심지어 그 문제가 성서에 '씌어 있는지 없는지'에 관한 주석가들의 판단들조차 그다지 문제가 되지 않는다. 씌어 있지 않다 하더라도 오늘날 씌어질 수도 있는 것이다. 그렇지만 오래 전부터 그것이 씌어 있지 않았다고 할 것 같으면 그것이 도리어 이상한 일일 것이다. 신약의 하느님은 구약의 하느님보다

덜 성스러운 분이 아니라 더 성스러운 분이며, 그와 피조물과의 거리는 줄어든 것이 아니라 오히려 절대적이며, 그 앞에서의 속된 인간의 무가치는 약화된 것이 아니라 강화된 것이다. 그럼에도 불구하고 성스러운 분이 자신을 접근가능하게 만든다는 사실은, '사랑하는 하느님' 식의 기분으로부터 나온 감상적 낙관주의에서 생각하듯 하나의 자명한 일이 아니라 이해할 수 없는 은총인 것이다. 그리스도교로부터 이러한 역설적 감정을 빼어 버리는 것은 그것을 알아보지 못할 정도로 천박하게 만드는 일이다. 그렇다고 할 것 같으면 '가리움'과 '속죄'에 대한 깊은 통찰과 필요성은 더할 나위 없이 직접적으로 주어지는 것이다. 지극히 거룩한 자의 자기 계시와 자기 전달의 수단인 '말씀', '성령', '약속', '그리스도의 인격' 자체 등은 사람들이 그리로 '도피하는' 곳이 되며, 피난처가 되며, 자신을 유착시키는 것이 되어, 이들을 통하여 사람들은 <u>성화되고 속죄받아</u> 성스러운 분에게 스스로 가까이 나아가는 것이다.

근) 이상과 같은 것들은 순수히 비합리적인 누멘적 가치평가와 평가절하의 영역에 속하는 현상들이며 오로지 그들을 식별할 만한 눈을 지니고 있는 자, 혹은 더 정확히 말해 그들을 향해 눈을 감아 버리지 않는 자에게만 이해되는 현상들이다. 그것들에 대한 불신은 두 가지 이유에서 발생한다. 첫째 이유는, 사람들이 순수히 누멘적 영역에 속한 요소를 자기들의 이론 속에서 일방적으로 합리화한다는 데에 있다. 단순한 <u>이성</u>의 기반 위에서는, 혹은 인격화된 세계의 도덕적 질서로서의 신(사랑을 지닌)이나 단지 인격화된 도덕적 '요구'(종교에 있어서 전적으로 특유한 <u>성스러운</u> 요구는 한번도 먼저 이해한 적이 없이)로서 파악된 신을 근거로 하여서는 위에 열거한 모든 것들은 사실 설 자리가 없으며 단지 방해가 될 뿐일 것이다. 그러나 우리가 문제삼고 있는 현상들은 깊은 <u>종교적</u> 통찰들로서, 그것의 옳고 그름을 종교적 관심은 없고 순전히 도덕적 관심만을 지닌 사람과 논한다는 것은 어려운 일이다. 그는 그 통찰들을 전혀 알아주지 못할 것이다.

누멘적 가치로서의 거룩함   117

그러나 종교적 가치평가의 고유한 세계에 들어가서 스스로의 마음속에 그것을 일깨워 갖고 있는 사람은 그 통찰들의 진리를 몸소 체험할 수 있을 것이다.

불신의 둘째 이유는, 전적으로 비합리적이기에 필연적으로 비합리적·비개념적이며, 감정적 성격을 지니기에 엄격한 '개념적 분석'의 대상이 될 수 없는 것들을 사람들은 교의학을 통해서 <u>개념적 이론들</u>로 발전시키며 사변의 대상으로 만들어 버린다는 점이다. 그럼으로써 그러한 것들이 '전가론'(Imputationslehre), 즉 그리스도의 공로를 죄인의 공로로 돌린다는 수학적 계산과 같은 이론이 되어 버렸고, 또한 이때에 신은 분석판단을 내리는가 아니면 종합판단을 내리는가라는 현학적인 탐구까지 하게 된 것이다.[5]

---

5. 분석판단이란 주어로부터 술어가 개념분석적으로 필연성을 갖고 도출되는 종류의 판단으로서, 그리스도의 공로가 필연적으로, 즉 분석판단적으로 또는 산술적으로 죄인의 공로를 의미하는가라는 문제이다(역자 주).

제10장

'비합리적'이란 무엇인가?

1. 이제 우리는 지금까지의 우리의 탐구 전체를 다시 한 번 돌아볼 필요가 있다. 이 책의 부제가 가리키듯이 우리는 지금까지 신성(神性)의 관념에 있어서 비합리적 요소를 고찰했다. '비합리적'이라는 말은 오늘날 거의 하나의 놀이가 되어 버렸다. 사람들은 다양한 분야에서 '비합리적인 것'을 찾아내고 있다. 그러나 아무도 그것이 무엇을 의미하는지 정확히 규정하려는 수고를 하고 있지 않으며, 종종 온갖 다양한 의미들을 그 안에 포함시키거나 혹은 그 말을 너무나 일반적인 의미로 사용하기 때문에 아주 상이한 것들을 지칭하고 있다. 예를 들어 법칙과 대비하여 순전히 사실적인 것, 이성과 대비하여 경험적인 것, 필연적인 것과 대비하여 우연적인 것, 연역적인 것에 대비하여 불확실한 것, 선험적인 것에 대비하여 심리적인 것, 선험적으로(a priori) 결정할 수 있는 것에 대비하여 경험적으로(a posteriori) 인식된 것, 이성과 인식과 가치적 확정성에 대비하여 힘과 의지와 자의, 통찰과 반성과 지성적 계획에 대비하여 충동과 본능과 무의식의 어두운 힘들, 인간 영혼의 신비적 깊이와 술렁임들, 암시와 예감과 혜안과 예언, 그리고 마지막으로 '비의적' 힘들, 아니면 아주 일반적인 뜻으로 시대의 불안한 충동이나 보편적 소요, 시와 조형 예술에 있어서 듣지도 보지도 못한 것을 향한 모색, 이 모든 것과 기타 다른 것들도 소위 '비합리적인 것'이 될 수 있으며 현대적 '비합리주의'로 경우에 따라 찬양되기도 하며 성토되기도 하는 것이다. 따라서 이 단어를 사용하는 사람은 어떠한 뜻으로 그것을 사용하고 있는지를 밝힐 의무가 있다. 우리는 이미 그 점을 제1장에서 밝힌 바 있다. 우리는

'비합리적'이라는 말을 통하여 자신의 본능적 삶이나 세상사 가운데서 합리화를 저지하거나 이성의 지배를 받지 않는 어떤 희미한 것이나 멍청한 것을 의미하는 것이 아니다. 사람들은 그 깊이로 인하여 이성적 해석을 초월하는 어떤 이상한 사건을 대할 때 "거기에는 어떤 비합리적인 것이 있다"라고 말한다. 우리는 이러한 언어적 용법에 따라서 그 말을 사용하고 있는 것이다. 우리가 신관념에 있어서 '합리적'이라고 부르는 것은 그 관념 가운데서 우리의 개념적 사유능력으로 분명하게 파악가능한 것, 친숙하고 정의될 수 있는 개념의 영역에 속하는 것을 의미한다. 그리고 우리는 이러한 개념적 명증성의 영역 밖에 우리의 개념적 사유로는 잡히지 않으나 감정에는 주어지며, 그러한 한 우리가 '비합리적인 것'이라고 부르는 어떤 신비에 가득찬 어두운 영역이 존재한다고 주장하는 것이다.

2. 이 점을 좀더 분명히해 보기로 하자. 우리의 마음은 어떤 깊은 기쁨으로 충만해질 때가 있다. 그러나 우리는 그 순간 그 기쁜 감정의 이유나 그 기쁨에 관여된 대상(기쁨이란 언제나 대상에 관계되어 있으며 언제나 무엇에 대한 기쁨이기 때문에)에 대하여 분명치 않을 수가 있다. 기쁨의 이유나 대상에 대하여 당분간 막연한 것이다. 그러나 우리가 그것에 주목을 하고 예리하게 숙고해 보면 그것은 분명하게 된다. 그리하여 전에는 우리에게 희미했던 기쁨의 대상을 이제는 확실하게 지칭할 수 있으며 분명하게 파악할 수 있고, 우리를 기쁨으로 충만시키는 그것이 무엇이며 어떤 것인지 말할 수 있는 것이다. 그러면 우리는 그러한 대상이 비록 희미한 것이었고 당분간 분명한 개념으로는 주어지지 않고 감정으로만 주어졌다 하더라도 그것을 더 이상 비합리적인 것으로 간주하지는 않는다. 그러나 누멘적인 것의 매혹성이 주는 지복의 경우는 이와 전혀 다르다. 아무리 주의력을 극도로 긴장시킨다 하더라도 우리를 행복하게 해 주는 대상이 무엇이며 어떠한 것인가를 감정의 어두운 세계로부터 개념적 이해의 영역으로 끄집어 낼 수는 없다. 그 대상은 순전히 감정적이고 비개념적인 경험

의 해소될 수 없는 어두움 속에 머물러 있으며, 단지 지시어의 기보법을 통해서만 분명하지는 않으나 암시될 수 있을 뿐이다. 이 말은 곧 그것이 비합리적이라는 뜻이다. 이러한 현상은 누멘의 매혹성뿐만 아니라 다른 모든 요소에 있어서도 마찬가지이며, 특히 기이함의 요소에 있어서 가장 현저하다. 기이한 것이란 '전혀 다른 것'으로서 어떠한 가언성도 초월한다. '두려움'의 요소도 역시 그러하다. 일반적 공포의 경우에는 나는 내가 두려워하고 있는 것이 무엇인지 개념적으로 제시할 수 있으며 말할 수 있다. 예를 들어 해를 당한다거나 몰락하는 것과 같은 것이다. 또한 도덕적 경외심의 경우에서도 나는 무엇이 그것을 불러일으키는지 말할 수 있다. 즉, 영웅성이나 혹은 인격의 힘과 같은 것들이다. 그러나 내가 종교적 '두려움'에서 두려워하고 있는 것이 무엇이며 내가 장엄한 것으로 찬양하고 있는 것이 무엇인지는 어떤 개념도 말할 수 없는 것이다. 그것은 모든 합리적 분석과 개념화를 벗어나는 음악의 '아름다움'과도 같은 비합리적인 것이다.

3. 그러나 동시에 이러한 의미에 있어서의 비합리적인 것은 우리에게 하나의 확실한 과제를 부과한다. 즉, 우리는 단지 비합리적인 것의 불가언적 성격을 주장하는 것만으로 만족함으로써 그것을 빙자하여 자의적이고 막연한 언사들에 문을 활짝 열어 줄 것이 아니라, 가능한 한 가장 근사한 지시어적 지칭으로써 비합리적인 것의 요소들을 할 수 있는 데까지 확실히 규정하는 일이다. 이렇게 하여 단순히 감정이라는 유동적 현상 속에서 떠돌고 있는 것을 영속적인 표시로 고정시킴으로써, 비록 우리가 충분한 개념들 대신 단지 개념의 상징들만 갖고 작업하기는 하나, 그래도 탐구의 명확성과 보편타당성을 기하고 우리의 연구를 견고한 짜임새를 지니고 객관적 타당성을 추구하는 '건전한 이론'으로 형성할 수 있도록 하는 것이다. 그렇다고 해서 비합리적인 것을 합리화하자는 것이 아니다. 그것은 불가능한 일이다. 그러나 우리는 비합리적인 것의 테두리를 정하고 그것이 지니고 있는 요소들을 확실히 할 수 있으며, 견고하고 '건실한' 이론으로써 막연

하고 자의적인 언사들을 마구 사용하는 '비합리주의'에 대항할 수 있는 것이다. 이렇게 함으로써 우리는 괴테가 촉구하고 있는 바에 충실할 수 있을 것이다.

> 내가 밝음으로부터 어두움 속으로 들어가려고 노력하는가, 아니면 어두움으로부터 나와서 밝음 속으로 들어가려고 노력하고 있는가는 커다란 차이가 있다. 명증성이 나에게 허락되어 있지 않을 경우 내가 그것을 어떤 어스름으로 덮어 버리려고 하는가, 아니면 어떤 탐색하기 어려운 깊은 근저에 명확한 것이 놓여 있으리라는 확신하에 언제나 이러한 언표하기 어려운 근저에 대해서까지도 가능한 것을 끄집어내려고 생각하고 있는가의 차이이다.[1]

4. 오성의 개념적 파악능력으로서의 이성에 대비되는 뜻을 지닌 이러한 비합리성이라는 말의 용법은, 흐리멍텅하다는 혐의는 결코 받을 수 없는 또 한 사람의 이론으로 뒷받침되고 있다. 즉, 클라오스 하름스(Claus Harms)와 그가 1817년에 발표한 명제들로서, 우리가 합리적이라 부르는 것을 그는 이성(Vernunft)이라 부르고 있으며 우리가 비합리적이라 부르는 것을 그는 신비적(mystisch)이라 부르고 있다. 그리고 그는 명제 36과 37에서 다음과 같이 말하고 있다:

> 36. 종교의 첫 글자, 즉 '성스러운'이라는 말을 자기의 이성으로써 정복할 수 있는 사람은 나를 부를지어다!
> 37. 나는 우리의 이성이 반은 정복할 수 있고 반은 할 수 없는 종교적인 말을 하나 알고 있다.[2] 즉, 축전(Feier)이라는 말이다. 이성에 의하면 '축전을 거행한다'(feiern)라는 동사는 '일

---

1. 그간 나타난 Eugen Wolf의 섬세한 연구, 'Irrationales und Rationales in Goethes Lebensgefühl', *Deutsche Vierteljahrsschrift für Literaturwissenschaft und Geistesgeschichte*, Bd.4, Heft 3. Wolf는 이 두 술어를 우리와 똑같은 뜻으로 사용하고 있다.
2. 이것은 비합리적인 것이 합리적인 것에 의해서 도식화된 경우이다.

을 하지 않는다' 등을 의미한다. 그러나 이 말이 '엄숙함' (Feierlichkeit)이라는 말과 연관될 때 그 말은 곧 이성을 벗어나며, 이성에게는 너무나 놀랍고 숭고한 말이 된다. '축성하다'(Weihen), '축복하다'(Segnen)도 이와 꼭 마찬가지이다. 언어와 인생은 육체적 감각들로부터 못지않게 이성으로부터도 멀리 떨어져 있는 사물들로 가득 차 있다. 이러한 사물들의 공통적인 영역을 구성하고 있는 것은 '신비성'이다. 종교는 이 영역의 한 부분, 곧 이성에게는 알려지지 않은 땅이다.

제11장

누멘적인 것의 표현 수단

(1) 직접적 표현 수단

누멘적 감정의 본질을 규명하기 위해서는 그 감정이 어떻게 밖으로 표현되며 또 어떻게 마음으로부터 마음에로 퍼져나가며 전해지는가를 숙고해 봄이 도움이 될 것이다. 사실 엄밀한 의미에서는 '전해진 다'라고 말할 수 없다. 누멘적 감정은 단지 '영(Geist)으로부터' 각성 될 수 있을 뿐이지 '가르쳐질' 수 있는 것이 아니기 때문이다. 사람들은 때때로 종교 일반과 전체에 관해서도 이와같은 주장을 하나 이것은 부당한 주장이다. 종교에는 가르칠 수 있는 것, 즉 개념으로 전수할 수 있으며 학교 교육으로도 전달할 수 있는 것들이 아주 많다. 다만, 종교의 배경과 기초를 이루고 있는 것만이 가르쳐질 수 없을 뿐이다. 그것은 오로지 촉발되고 자극되고 각성될 수 있을 뿐이다. 그리고 이것은 단지 말로써 되기는 지극히 어렵고, 다른 감정들과 마음가짐이 전달되는 것과 같은 방식으로밖에 될 수 없다. 즉, 다른 사람의 마음속에 진행되고 있는 것을 따라서 느끼며(Nachgefühl) 들어가 느껴야(Einfühl) 하는 것이다. 타인의 마음은, 우리 스스로가 그것을 표현하기 위하여 찾아낸 그 모든 언사와 부정적 개념들 속에서보다는 오히려 엄숙한 자세와 몸짓, 목소리와 얼굴 표정, 사태가 지니고 있는 특별한 중대성의 표현, 그리고 기도하고 있는 무리의 엄숙한 집회와 예배 속에서 더 살아 있다. 부정적 개념은 결코 대상을 적극적으로 제시하지는 않는다. 그것은 단지 어떤 하나의 대상을 지시하고자 하는 한 도움이 되며, 그 대상을 그것과는 구별되며 그것보다 열등한 다른 하나의 대상과 대비시켜 줄 뿐이다. 예를 들어 불가시적인 것, 영원한 것(비시간적인 것), 초자연적인 것, 초세상적인 것과 같은 부정적 표현들이다. 아니면 이들은 종교의 고유한 감정내용 자체를 나타내는 단순한 지시어로서, 그것들을 이해하기 위해서는 사람들 스스로가 그 감정을 이미 가져 보아야만 하는 것이다. 누멘적 감정의 전달에 무엇보다도 가장 좋은 수단은 '성스러운' 상황들 자체이며, 이 상황들을 눈에 보이듯 묘사하여 재현해 주는 일이다. 이사야서 6장을 읽고도 누멘적인 것이 무엇인지 감이 잡히지 않는 사람은 아무리 '울리고 노래하고 얘기한다' 해도 소용이 없다. 이론과 교설, 아니 설교라 할지라도 그것을 귀로 듣지 않는 경우에는 누멘적 감정이란 찾아보기 어려우며, 반면에 구두로 하는 경우에는 그러한 감정으로 충만할 수 있다. 종교의 어떠한 구성요소도 누멘적 감정만큼 산 목소리와 생동적인 전수의 공동체와 인격적 관계를 요하는 것은 없을 것이다. 신비주의자 수소는 이러한 산 전달에 관해서 다음과 같이 말하고 있다:

> 한 가지 알아야 할 사실이 있다. 달콤한 현의 연주를 직접 듣는 것이 그것에 대하여 남의 얘기를 듣는 것과 다르듯이, 우리가 순전한 은총 가운데서 산 가슴으로부터 산 입을 통하여 흘러나오는 것을 받는 말은 같은 말이라 할지라도 죽은 양피지 위에 씌어 있는 것과는 너무나도 다르다. 왜냐하면 어떻게 그렇게 되는지는 나도 모르겠지만, 거기서는 그 말들은 냉각되어 버리고 꺾어 놓은 장미와도같이 시들어 버리기 때문이다. 그렇게 되면 우리의 가슴에 와닿는 사랑스러운 멜로디는 죽어 버리며 시들은 마음의 폐허 속에서 그 말들은 받아들여지는 것이다.[1]

그러나 말이 비록 산 목소리의 형태로 주어진다 하더라도 그것에 마

---

1. Denifle 출간, *Die deutschen Schriften* I, 309면.

주치는 '마음의 영', 즉 듣는 이의 마음맞음, 혹은 루터의 얘기대로 '말씀과의 부합'(conformem esse verbo)이 없이는 아무런 힘도 발휘하지 못한다. 이 영이야말로 가장 긴요한 조건이다. 그것이 존재하는 곳에는 흔히 하나의 조그마한 자극이나 외부로부터 오는 아주 먼 촉발만으로도 누멘적 감정을 일으키기에 충분하다. 놀라운 것은, 아무리 적은 말이라 할지라도 — 그것도 종종 아주 서툴고 조리가 없는 — 우리의 영을 그 스스로로부터 가장 강하고 확실한 술렁임으로 가져가기에 충분하다는 사실이다. 영의 바람이 '부는' 곳에는 언어적 전달에서 사용되는 합리적 표현들도 비록 이들이 대부분 일반적인 심리적 체험으로부터 온 것에 지나지 않을지라도 대개는 그 자체로서 이미 우리의 마음에 즉시로 올바른 감정을 일으킬 만큼 강력하고 충분한 것이다. 이들 합리적 표현들에 의하여 도식화되고 있는 누멘적 감정의 각성은 이런 경우 다른 어떤 요소가 전혀 없어도 일어나며 어떤 보조수단도 필요로 하지 않는다. '영 가운데서' 글을 읽는 사람은 비록 그가 누멘적인 것의 개념이나 이름조차 모른다 해도, 아니 그가 비록 자기 자신의 감정을 분석하여 누멘적 요소를 따로 떼내어 명확하게 할 능력이 없다 하더라도, 그는 누멘 가운데 살고 있는 것이다.

(2) 간접적 표현 수단

누멘적 감정들을 묘사하고 자극하는 나머지 방법들은 간접적인 것들로서, 누멘적 감정에 연관되거나 유사한 자연적 영역의 감정들을 표현하는 수단들을 말한다. 이와같은 유사한 감정들을 우리는 이미 알고 있다. 종교가 예로부터 보편적으로 어떤 표현수단을 실제로 사용해 왔나를 생각해 볼 것 같으면 우리는 곧 그 유사감정들을 다시 한번 발견할 수 있다.

ㄱ) 아주 당연하게도 가장 원시적 표현수단 중의 하나는 — 후에 점점 더 불충분한 것으로 느껴졌고 결국 '품위 없는' 것으로 배척됐지만 — 공포적인 것, 놀라게 하는 것, 심지어 소름이 끼치게 하는 것들이었다. 이들에 상응하는 감정들은 두려움(tremendum)의 감정과 매우 유사하므로, 그 감정들을 표현하는 수단은 직접적으로 표현할 수 없는 누멘적 '두려움'의 간접적 표현수단들이 되는 것이다. 오늘날 종종 우리들에게 그렇게도 거부반응을 자아내는 원시적인 신들의 형상들과 모습에 나타난 끔찍할 정도의 공포성은 오늘날에 있어도 원시인들과 소박한 사람들에게는 물론이요 때로는 우리들 자신에게도 진정한 종교적 두려움의 감정을 자극하는 작용을 한다(그러기에 종교적 두려움은 또한 인간의 환상과 묘사 가운데서 가장 공포적인 것을 산출하게 하는 가장 강한 자극제가 되기도 하는 것이다). 딱딱하고 엄하고 다소 무서운 듯한 고대 비잔틴 미술의 마돈나 상들은 라파엘의 사랑스러운 마돈나 상들보다도 많은 그리스도교 신자들의 신앙심을 자아낸다. 이러한 특징은 인도의 몇몇 신의 형상들 가운데서 아주 독특하게 찾아 볼 수 있다. 벵갈 지방의 '위대한 어머니'이며, 그의 숭배는 가장 심오한 신앙적 두려움의 구름으로 덮이기도 한 여신 두르가(Durga)는 경전상의 묘사에 의할 것 같으면 참으로 한 악마의 희화로 나타나고 있다. 이러한 가공할 만한 공포성과 최고의 신성성의 혼합이 「바가바드 기타」(Bhagavad-Gītā)의 11장에서만큼 순수한 형

태로 연구될 수 있는 곳은 없다. 그를 믿는 자들에게 있어서는 바로 선 자체인 비쉬누(Viṣṇu)는 거기서 아르쥬나에게 그의 본래적인 신성의 높음 가운데서 나타나 보인다. 시인의 마음은 그것을 표현하는 수단으로서 우선 단지 가공스러운 것 — 물론 동시에 우리가 곧 얘기할 장엄성의 요소로 침투되어 있지만 — 만을 들고 있는 것이다.[2]

ㄴ) 종교사의 더 높은 단계에서는 누멘적 감정의 표현수단으로서 장엄한 것 혹은 숭고한 것이 공포적인 것을 대신하여 등장한다. 우리는 그것을 이사야서 6장에서 더할 나위 없는 형태로 발견하게 된다. 높은 보좌와 왕과 같은 자태, 성전에 가득 찬 그의 옷자락과 그를 둘러싼 천사들의 조복, 이 모든 것이 숭고한 감정을 자아내고 있는 것이다. 공포적인 것은 점차 극복되는 반면 숭고한 것과의 결합과 이에 따른 도식화는 지속되며, 이 도식화는 종교적 감정의 가장 높은 형태에 이르기까지 정당한 것으로 유지된다. 이것은 곧 누멘적인 것과 숭고한 것 사이에는 단순한 우연적 유사성 이상의 숨겨진 상속성의 관계가 존재한다는 암시이다. 칸트의 「판단력 비판」도 이 점에 대해서 원격적인 증언을 하고 있는 것이다.

ㄷ) 지금까지 우리가 논의한 바는 누멘적인 것의 첫번째 요소에 관한 것으로서, 우리가 '두려움'으로 구체화하려고 한 것이다. 누멘적인 것의 두번째 요소는 신비적인 것 또는 '기이한 것'이었다. 여기서 우리는 모든 종교들에 있어서 항시 나타나며 실로 종교와 불가분의 관계를 지닌 표현수단임과 동시에 종교적 체험과 유추적 관계를 형성하고 있는 한 현상에 접하게 되며, 우리는 여기서 그 이론을 제공코자 하는 것이다. 곧, 기적을 말함이다. "기적은 신앙의 가장 사랑스러운 자식이다." 만약에 인류의 종교역사가 이것을 우리에게 이미 가르쳐주지 않았다 하더라도 우리는 그것을 우리가 발견한 '신비성'의 요소로부터 선험적으로 구성하고 예측할 수 있었을 것이다. 왜냐하면, 비

---

2. 신의 진노라는 비합리적 요소가 이 장에서만큼 잘 고찰된 곳은 없다. 그런고로 이 장은 종교사의 고전에 속한다.

록 '자연적'이기는 하나 이해되지 않는 것, 익숙하지 않은 것, 수수께끼 같은 것 — 이들이 우리에게 어디서 어떻게 다가오든 — 만큼, 말할 수 없는 것, 언표할 수 없는 것, 절대적으로 다른 것, 비밀스러운 것의 체험에서 오는 종교적 감정에 직접적인 유추를 제공하고 있는 것은 자연적 감정의 영역에서는 찾아볼 수 없기 때문이다. 불가해적인 것 가운데서도 특히 위력과 공포를 지닌 것은 더욱 그렇다. 왜냐하면 이들은 누멘적인 것과 이중적 유사점을 지니고 있기 때문이다. 즉, 신비적 요소와 두려움의 요소 — 그리고 후자의 경우 이미 언급된 공포성과 숭고성이라는 두 가지 면을 다 포함하여 — 와의 유사성이다. 누멘적인 것의 감정이 일반적으로 그와 유사한 자연적 감정들을 통하여 자극될 수 있으며 또한 그러한 유사한 감정에로 이행될 수 있다고 한다면, 여기서 우리는 그 좋은 예를 볼 수 있으며, 사실 인간이 살고 있는 곳 어디에서든지 그래 온 것이다. 일상생활 가운데서 이해할 수 없고 무서운 것, 자연현상이나 사건들, 인간이나 동식물 가운데서 이상함과 놀라움이나 아연함을 자아내는 것은, 특히 그것이 위력이나 경악과 결합되어 있을 때, 언제나 인간에게 처음에는 귀신에 대한 공포, 그리고는 성스러운 두려움을 일깨워 주었으며 그 스스로도 그런 성격을 지니게 되었다. 즉, 이상한 조짐(portentum)이나 이변(prodigium), 혹은 이적(miraculum)이 된 것이다. 기적이란 이렇게, 단지 이렇게 발생한 것이다. 그리고 거꾸로, 위에서 우리가 본 대로 마치 두려움의 요소가 우리의 환상과 묘사에 있어서 공포적인 것을 표현수단으로 선택하거나 아니면 그것을 창출해 내는 자극이 되었듯이, 신비적인 요소는 소박한 상상력으로 하여금 '기적'을 기대하고 창출하고 이야기하도록 하는 자극이 되었고 동화・신화・설화・전설 등의 끊임없는 창안에 있어서 지칠 줄 모르는 원동력이 되었다. 신비적인 것은 의례와 예배의식에도 침투하여 오늘날까지도 소박한 사람들에게는 이야기와 예배의식 가운데서 종교적 감정을 살아 있게 유지하는 가장 강한 요인이 되고 있는 것이다. 그러나 보다 높은 발전의 단계로 진전됨에 따라 '공포성'이라는 원시적 도식이 제거되고 숭고함이라는 진정한 도식에 의하여 대치되듯이, 신비한 것의 경우에도 역시 정화된 단계에서는 단순한 외적인 유사성에 따른 도식, 즉 기적은 퇴색되며 제거된다. 그리하여 그리스도나 무하멜이나 불타는 한결같이 '이적의 행자'가 되기를 거부했으며, 루터는 '외적인 기적'을 '요술'이나 '아이들을 위한 과자와 사탕'으로 평가절하시켜 버린 것이다.

ㄹ) 우리는 말하기를 진정으로 '신비적인' 것은 단순히 이해되지 못한 것 이상이라고 했다. 그러나 이 양자 사이에는 하나의 유추가 성립하며, 이 유추는, 처음에는 이상하게 보이지만 전에 언급한 상호 인력의 법칙에 의해서 곧 이해될 수 있는 현상들 사이에서 작용하고 있는 유추이다. 예를 들어, '할렐루야'(Hallelujah)나 '퀴리에 엘레이손'(Kyrie eleison)이나 '셀라'(Sela)와 같은 말, 더 나아가 성서나 찬송가 같은 데 나오는 고대인들도 알지 못할 표현들과 '이질적인' 어법, 아니 심지어 반쯤 혹은 전혀 알아듣지 못하게 된 예배의식의 언어가 우리의 경건성을 감소시키기는커녕 오히려 고조시키며, 특별히 '엄숙하게' 느껴지고 사랑을 받는 까닭은 무엇일까? 그것은 호고성 때문인가 아니면 전통에 대한 맹목적 집착 때문인가? 분명히 그렇지 않다. 참다운 이유는 그런 것들을 통해서 신비적인 것과 '전혀 다른 것'에 대한 감정이 일깨워지고 또 이러한 감정이 그들에 부착되어 있다는 사실에서 찾아져야 할 것이다. 순박한 가톨릭 신자들이 필요악으로서가 아니라 특별히 성스러운 것으로 느끼는 미사에서 사용하는 라틴어, 러시아 정교회의 전례에서 사용되는 고 슬라브어, 우리들 자신의 예배에서 사용하고 있는 루터의 독일어, 그리고 중국과 일본의 불교예식에서 사용되는 범어, 호머의 제사의식에서 사용되는 '신들의 언어' 등 다른 많은 것들이 이러한 예에 속하는 것이다. 또한 희랍 정교회 전례의 미사의식에서 발견되고 있는 반은 계시되고 반은 은폐된 요소들, 그리고 다른 많은 전례들도 그렇다. 그리고 우리 루터교의 의식들 가운데서 발견되고 있는 미사의 잔여물도 의심의 여지 없

이 이런 부류에 속한다. 바로 이 잔여물들의 구성은 파악할 수 있는 규칙과 질서라는 것이 별로 없기 때문에, 잘 정돈된 구상에 따라 최신 전례가들에 의하여 논문과도같이 완성된 예배의 구성들보다도 훨씬 더 경건한 분위기를 제공하는 것이다. 이러한 최신 구성들에는 아무것도 우연한 것이 없으니 함축적인 맛도 없고, 아무것도 계획적이지 않은 것이 없으니 영감을 불어넣는 것도 없고, 아무것도 무의식적 심부로부터 나오는 것이 없으니 더 높은 체계의 질서를 암시하는 것도 없고, 영적인 것은 아무것도 없으니 대체로 풍성한 정신조차도 발견하기 어려운 것이다. 그렇다면 전에 언급한 저 모든 것이 우리를 사로잡는 이유는 어디서 오는 것일까? 그것은 바로 전혀 이해할 수 없고 비범상적인(동시에 오랜 세월 때문에 존경할 만한) 것이 지니고 있는 신비성 자체와의 유추 때문인 것이며, 그들은 이 유추성으로 인하여 신비한 것을 상징하게 되며, 유사한 것의 상기를 통하여 신비한 것의 체험을 자극하게 되는 것이다.

(3) 예술에 있어서 누멘적인 것의 표현 수단

ㄱ) 예술에 있어서 누멘적인 것의 가장 효과적인 표현수단은 거의 어디서나 숭고한 것을 통한 것이다. 특히 건축에서 그러하며 가장 일찍 나타나는 것 같다. 우리는 이 숭고성의 요소가 이미 거석문화 시대에 일깨워지기 시작했으리라는 인상을 지우기 어렵다. 자연적이든 혹은 다듬었든, 하나이든 혹은 장중한 군을 이루었든, 비록 저 거대한 바위들의 수립이 본래 의도한 바는 '힘'으로서의 누멘적인 것을 주술적인 방법으로 단단히 저장하고 한곳에 국한시켜 확보하려는 것이었다 할지라도, 그 자극이 너무나도 강한 것이었기에 그 동기의 변화가 일찍부터 발생한 것이다. 사실 장엄한 크기나 숭고한 자세의 장관에 대한 적나라한 감정은 매우 근원적인 감정으로서, '원시인'에게서도 자주 발견되는 감정이다. 에집트의 사람들은 마스타바(Mastaba)의 방첨탑과 피라밋들을 세웠을 때 틀림없이 이와 같은 단계에 도달했던 것이다. 우리의 영혼으로부터 숭고한 감정과 이에 동반되는 누멘적 감정을 거의 기계적 반사작용처럼 일으키는 장중한 신전이나 기제(Gizeh)의 스핑크스를 만든 건축자 자신이 그러한 효과를 의식하고 의도했으리라는 것은 의심의 여지가 없는 것이다.[3]

ㄴ) 우리는 나아가서 많은 건축물들이나 혹은 어떤 노래, 문구, 일련의 몸짓이나 소리, 특히 어떤 장식 예술의 작품, 어떤 상징이나 표장들, 계급이나 혈통의 표시들에 있어서 그들이 '곧바로 마력적인' 인상을 준다는 말을 하며, 각양 각색의 조건과 관계들 속에서도 우리는 이러한 마력적인 것의 양식과 특수성을 제법 확실하게 구별해 낼 수 있다. 이러한 '마력적인' 인상을 특히 풍부하게, 그리고 심오하게 주

---

3. 회화에 관해서는 Oscar Ollendorf, *Andacht in Malerei* (Leipzig, 1912)를 참조할 것. 누멘적인 것의 음성적 표현에 관해서는 W. Mattheißen의 박식한 연구 'Das Magische der Sprache im liturgischen Kirchengesang', *Hochland* XV, Heft 10 참조.

고 있는 것은 무엇보다도 도교와 불교에 의하여 영향을 받은 중국과 일본과 티벳트의 미술로서, 문외한이라 할지라도 그러한 요소를 곧 쉽게 느낄 수 있다. 여기서 '마력적'(magisch)이란 말은 역사적 관점에서 보아도 옳은 표현이다. 왜냐하면 실제로 이 말은 그 근원에 있어서 본래 주술적 관념과 표지들, 주술적 도구와 행위들로부터 유래하기 때문이다. 그러나 그 마력적 인상 자체는 이러한 역사적 맥락과는 전혀 별개의 독립적인 것이다. 마력적 인상은 사람들이 그런 역사적인 사실을 전혀 몰라도 주어지는 것이다. 아니, 때로는 모를 때 더욱 더 강하고 지속적으로 주어진다. 틀림없는 사실은, 미술이란 것이 이 점에 있어서 아무런 반성적 사유 없이도 어떤 전적으로 특이한 인상, 곧 '마력적인' 인상을 산출하는 방법을 소유하고 있다는 점이다. 그러나 이 '마력적인' 것이란 곧 누멘적인 것이 억제되고 희미해진 형태에 지나지 않는 것이며, 실로 위대한 예술을 통하여 승화되고 정화되는 하나의 거칠은 형태의 누멘적인 것이다. 그렇다면 우리는 더 이상 '마력적이다'라고 말해서는 안 된다. 오히려 우리는 누멘적인 것 자체를 그 비합리적 힘 가운데서, 그리고 힘찬 율동과 동요로써 우리를 매혹하고 감동시키는 힘을 지닌 것으로서 만나게 되는 것이다.

이러한 누멘적 마력은 초기 중국미술에서 우리에게 이상하게 감동을 주고 있는 부처의 형상들 속에서 특별히 느낄 수 있으며, 보는 이가 아무런 '이해를 갖고 있지 않아도', 다시 말해서 그가 대승불교의 교리와 사변에 대해서 아무것도 알고 있지 않아도 그러한 힘은 작용을 하는 것이다. 거기서는 누멘적 마력이 깊은 평정과 완전한 초세간성을 지니고 있는 부처의 모습들이 풍기는 숭고함과 영적 우월성과 결합되어 있다. 그러나 동시에 그 힘은 그 자체로써 이 숭고성과 영적 우월성의 도식을 두루 비추어 주고 있으며 이 도식으로 하여금 '전혀 다른 것'을 드러내는 투명체로 만들어 주고 있는 것이다. 시렌은 중국 당조에 만든 용문석굴에 있는 거대한 불상에 대하여 다음과 같은 합당한 언급을 하고 있다:

이 상(像)에 접근하는 사람은 그것의 주제에 대하여 아무것도 아는 바 없다 하여도 누구든지 그것이 종교적 의의를 지니고 있음을 깨달을 것이다. 우리가 그 상을 예언자라 부르든 신이라 부르든 별문제가 되지 않는다. 왜냐하면 그 상은 보는 이에게 전달되고 있는 어떤 영적 의지로 스며 있기 때문이다. 그런 상이 갖고 있는 종교적 요소란 내재적인 것이다. 즉 어떤 체계화된 관념이라기보다는 '현존' 혹은 분위기이다. 그것은 지적 정의를 초월하기 때문에 말로써 묘사될 수 있는 것이 아니다.[4]

ㄷ) 방금 말한 바는 그 어느 미술보다도 중국의 고전시대인 당송조의 위대한 풍경화와 성스러운 회화에 가장 완전하게 들어맞는 말이다. 옷토 피셔는 그것에 대하여 다음과 같이 말하고 있다:

> 이 작품들은 과거 인간의 예술이 만들어낸 것 가운데 가장 심오하고 숭고한 것에 속한다. 그 속에 잠기는 사람은 물과 안개와 산들의 배후에서 신비스럽게 숨쉬고 있는 태고의 도(道), 가장 깊은 존재의 맥박을 느낀다. 이 그림들 속에는 많은 깊은 비밀이 은폐되고 현시되어 있다. 무(無)의 지(知), 공(空)의 지, 천지의 도(道)이며 인간 마음의 도이기도 한 것에 관한 지가 그 안에 있는 것이다. 그리고 이 그림들은 그들이 지니고 있는 영원한 역동성에도 불구하고 마치 바다 밑에서와같이 그토록 심원함과 깊은 적막 가운데서 숨어서 호흡하는 듯하다.[5]

ㄹ) 우리 서양인들에게는 고딕 건축이야말로 가장 누멘적인 예술로 보일 것이며, 그것은 무엇보다도 그것이 지니고 있는 숭고성 때문인 것이다. 그러나 이것만으로는 충분한 설명이 못된다. 보링거(Worringer)는 그의 책「고딕의 문제」(*Probleme der Gotik*)에서 다음과 같

---

4. Osvald Sirén, *Chinese Sculpture* (London 1925) Bd.1, XX.
5. Otto Fischer, 'Chinesische Landschaft', *Das Kunstblatt*, Januar 1920. Otto Fischer의 더 상세한 책: *Chinesische Landschaftsmalerei*, 1921.

은 점을 보여 준 공로가 있다. 즉, 고딕 건축이 주는 특별한 인상은 다만 그 숭고성에만 기초한 것이 아니라 하나의 태고적인 주술의 조형유산을 이어받는 면을 지니고 있다는 사실에 기인한다는 것이며, 그는 이것을 역사적으로 도출하려고 시도하고 있다. 그런즉 그에게는 고딕의 인상은 주로 마력적인 것에 있다. 그의 역사적 탐구의 정당성은 어떻든, 그가 이 점에 있어서 방향을 옳게 잡고 있다는 것은 확실하다. 고딕 양식이 주는 인상은 하나의 마력이며, 이것은 숭고성 이상의 것인 것이다. 그러나 다른 한편, 울머(Ulmer) 사원의 탑은 절대로 더 이상 마력적인 것이 아니다. 그것은 누멘적이다. 그리고 단순한 마력적인 것과 누멘적인 것 사이의 차이가 무엇인지는 바로 보링거가 그의 책에서 제공하고 있는 이 놀라운 건축물의 아름다운 사진에서 느낄 수 있다. 그럼에도 불구하고 우리는 누멘적인 것의 인상을 우리에게 자아내는 표현수단과 양식을 지칭하는 말로서 '마력적'이라는 말을 사용해도 무방할 것이다. 왜냐하면 그런 위대한 사물들에 있어서는 누구든지 마력적인 것을 깊이 감지하지 않을 수 없기 때문이다.

ㅁ) 예술에 있어서 숭고한 것과 마력적인 것이 제아무리 강하게 작용하고 있다 하더라도 그것은 누멘적인 것의 간접적 표현수단에 지나지 않는다. 서양 예술에 있어서 보다 더 직접적인 표현수단은 두 가지밖에 존재하지 않는다. 그리고 이들은 모두 부정적이라는 특징을 지니고 있다. 곧, 어두움과 침묵이다. "주여, 당신 홀로 어두움 가운데 있는 나에게 깊고 깊은 정적 가운데서 말하소서"라고 테르스테겐은 기도하고 있는 것이다.

  어두움은 마지막 남아 있는 광명을 지워 버리려는 듯한 하나의 대조를 통하여 더욱 두드러지게 감지될 수 있어야 한다. 어두울 듯 말 듯하여야만 비로소 '신비한' 것이다. 그리고 어두움의 인상은 숭고한 것이라는 보조수단과 결합될 때 완성을 이룬다:

      오 높으신 지존이시여, 적막한 영원 속에서 어두운 성소(聖

所)에 숭고히 거하시는 분이여.

높은 반원형 천장의 방이나 높은 수목의 가지들 사이에서 희미하게 비치는 어두움과 빛의 교차는 신비스러운 반광의 유희를 통하여 묘하게 살아나서 우리의 마음에 더욱 깊은 인상을 남기게 되며, 성전과 모스크와 교회건물의 건축가들은 이 점을 잘 이용해 왔던 것이다.

소리의 언어에 있어서 어두움에 해당하는 것은 침묵이다.

"야웨께서 그의 성전 안에 계시니 온 세상은 그 앞에 고요할지어다."

라고 예언자 하바꾹은 말한다. 우리와 그리고 아마도 하바꾹 자신도, 이러한 침묵이 '역사적·발생론적'으로 볼 때 불길한 말을 사용해서는 안 된다는 불안감, 따라서 차라리 침묵을 지키는 편이 낫다는 태도 (eufēmein)에서부터 유래했으리라는 사실에 대해서는 이미 더 이상 아는 바가 없다. "하느님께서 현존하시니 우리 안에 모든 것은 잠잠할지어다"라고 노래하고 있는 테르스테겐이나 우리나 모두, 그것과는 전적으로 다른 별개의 동기로부터 침묵의 필요성을 느끼고 있는 것이다. 우리들에게 있어서는 침묵이란 '현존하는 누멘'의 느낌에서 오는 직접적 작용이다. 그리고 여기서도 역시 역사적·발생론적 고리의 연결로서는 더 높은 발전단계에 있어서 나타나고 존재하는 현상을 설명하지 못한다. 불길한 말은 삼가는 원시인들 못지않게, 사실 하바꾹과 테르스테겐은 물론이요 우리들 자신도 종교적 심리 탐구를 위한 흥미있는 소재가 되는 것이다.

ㅂ) 침묵과 어두움 외에도 동양의 예술은 강한 누멘적 인상을 표현하는 제3의 수단을 갖고 있다. 곧, 공(空)과 광활한 공백이다.[6] 광활한 공백은 말하자면 수평적인 것에 있어서의 숭고함이라고 할 수 있다.

---

6. 이러한 요소는 물론 서양에도 알려져 있다. 우리의 시인도 "드넓은 초원에 혼자 있노니 그렇게도 고요하고 엄숙하구나"라고 말한다.

광막한 사막과 끝도 없고 변화도 없는 대초원지대는 실로 숭고한 인상을 주며 감정연계의 원리에 따라 우리와 같은 서양인들에게도 누멘적인 것의 감정을 불러일으킨다. 건물의 배치와 배열을 중심으로 하는 중국의 건축은 이 점을 현명하게 사용하여 우리 속에 깊이 파고든다. 중국 건축은 높은 홀이나 당당한 수직선을 통하여 엄숙한 인상을 자아내는 것은 아니다. 그럼에도 불구하고 그것이 사용하고 있는 공지, 안마당, 그리고 앞뜰의 조용하고도 넓은 공간보다도 더 엄숙한 것은 없다. 남경과 북경에 있는 명대 황제의 분묘들은 이것의 가장 좋은 예로서, 전체 경관의 광활함을 건축 구도에 끌어들이고 있다. 이보다도 더 우리의 관심을 끄는 것은 중국 회화에 있어서의 공백이다. 여기서 우리는 그야말로 공백을 그리는, 그리고 그것을 느낄 수 있게 만들며 이 독특한 소재를 다양하게 변화시키는 예술에 접하게 된다. '거의 아무것'도 그려져 있지 않는 그림 정도가 아니다. 또한 간략한 획과 보잘것없는 도구로써 가장 강한 인상을 창조하는 것을 양식으로 삼을 뿐만이 아니라, 많은 경우에 있어서, 특별히 명상과 관계된 그림들에 있어서는 공백 자체가 그림의 대상, 그것도 주대상이 되고 있다는 인상을 우리는 받는다. 우리가 이러한 사실을 이해할 수 있는 유일한 길은 우리가 전에 신비주의의 '무'와 '공'에 대해서, 그리고 '부정적 찬송들'의 마력에 대해서 말한 바를 기억함으로써뿐이다. 어두움과 침묵과 마찬가지로 이 공백은 하나의 부정이기는 하나 '전혀 다른 것'이 실현되도록 모든 '이것과 여기'라는 것을 떠나 버린 그러한 부정인 것이다.[7]

ㅅ) 보통 때는 우리의 모든 감정들을 다양하게 표현해 주는 음악도 역시 성스러움의 표현에 관한 한은 적극적인 수단을 지니고 있지 않다. 가장 완벽한 미사 음악도 미사에 있어서 가장 성스러운 누멘적 요소인 실체변화(實體變化)를 표현함에 있어서는 오직 음악을 그침으

---

7. 老子의 無와 空에 관하여 그간에 나타난 R. Wilhelm의 훌륭한 논고를 참조할 것: "Laotse, Vom Sinn und Leben," Diederichs, Jena, 1911, XX.

로써만, 그리고 실로 한참동안이나 전혀 소리를 내지 않음으로써 마치 침묵 자체의 소리가 들리도록 하는 방법으로만 가능한 것이다. 그리고 미사에 있어서 이러한 '주님 앞에서의 잠잠함'에 견줄 만큼 강한 경건한 인상을 주는 것도 없다. 이 점에 관해서 바하의 〈B 단조 미사〉를 실험해 보는 것도 많은 소득이 있으리라 본다. 이 곡에 있어서 가장 신비스러운 부분은 보통 다른 미사곡들에서와 마찬가지로 신앙고백 가운데서 '화육'(incarnatus)을 노래하는 부분으로서, 나지막이 속삭이는 듯한 둔주곡의 선율이 꼬리를 물며 교체하다가 피아니시모로 사라지는 부분이 바로 그러한 효과를 산출하고 있는 것이다. 억제된 호흡, 숨죽인 소리, 이와 더불어 감 3 도로 아주 <u>이상하게</u> 떨어지는 음의 진행, 막힐 듯한 싱커페이션들, 두려운 놀라움을 자아내는 반음들의 상승과 하강, 이 모든 것들이 언표로써보다는 암시로써 신비를 나타내고 있다. 이런 방법으로 여기에서 바하는 '거룩 송'에서보다도 자신의 목적을 훨씬 더 잘 성취하고 있는 것이다. 이 '거룩 송'은 물론 '권능과 찬란함'을 지닌 분에 대한 표현으로서는 비교할 수 없을 만큼 성공적인 것이며, 완전하고 절대적인 <u>왕의 영광</u>을 찬양하는 우뢰와 같은 승리의 합창이다. 그러나 그것은 그 곡의 배후에 있는 이사야서 6장으로부터 온 본문의 말 자체가 지니고 있는 기분과는 전혀 동떨어진 것으로서, 작곡자는 그 본문의 말에 따라서 해석해야만 했었을 것이다. 천사들이 날개로써 자기의 얼굴을 가렸다는 것은 아무도 이 찬양의 노래로부터 느낄 수 없을 것이다. 반면에 유태교의 전통은 여기서 무엇이 핵심인가를 잘 알고 있다. "높은 곳의 모든 강한 자들이 야웨께서 왕이시다라고 <u>나지막이 속삭이도다</u>"라고 유태교의 장엄한 신년 찬송(Melek eljōn)은 말하고 있는 것이다.

 베토벤도 그의 〈장엄미사〉에 나오는 찬양(laudamus)의 부분, "당신만이 홀로 거룩하시니"(quoniam tu solus sanctus)에서 이 점에 관한 이해를 보이고 있다. 거기서 음은 옥타브 씩이나 하강하여 심연 속으로 곤두박질하는가 하면 가장 큰 포르테로부터 가장 작은 피아노로 떨어지는 것이다. 멘델스존 역시 이 점을 그의 시편 2편 11절, "두려움으로 주를 섬기며 떨림으로 즐거워할지어다"를 작곡하는 가운데서 섬세한 감정으로 처리하고 있다. 그리고 여기서도 그 누멘적 감정의 표현은 음악 자체에 있다기보다는, 베를린 대성당 합창단이 그렇게도 훌륭하게 재현하듯이, 오히려 음악의 감폭과 억제 — 아니, 음악을 무색하게 한다고나 할까 — 에 있는 것이다.

제12장

구약성서에 있어서의 누멘적인 것

비합리적이고 누멘적인 것에 대한 감정은 비록 모든 종교에 일반적으로 살아 있지만, 그것은 셈족의 종교, 특히 성서적 종교에 더욱 전형적으로 나타난다. 우리는 거기서 이 세상과는 '전혀 다른 것'으로서, 이 세상을 에워싸고 침투하며 또한 초월하기도 하는 귀신과 천사들에 대한 표상들 속에 신비한 것이 강하게 살아 움직이고 있음을 보며, 종말에 대한 기대와 하느님 나라의 이상에서도 그것이 강력하게 살아 있음을 본다. 이 하느님 나라는 때로는 시간적인 미래로서, 때로는 영원한 것으로서, 하지만 언제나 절대적으로 놀라웁고 '전혀 다른 것'으로서, 모든 자연적인 것에 반대되는 것이다. 그리고 야웨와 엘로힘의 성품 — 그는 동시에 예수의 '하늘에 계신 아버지'로서, 야웨로서의 하느님의 성품을 결코 상실하는 것이 아니라 오히려 '완성'하시는 분 — 속에도 신비성의 요소는 부각되어 있는 것이다.

1. 귀신의 공포와 같은 누멘적 감정의 낮은 단계는 예언자들과 시편 작가들에 있어서는 이미 극복된 지 오래다. 그러나 간혹 그와 같은 여운이 없는 것도 아니다. 특히 그것은 보다 오래된 설화문학에서 엿보이고 있다. 예를 들어, 어떻게 밤에 야웨께서 진노 가운데 모세를 만나 그를 죽이고자 했던가 하는 출애굽기 4장 24절에 나오는 이야기는 아직도 그러한 성격을 강하게 지니고 있다. 이 이야기는 우리에게 거의 유령과 같은 으스스한 인상을 주며, 더 발전된 신에 대한 두려움의 입장에서 볼 것 같으면 이 이야기 및 그와 유사한 이야기들은 종교라기보다는 종교의 전단계, 즉 통속적인 귀신에 대한 공포와 같은 유에

속하는 것이라는 인상을 주기 쉽다. 그러나 이것은 오해다. '통속적인 귀신에 대한 공포'는 좁은 의미에서의 귀신(Dämon)에 관계된 것이며, 이러한 귀신은 요마나 성가신 존재 혹은 요괴와 같은 것으로서 신적인 것(theion)과는 대조되는 말이다. 그러나 이러한 뜻에서의 귀신은 유령과 마찬가지로 종교적 감정의 발전 과정에 있어서 하나의 단계나 마디를 차지하지는 않았다. 그것은 유령과 마찬가지로 누멘적 감정에 수반하는 상상적 활동에 의한 하나의 타락된 변종일 뿐이다. 그러한 귀신은 보다 더 일반적 의미에서의 영(daimōn)과는 구별되어야 하며, 후자는 아직 신은 아니지만 그렇다고 '반신'(反神, Gegengott)은 더욱 아니다. 그것은 하나의 '전신'(前神, Vorgott)으로서, 아직 속박되고 억제되어 있는 낮은 단계의 누멘이며, 이로부터 '신'은 점차로 보다 고차적인 현현으로 나타나게 되는 것이다. 전에 언급한 이야기들은 바로 이러한 단계의 여운을 간직하고 있는 것이다.

그리고 더 나아가서, 우리가 영과 신의 참다운 관계를 이해하기 위해서는 두 가지 언급이 도움이 될 것이다. 첫째는 전에 언급한 대로 공포적인 것은 누멘적 감정을 유발하거나 표현하기 쉽다는 점이며, 둘째는 다음과 같은 점이다. 즉, 음악적 소질이 강한 어떤 사람이 아직 초보적이고 거칠은 단계에 있는 한, 낭적이나 손풍금의 소리로도 황홀하게 취할 수 있을 것이다. 그러나 그가 음악적으로 더 성숙된 단계에 올 것 같으면 이 두 가지 음악은 아마도 견디기 어렵게 될 것이다. 그러나 그가 그전과 지금의 음악적 체험의 질을 숙고해 본다면 그는 예나 지금이나 동일한 마음의 면이 작용하고 있으며 그의 음악적 감정이 더 높은 단계로 올라갔음에도 불구하고 그것은 어떤 '다른 것으로의 비약'이 아니라 우리가 발전이나 성숙이라고 — 비록 어떤 종류의 것인지 말할 수 있는 입장은 못 되어도 — 부르는 과정이었음을 알 것이다. 오늘날 우리가 공부자(孔夫子)의 음악을 들을 것 같으면 그것은 우리에게 아마도 이상한 소리의 연속에 지나지 않게 들릴 것이다. 그럼에도 불구하고 그는 음악이 우리 마음에 주는 영향에 대하여 오늘날의 우리들보다도 더 잘 논하고 있으며, 음악의 힘에 대하여 우리도 인정해야만 하는 면들을 짚고 있다. 이 점과 관련해서 가장 놀라운 사실은 많은 원시 종족들이 우리의 서양음악에 접하게 될 때 그것을 쉽게 이해하는 소질을 지녔으며 그 음악을 빨리 파악하여 신나게 연주하고 즐기는 자질을 지니고 있다는 사실이다. 이러한 자질은 그들이 성숙한 음악을 듣게 될 때 비로소 어떤 타생(Heterogonie)적 혹은 후생(Epigenesis)적 방법으로, 아니면 어떤 다른 기적을 통하여 그들 속에 들어간 것이 아니다. 그것은 이미 오랫동안 자연적 '성향'으로 그들에게 있었던 것으로서, 이 성향이 자극에 봉착할 때 내면으로부터 일깨워져서 발전하게 되는 것이다. 이 동일한 자질이 일찌기 이미 원시음악의 '거칠은' 형태 속에서도 각성되었던 것이다. 이러한 거칠은 형태의 원시음악은 종종 우리의 발달된 음악적 구미로는 진짜 음악으로서 인정하기 거의 어려우나, 그럼에도 불구하고 그것도 역시 동일한 본능과 동일한 심성적 요소의 발현이었던 것이다. 이와 꼭 마찬가지로 오늘날의 '하느님을 경외하는 자'는 출애굽기 4장의 모세 이야기 가운데서 자기의 감정에 연관된 것을 찾기 어렵고 혹은 그것을 전혀 오해하기도 한다. 이상과 같은 관점이야말로 우리가 '원시인'의 종교와 관계할 때 실로 아주 조심스럽게, 그러나 보다 보편적으로 고려되어야 할 점이다. 그것으로부터 아주 그릇된 결론들이 도출될 수도 있으며, 발전의 낮은 단계들을 높은 단계들과 혼동하거나 그 사이의 간격을 과소평가하여 저급한 것에서 너무 많은 것을 읽어내려는 위험이 큰 것도 사실이다. 그러나 이러한 관점을 전혀 배제해 버리는 데서부터 오는 위험은 더욱더 큰 것이며, 유감스럽게도 아주 혼히 발견되는 위험이다.[1]

최근의 연구가들은 엄격한 야웨와 친숙하고 가부장적인 엘로힘과의 성격의 차이를 분명히 하고자 시도하고 있다. 이러한 시도는 아주 통찰적인 면이 있다. 쐬더블롬(Söderblom)의 가정에 의하면 야웨 관

---

1. 이 점에 있어서 특별히 Marett는 새로운 중요한 통찰들을 제공하고 있다.

념의 싹은[2] '정령숭배적' 관념들로부터 출발했다고 한다. 나는 '정령숭배적' 관념들을 부정하지도 않으며 그들이 종교의 발전과정에 있어서 차지하는 의의도 부정하지 않는다. 이 점에 있어서 나는 오히려 그가 정령숭배를 단지 일종의 원시적 '철학'으로 설명함으로써 그것을 본래적인 종교적 상상의 세계로부터 아주 배제할 수밖에 없었던 것보다도 한걸음 더 나아간다. 정령숭배적 관념들이 형성되면 이들이 누멘적 감정으로부터 그 안에 희미하게 놓여 있던 어떤 '존재'의 요소를 풀어서 자유롭게 하는 '자극의 고리'상 하나의 중요한 마디가 될 수 있다는 것은 내 자신의 가정과 아주 정확히 들어맞는 이론이다. 그러나 야웨를 엘-샷다이-엘로힘(El-Schaddaj-Elohim)으로부터 구별해 주는 것은 전자가 하나의 혼(anima)이라는 사실이 아니라, 전자에 있어서는 누멘적인 것이 친숙하고 합리적인 것보다 지배적이며, 후자에 있어서는 합리적인 면이 누멘적인 면보다 지배적이라는 점에 있으며, 이 차이는 일반적으로 다른 신들의 유형도 구별짓게 하는 차이이기도 한 것이다. 그리고 우리는 단지 지배적이라는 점에 대해서만 말할 수 있을 뿐이다. 왜냐하면 엘로힘에 있어서도 누멘적 요소가 결여된 것은 아니기 때문이다. 불타는 가시덤불에 나타난 신의 현현에 관한 참으로 누멘적 이야기나 출애굽기 3장 6절의 "그때에 모세는 그의 얼굴을 가렸다. 왜냐하면 그는 엘로힘을 쳐다보기가 두려웠기 때문이다"라는 말은 엘로힘에 관한 것이다.

여기에 열거할 수 있는 고대 이스라엘 신관념의 풍부하고 다양한 개별적 특징들은 종교사 사전[3]에 충분하게 다루어져 있으므로 여기서는 생략하기로 한다.

2. 영예로운 모세의 종교와 더불어 누멘적인 것의 윤리화와 보편적 합리화는 점점 상승적인 과정을 시작했으며, 그리하여 누멘적인 것은 본래적인 가득찬 의미로서의 '성스러움'으로 되게끔 충족되게 되

---

2. 단지 '그것을 위한 싹'일 뿐이지 완전한 야웨의 관념 자체는 아니다.
3. *Die Religion in Geschichte und Gegenwart* 2권, 1530면 이하와 2036면.

었다. 이러한 과정은 예언자들과 복음서에서 완성되며, 확실히 여기에 성서적 종교의 독특한 숭고성이 있는 것이다. 이 숭고성은 제2 이사야의 단계에 와서는 이미 성서적 종교로 하여금 세계적 종교라는 주장을 정당화하도록 만들고 있다. 그러나 이러한 윤리화와 합리화는 누멘적인 것 자체의 극복은 아니었고 다만 그것의 일방적인 우세만이 극복된 것이었다. 이러한 극복은 어디까지나 누멘적인 것에 있어서 이루어지는 것이며 누멘적인 것에 의하여 포섭되는 것이다.

누멘적인 것과 합리적인 것이 가장 내적으로 서로 침투되어 있는 예는 예언자 이사야이다. 이사야서 6장에 나오는 그의 소명의 환상에 주어진 음조는 그의 모든 메시지에 힘있게 파고들고 있다. 그리고 이 점에 관해서 무엇보다도 의미있는 일은 바로 그에 있어서 '이스라엘의 거룩한 분'이라는 말이 신성(神性)을 지칭하는 좋아하는 표현으로서 항구화되었으며 그것이 지닌 신비스러운 힘 때문에 다른 표현들을 능가하게 되었다는 사실이다. 이것은 이사야의 전통을 따르고 있는 제2 이사야, 즉 이사야 40-66장에서도 마찬가지이다. 사실 우리가 개념적으로 분명한 하느님의 전능과 선과 지혜와 신실함을 찾아볼 수 있는 곳이 있다면 그것은 바로 제2 이사야에서이다. 그러나 이러한 속성들은 바로 '거룩한 분'의 속성으로서 제2 이사야도 그분의 독특한 이름을 15번이나 반복하고 있으며, 그것도 언제나 그 이름이 특별한 인상을 주는 경우에만 사용하고 있는 것이다.

야웨의 성스러움과 관련된 표현들로서 우리는 그의 '분노', '질투', '진노', '사르는 불' 등과 같은 표현을 찾아볼 수 있다. 이 모든 표현들이 뜻하고 있는 바는 단지 신의 보복적 정의나 혹은 강한 감정을 지닌 살아 계신 하느님의 기질적인 생동성을 뜻하는 것만이 아니라, 이 모든 것이 그의 비합리적인 신적 본성이 지닌 두려움과 위압성, 신비와 장엄성에 의하여 감싸이고 침투되어 있음을 의미한다. 이것은 또한 '살아 계신 하느님'이라는 표현에 대해서도 마찬가지이다. 하느님의 생동성은 그의 '질투'와 분명한 관계를 지니고 있으며, 그의 다른 모든 감정들과 마찬가지로 질투 속에서 그 생동성은 표현

되는 것이다. 예컨대, 신명기 5장 23절은 "살아 계신 하느님께서 불
가운데로부터 분명한 소리로 말씀하시는 것을 우리처럼 듣고도 살아
남을 인간이 도대체 어디에 있겠는가?"라고 말하며,[4] 예레미야서
10장 10절은 "그는 살아 계신 하느님 … 그의 진노로 온 땅은 진동하
며 그의 분노는 민족들이 능히 감당치 못하도다"라고 말하고 있다.[5]

　그의 '살아 계심' 때문에 그는 단순한 '세계의 이성'(Weltver-
nunft)과는 다르며, 모든 철학적 취급을 벗어나 궁극적으로 비합리적
인 존재인 것이다. 그는 신약과 구약의 모든 예언자와 사도들의 의식
속에 살아 있는 하느님이며, 후에 사람들이 '철학자의 하느님'에 대
항하여 '살아 계신' 하느님이며 분노와 사랑과 감정의 하느님을 위한
투쟁을 전개했을 때 그들은 언제나 자기도 모르게 성서적 하느님 개
념이 지니고 있는 비합리적 핵심을 일방적인 합리화에 대항하여 보호
해 온 것이다. 그리고 그러한 한 그들은 옳았다. 다만 잘못된 점은 사
람들이 '의인주의'(擬人主義)에 빠지게 되었다는 것이다. 즉, 사람
들은 하느님의 진노와 감정 대신 인간적 진노와 감정을 옹호했으며,
그 누멘적 성격을 오인하여 그들을 '자연적' 속성들로서 — 다만 절
대성을 지닌 — 간주한 것이다. 그리하여 사람들은 이 속성들이 비합
리적인 어떤 것을 가리키는 지시어적 지칭들일 뿐이며 종교적 감정을
암시하는 상징들에 지나지 않음을 깨닫지 못했던 것이다.

3. 우리는 특별히 에제키엘서에 있어서 누멘적인 것이 그 기이성의
요소에 따라 우리의 환상을 확대시키며 자극하는 힘을 보이고 있음을
발견한다. 에제키엘의 꿈과 비유들, 야웨의 존재와 그의 주권에 대한
그의 환상적 그림들이 이에 속한다. 이들은 또한 그 넓은 폭과 의도적
인 환상성에 있어서, 신비를 향한 종교적 충동이 후세에 그릇되게 발

---

[4] 여호수아 3장 10절; 사무엘 상 17장 26·36절; 열왕기 하 19장 4절; 이사야 37장 4·17절
　을 참조할 것.
[5] 예레미야 23장 36절; 마카베오 하 7장 33절; 마태오 26장 63절도 참조. *Sünde und
　Urschuld* 6장 'Prophetische Gotteserfahrung', 특히 67면 이하 참조.

전하는 전조가 되기도 한다. 즉, 이 충동이 이상한 것, 놀라운 것, 기적적인 것, 그리고 환상적인 것에 대한 집착과 섞이면서 이적과 전설과 묵시적이고 신비한 꿈의 세계로의 길이 열리게 되는 것이다. 이 모든 것이 실로 종교적 체험 자체로부터의 방사이기는 하지만 그러나 불투명한 매개체로 인하여 손상된 방사이며, 진짜라기보다는 그 대용물이며, 급기야는 그것이 번성하여 진정한 신비의 감정을 뒤덮고 그 직접적이고 순수한 움직임을 방해하게 되는 것이다.

그러나 우리는 기이성(mirum)의 요소와 장엄성(augustum)의 요소가 결합된 누멘적 체험의 순수하고 희귀한 예를 욥기 38장에서 다시 만나게 된다. 이 장은 아마도 모든 종교사에 있어서 가장 주의할 만한 것에 속할 것이다. 욥은 하느님(Elohim)에 대항하여 친구들과 더불어 따졌고, 사실 그들과의 변론에 관한 한 그는 옳았다. 그들은 욥 앞에서 입을 다물 수밖에 없었다. 하느님을 '정당화하려는' 그들의 시도는 실패했다. 이 때 하느님 자신이 자기의 변호를 위하여 나타나신다. 이 변호는 욥으로 하여금 자기가 패배했다는것을 고백하도록 하며, 이 패배는 실로 정당하게 수행된 진정한 패배이지 단순한 위압으로 그의 입을 다물도록 강요한 것은 아니다. 왜냐하면 욥은 "그러므로 나는 철회하며 먼지와 재 가운데서 뉘우치나이다"라고 고백하고 있기 때문이다. 이것은 내적인 <u>승복</u>의 인정이지 단순한 위압으로 인한 무력한 좌절이나 단념은 아니다. 또한 이것은 결코 바울로가 가끔 보이고 있는 기분도 아니다. 예를 들어, 그는 로마서 9장 20절에서 다음과 같이 말하고 있다:

> 만들어진 것이 만든 이에게 "왜 나를 이렇게 만들었소?"라고 말할 수 있겠읍니까? 토기장이가 한 흙덩이를 가지고 하나는 귀하게 쓸 그릇을 만들고 하나는 천하게 쓸 그릇을 만들어 낼 권리가 없겠읍니까?

만약 우리가 욥기 38장을 이와같이 해석한다면 그것은 잘못된 해석이 될 것이다. 이 장은 변신론의 단념이나 불가능성을 선언하고 있는 것이 아니라 오히려 하나의 진정한 변신론이 주어져야만 한다는 것이며, 이러한 변신론은 실로 욥의 친구들이 제시한 것보다도 더 훌륭하고 욥마저도 승복시킬 수 있는 것이며, 그를 승복시킬 뿐만 아니라 동시에 회의로 압박받던 그의 영혼을 내면 깊숙이 평온케 하는 것이었다. 왜냐하면 하느님의 계시를 통하여 욥에게 주어진 이 이상한 체험 가운데는 그의 영혼의 고통마저 이완시키며 만족을 얻게 하는 힘이 내재해 있었기 때문이다. 그리고 이 만족 하나만으로써도 욥기 전체의 문제는 충분히 해결된 셈이며, 42장에 나오는 욥의 원상회복은 이미 셈이 끝난 후에 덤으로 받은 보상에 지나지 않는 것이다. 그러면 여기서 하느님의 정당화와 욥의 화해를 동시에 가져다 준 이 이상한 요소란 도대체 무엇일까?

  욥을 향한 하느님의 말씀 가운데는 우리가 이미 그 상황 자체로부터 예측할 수 있는 거의 모든 소리들이 함께 울리고 있다. 즉, 하느님의 월등한 힘과 숭고함과 위대함, 그리고 그의 월등한 지혜를 끌어대고 가리키는 소리들이다. 이 마지막 것, 즉 하느님의 월등한 지혜는 다음과 같은 말로 끝났더라면 욥기 전체의 문제에 대하여 즉시 하나의 그럴듯하고도 합리적인 해결을 제공했었을 것이다: "나의 길은 너의 길보다 높다. 나의 행위와 행동에는 네가 이해 못할 목적이 존재한다." 곧, 경건한 자를 시험하여 정제하려는 목적, 혹은 개인이 그 모든 고통과 더불어 순응해야 하는 전체를 위한 목적이 있다고. 합리적 관념으로부터 볼 것 같으면 우리는 하느님의 말씀이 이러한 결말로 끝나기를 참으로 갈망할 것이다. 그러나 그런 것은 찾아볼 수 없으며, 어떤 목적을 가리키는 사유나 해결은 이 장의 뜻이 아니다. 이 장은 궁극적으로 우리의 합리적 관념들로는 측량할 수 없는 전적으로 다른 어떤 것에 기초하고 있다. 곧, 모든 개념을 초월하는, 목적의 개념까지도 초월하는 절대적인 놀라움 그 자체이며, 순수히 비합리적 형태로서의, 그리고 기이성과 역설로서의 신비인 것이다. 이 점에 관해서 그 찬란한 예들은 아주 분명한 메시지를 전하고 있다. 바위 위에 거하며 바위틈과 높은 망대에서 먹이를 노리는 독수리, 그 새끼들은 피를 핥으며, '죽은 것들이 있는 곳에 나타나는 독수리', 이와 같은 예들은 실로 모든 것을 '현명하게 잘 준비하시는' 합목적적 지혜와는 거리가 먼 것이다. 이 독수리는 오히려 그 안에서 창조주 자신의 놀라움이 엿보이는 기이함과 놀라움의 존재이다. 13절에 나오는 그 알 수 없는 본능들을 지니고 있는 타조의 경우도 그러하다. '합리적' 관찰로 볼 것 같으면 여기에 묘사된 타조는 실로 자연에 있어서의 목적성을 찾는 데 오히려 결정적인 장애가 된다. 목적을 찾는다면 타조는 가장 부적합한 예이다:

> 타조의 날개는 신나게 친다마는 그 깃과 날개가 유용한가? 아니다! 타조는 그 알을 땅에다 버려 두고 발에 밟혀 깨질 것을 모르며, 그 새끼에게 무정함이 마치 자기 새끼가 아닌 것처럼 한다. 하느님께서는 그것의 영리함을 허락하지 않으셨고 어떠한 지성도 부여하지 않으셨기 때문이다.

그리고 5절과 9절에 나오는 들나귀와 들소의 경우도 마찬가지이다. 이 동물들의 철저한 '반목적성'(Dysteleologie)은 참으로 훌륭하게 묘사되어 있다. 그러나 그들은 그들의 신비스러운 본능과 알 수 없는 행동으로 인해서 1절에 나오는 산염소와 암사슴과 마찬가지로 그토록 놀랍고 그토록 묘한 뜻을 지닌다. 38장 36절에 나오는 구름과 같은 안개의 '지혜', 신비스럽게 오가며 생겼다 없어졌다 하며 밀려나다가 다시 형성되는 대기의 형상들이 지니고 있는 '지식', 혹은 하늘에 높이 떠 있는 신비한 칠요성과 오리온과 곰과 그 새끼들, 이 모든 것들이 같은 뜻을 전하고 있는 것이다. 혹자는 40장 15절 이하에 나오는 하마와 악어의 묘사들은 후에 삽입된 것이라고 추측한다. 이것은 아마도 옳은 추측일는지 모른다. 그러나, 그렇다 할지라도 삽입자가 이 단원 전체의 의도를 아주 잘 파악했다는 점은 인정해야 할 것이다. 그는 다른 모든 예들이 말하고 있는 바를 단지 아주 조잡하게 표현했을 따름이다. 다른 예들은 기이한 것들을 드는 데 반하여 그는 괴물들을 예로 들고 있다. 그러나 괴물이라는 것은 조잡한 형태의 신비인 것이다. 확실히 '목적'을 설정하는 '신적'인 지혜의 예로써라면 이 두 피조물은 우리가 들 수 있는 가장 부적합한 예일 것이다. 그러나 이 예들은 그전에 들은 모든 예들과 그 장들의 전체적 맥락과 취지와 더불어 절대적으로 엄청난 것, 거의 악령적인 것, 전혀 이해할 수 없는 것, 영원한 창조력의 수수께끼와 불가해성, '전혀 다른 것'으로서 우리의 모든 개념적 사고를 조롱하는 것, 그러면서도 우리의 마음을 심층에서 움직이며 매혹하고 동시에 깊은 공감으로 충족시키는 것을 탁월하게 표현하고 있는 것이다. 전체 구문이 뜻하는 바는 결국 기이성이며, 이 기이성은 매혹성과 장엄성으로서의 기이성이다. 왜냐하면 단순한 '신비'는 위에서 언급한 절대적 불가해성 이상은 아닐 것이며, 그것은 고작해야 욥으로 하여금 입을 다물게 할 수는 있으나 그를 내면적으로 승복시킬 수는 없다. 욥이 체험하고 있는 것은 오히려 하나의 말할 수 없이 적극적인 가치로서, 실로 불가해적인 것이 지니고 있는 객관적일 뿐만 아니라 주관적이기도 한 가치인 것이다. 경탄과 경배의 대상일 뿐만 아니라 우리를 매혹하는 어떤 것이다. 이 가치는 결코 인간의 지성적인 목적이나 의미를 추구하는 사상과는 비교될 수도 없고 동화될 수도 없는 가치이다. 이 가치는 신비 속에 머물러 있다. 그러면서도 그것의 체험과 더불어 하느님은 동시에 정당화되고 욥의 영혼은 평안을 얻게 되는 것이다.

우리는 이와같은 욥의 체험과 아주 유사한 참된 예를 한 현대 작가의 작품에서 발견하게 된다. 이 작품은 비록 소설체의 이야기로 쓰여 있으나 깊은 감명을 주고 있다. 막스 아이트(Max Eyth)는 그의 소설「소명의 비극」(*Berufstragik*)[6]에서 엔노부흐트 포구 위에 있는 거대한 교량 건축물에 대해서 이야기하고 있다. 이 건축물을 짓는 데는 인간의 가장 심오하고 철저한 사상적 노력과 가장 헌신적인 직업적 근면을 요했으며, 실로 그것은 의미와 목적을 추구하는 인간이 성취한 기적이었다. 끝없는 난관과 엄청난 장애에도 불구하고 그것은 마침내

---

6. 전집 *Hinter Pflug und Schraubstock*.

완성되어 바람과 풍랑에 버티고 서 있는 것이다. 그때 큰 회오리바람이 밀어닥쳐 건축물과 건축자를 바다 깊이 휩쓸어 버린다. 전적인 무의미성이 가장 의미있는 것에 승리하는 것같이 보인다. 마치 무심한 '운명'이 덕과 공로와는 무관하게 지나가 버리듯이. 작가는 그가 어떻게 이 참사의 현장을 방문하고 돌아왔는지를 얘기하고 있다.

> 우리가 교량의 끝에 이르렀을 때에는 거의 바람 한 점 없었다. 우리 위로 높이 청록색 하늘이 보였고 기분 나쁠 정도로 하늘은 맑았다. 우리 밑으로는 큰 열린 무덤과같이 엔노부흐트가 자리잡고 있었다. 삶과 죽음의 주(主)가 물 위로 적막한 위엄 속에서 배회하고 있었다. 우리는 손 가까이 그의 현존을 느꼈다. 그리고 노인과 나는 열린 무덤 앞에, 그리고 그분 앞에 무릎을 꿇었다.

어째서 그들은 무릎을 꿇었는가? 왜 그들은 꿇지 않으면 안 되었는가? 큰 회오리바람과 맹목적인 자연의 힘, 아니 심지어 단순한 절대자 앞에서라도 우리는 무릎을 꿇지 않는다. 그러나 전혀 이해 못할, 드러난 듯하나 감추어진 <u>신비</u> 앞에서 우리는 무릎을 꿇는다. 그것이 무엇인가를 깊이 <u>느끼며</u>, 그리고 그 가운데서 그 <u>정당성</u>을 느끼며 우리의 영혼은 평안을 얻는 것이다.

우리는 이밖에도 구약성서에서 누멘적 감정의 다른 많은 예들을 제시할 수 있을 것이다. 그러나 이 예들은 이미 1600 년 전에 우리와 같은 뜻으로 '비합리적인 것에 대해서' 저술했던 사람, 곧 크리소스토무스에 의해서 훌륭하게 수집되었다. 우리는 후에 그에 대해서 고찰할 것이며 여기서 미리 다루지는 않겠다. 그러나 기이성의 요소는 특별히 루터에 있어서 욥적인 사상계열이라고 부를 수 있는 관념들 속에 특유하게 부각되어 있는 것을 우리는 보게 될 것이다.

제13장

신약성서에 있어서의 누멘적인 것

1. 예수의 복음에 있어서 신관념이 합리화되고 윤리화되며 인간화되는 경향은 완성된다. 이러한 경향은 고대 이스라엘 전통의 오랜 시기로부터 시작하여 예언자들과 시편에 있어서 특히 생동적인 요소로 등장하여 누멘적인 것을 더욱 분명하고 깊고 합리적인 심정적 가치를 지닌 속성들로써 풍부하고 충만하게 완성시켰다. 그리하여 그리스도교에서는 다른 어느 것으로도 능가할 수 없는 최고 형태의 '하느님 아버지의 신앙'이 주어지게 된 것이다. 그러나 이 경우에 있어서도 이러한 합리화가 누멘적인 것의 배제를 의미한다고 생각할 것 같으면 잘못이다. 이러한 잘못은 '하느님 아버지에 대한 예수의 신앙'이라는 오늘날의 아주 그럴듯한 묘사가 낳은 오해다. 그러나 그것은 확실히 초대 그리스도교 공동체의 느낌과는 부합하지 않는다. 우리가 이 점을 간과하게 되는 것은 예수의 메시지 가운데서 그것이 처음부터 마지막까지 전적으로 지향하고자 하는 바를 무시하고 있기 때문이다. 그것은 곧 우리가 생각할 수 있는 한 가장 누멘적인 대상인 '하느님 나라의 복음'이다. 그러나 여기서 '나라'라는 것은 모든 합리주의적인 부드러운 해석들과는 반대로 최신의 연구가 결정적으로 가리키고 있듯이 절대적인 놀라움의 극치로서, 모든 현세적이고 이 세상적인 것에 반대되는 '전혀 다른 것'으로서의 '하늘의 것'이며, 모든 진정한 '종교적 두려움'의 요소들로 감싸여 있는 것이며, 신비한 것 자체가 지니고 있는 '두려움'과 '매혹성'과 '숭고함'을 지닌 것이다. 초기 그리스도교는 '종말론적인 교파'(곧 '영적인' 교파이기도 한)로서 '나라가 가까이 임했다'라는 구호와 더불어 시작했다. 세계의

종말과 심판, 그리고 다가오는 초월적 세계 앞에서 느끼는 깊은 내면적인 전율과 크리스마스의 기다림이 주는 행복한 전율의 뒤섞임, 혹은 이 신비가 지니고 있는 두려움과 매혹성의 뒤섞임에 대해서 우리 현대인들은 — 우리가 '정통적'이거나 혹은 '자유주의적인' 성서해석의 전통에 속하든 — 대부분 그릇된 이해를 갖고 있거나, 아니면 전혀 어떤 이해도 갖고 있지 않다. 그러나 이 '나라'라는 누멘적 존재는 그것과 관계된 모든 것, 그것을 전파하는 사람들, 그것을 준비하는 사람들, 그것을 위한 전제 조건이 되는 삶과 행위, 그것을 전하는 말, 그리고 그것을 기다리고 그것을 얻는 무리들, 이 모든 것들에 어떤 색채와 분위기와 음조를 제공한다. 그리하여 이 모든 것들은 '신비화되며' 누멘화되는 것이다. 이와같은 사실은 그 나라에 속하는 무리들이 자기들을 지칭하는 칭호에서 가장 분명하게 드러난다. 그들은 자기 자신과 서로를 '성도'라는 누멘적인 특수 용어로서 부르고 있는 것이다. 이 칭호가 도덕적으로 완전한 자를 말하는 것이 아니라는 점은 두 말할 필요도 없이 분명하다. 오히려 그것은 '종말'의 신비에 속하는 사람들을 지칭하는 말이다. 그것은 우리가 이미 본 대로 '속된 자들'에 대한 아주 분명하고 확실한 반대어인 것이다. 그렇기 때문에 초기 성도들은 후에 스스로를 '사제적 백성'이라고, 즉 성화된 무리를 가리키는 말로서 부를 수 있었던 것이다.[1]

이 나라의 주는 '하늘에 계신 아버지'이다. 이것은 오늘날 우리에게 '사랑하는 하느님'이라는 말과같이 부드럽고 다정하게 들릴는지 모른다. 그러나 이것은 그 표현 속에 주어진 형용사 못지않게 명사가 지니고 있는 성서적 의미를 오해하는 것이다. 여기서 '아버지'란 무엇보다도 하늘의 저 높은 곳으로부터 충만한 실재로서 위협적으로 다가오는 저 '나라'의 거룩하고 높으신 왕이다. 그가 왕국의 주이기 때문에 그는 그의 나라보다 덜 거룩한 존재가 아니라 훨씬 더 누멘적이고 신비스러우며, 성스럽고 신성한 존재로서 이 모든 속성들을 절대

---

1. '하느님 나라'의 의미, 그리고 이 전체의 단원과 관련해서 그간에 나타난 나의 책 *Reich Gottes und Menschensohn* (1934)을 참조할 것.

적으로 소유하고 있는 분이다. 그리고 이 점에 있어서 그는 예전에 구약성서가 '피조물적 감정'과 '성스러운 두려움', 혹은 이와 유사한 감정들에 대하여 알고 있던 바의 고양(高揚)이요 완성인 것이다. 그렇기 때문에 '우리의 아버지'라는 말에 곧이어 '당신의 이름이 거룩히 여김을 받으시며'라는 말이 간청이라기보다는 두려움 가운데서의 경외를 나타내는 말로서 따라나오고 있는 것이다.

이러한 깊은 겸손의 '두려움'이 예수에 있어서 별도의 '가르침'으로 나오지 않는다는 사실은 이미 여러 번 언급된 상황에 기인한다. 그리고 모든 유대인들과 특히 그 '나라'를 믿는 모든 신자들에게 두말할 필요도 없이 일차적이고 자명한 사실이었던 것을 어떻게 그가 '가르칠' 수 있었겠는가? 곧 하느님은 '이스라엘의 거룩한 분'이라는 것을! 그가 가르치고 전파해야만 했던 것은 자명한 것이 아니고 그 자신의 고유한 발견이며 계시였다. 즉 바로 이 거룩한 자가 하늘에 계신 '아버지'라는 사실이다. 이러한 견해는 그의 '가르침'의 기조를 이루었으며, 더우기 예수에 대한 반대입장은 바로 이 점을 날카롭게 전면으로 부각시켰다. 왜냐하면 역사적으로 복음의 메시지를 불러일으켰던 대립적 입장이란 한편으로는 율법에 예속된 바리사이주의였으며, 다른 한편으로는 하느님과의 관계를 참회와 금욕의 바탕 위에서 파악하려는 세례자 요한이었기 때문이다. 이 양자에 비교해 볼 때 자식됨과 아버지됨의 복음은 쉬운 멍에요 가벼운 짐으로 들렸으며, 이것이 필연적으로 예수의 비유와 설교와 선포를 가득 채운 것이었다. 그러면서도 '하늘에 계신 분'이 '우리의 아버지'라는 사실이 언제나 한없는 놀라움으로 느껴지도록 한 것이다. 이 두 표현은 결코 동의어가 아니다. '우리의 아버지'가 우리에게 친근하게 다가오는 말인가 하면 '하늘에 계신'은 우리로부터 멀리 떠나는 말이다. 비단 끝없는 높음 속으로뿐만 아니라 모든 현세적인 것과는 '전혀 다른 것'의 영역 속으로 멀리 떠나는 말이다. 이 신비에 찬 두려운 존재가, 이 '하늘에 계신' 생소하고 불가접근적인 존재 자체가 동시에 우리에게 가까이 찾아오는 은총의 의지라는 사실, 이 융화된 대조성이야말로 진정한 그리스도교적 근본감정 속에 있는 화음을 비로소 드러내고 있는 것이다. 그리고 이 화음 가운데서 사라져 버린 7도 음정이 항시 여운으로 남아 있음을 듣지 못하는 자는 그 화음을 제대로 듣는 자라고는 할 수 없다. 실로 우리는 때때로 예수의 설교 가운데서 초세상적인 것의 비밀 앞에서 느끼는 이상한 전율과 몸서리침에 대해서 무엇인가를 감지하게 하는 소리가 아직도 들리고 있음을 발견할 수 있다. 마태오 복음 10장 28절은 그러한 예를 보여 주고 있다: "너희는 몸과 영혼을 지옥 속으로 멸망시킬 수 있는 이를 두려워하라." 우리는 이 말이 지니고 있는 어둡고 두려운 소리를 그대로 느낄 수 있으며, 이 말을 단순히 마지막 말의 심판자와 심판에 관련시키는 해석은 이미 하나의 합리화이다. 이와 꼭 같은 소리를 우리는 히브리서 10장 31절에서도 확실히 들을 수 있다: "살아 계신 하느님의 손에 빠지는 것은 무서운 일입니다." 그리고 또 히브리서 12장 29절에서는, "우리 하느님은 사르는 불이시다"라고 하고 있다.

　마지막으로, 겟세마네 밤의 예수의 고뇌를 진정으로 이해하고 따라서 체험하기 위해서는 우리는 그것을 신비와 두려움의 요소를 지닌 누멘적 체험의 빛과 배경 아래에서 보아야만 할 것이다. 무엇이 영혼의 밑바닥까지 파고드는 이 전율과 두려움을 자아냈으며, 무엇이 이 죽기까지의 슬픔, 그리고 핏방울과도같이 땅 위로 떨어지는 땀을 자아냈는가? 흔한 죽음의 공포인가? 몇 주 전부터 죽음을 앞에 두고 보았고 제자들과 더불어 또렷한 정신으로 죽음의 만찬을 나누었던 자에게서? 아니다, 이것은 죽음의 공포 이상이다. 여기에는 두려운 신비이자 무서움으로 가득 찬 비밀 앞에서 피조물이 느끼는 전율이 있는 것이다. 밤에 자기의 종 모세를 '기습하는' 야웨에 대한 오래된 설화나 하느님과 더불어 새벽까지 씨름한 야곱의 이야기가 유사한 예로서 예언적 의미를 가지고 우리에게 떠오른다. '그는 하느님과 더불어 싸워서 이겼다.' '진노'와 '분노'의 하느님과 더불어, 누멘이자 바로 그럼에도 불구하고 '나의 아버지'이신 존재와 더불어 싸워서 이긴 것이다. 실로 복음서의 하느님 가운데서 '이스라엘의 거룩한 분'을 찾아볼 수 없다고 믿는 사람도, 그가 정녕 볼 능력이 있는 사람일진대 여기서만은 틀림없이 그를 발견할 것이다.

2. ㄱ) 바울로에 있어서의 누멘적 분위기에 관해서는 새삼스러이 이야기할 필요가 없다. "하느님은 아무도 가까이 갈 수 없는 빛 가운데 거하신다."

충일적인 하느님에 대한 이해와 체험은 바울로에 있어서 신비적인[2] 체험으로 이끈다. 이러한 체험은 그에게서 일반적으로 발견되는 모든 열광적인 감정들과 그가 사용하고 있는 영적인 언사들에 살아있으며, 이 양자는 모두 그리스도교적 경건성이 지니고 있는 합리적인 면을 훨씬 초월하고 있다. 감정 생활의 이러한 격변과 파국, 이러한 죄와 허물의 비극, 이러한 지복적 체험의 열화는 오직 누멘적 기반 위에서만 가능하고 이해될 수 있는 현상들이다. '하느님의 진노'가 바울로에 있어서 단순한 응징적 정의의 결과 이상이며 오히려 누멘적인 것의 두려움으로 침투되어 있듯이, 다른 한편으로는 그의 영혼으로 하여금 그 한계를 초월하여 제3의 하늘로 가져가는 하느님의 사랑의 체험이 지니고 있는 매혹성 또한 어린아이가 부모에 대하여 가지는 인간적이고 자연적인 감정의 단순한 절대화 이상이다. 바울로에 있어서 '하느님의 진노'는 로마서 1장 18절 이하에 나오는 장엄한 구절에 생동적으로 나타나고 있다. 우리는 여기서 구약의 질투와 분노의 야웨를 직접적으로 다시 발견하지만, 이번에는 온 세상 위에 그의 타오르는 분노를 쏟는 무섭고 강한 세계와 역사의 하느님으로서 만나는 것이다. 여기서 우리는 참으로 비합리적이며 끔찍하고도 숭고한 하나의 통찰에 접하게 된다. 즉, 분노의 하느님이 죄를 짓게 함

---

2. 신비주의의 충분한 정의는 아니지만 그것의 본질적 성격을 나타내는 것으로서 나는 신비주의란 비합리적 요소가 지배적인 종교이며 동시에 그 요소가 충일적인 것으로까지 극대화되는 것이라고 말하겠다. 하나의 종교성이 이러한 성향을 지닐 때에 '신비주의적 색채'를 띠게 되는 것이다. 이러한 의미에 있어서 바울로와 요한 이래의 그리스도교는 신비주의는 아니나 신비주의적 색채를 지닌 종교라 말할 수 있겠다.

으로써 사람들을 벌준다는 사상이다. 단지 합리적인 관점으로는 전혀 용납할 수 없는 사상이지만 바울로는 그것을 세 절에서나 반복하고 있다.

> 이때문에 하느님께서는 자기들의 몸을 욕되게 더럽히도록 그들을 버려 두셨읍니다.
> 그러므로 하느님께서는 그들을 수치스러운 욕정 속에 버려 두셨읍니다.
> 그래서 하느님께서는 그들을 모든 불의로 가득 차서 해서는 안 될 일들을 하는 비루한 마음자리에 버려 두셨읍니다.

이러한 통찰의 의미를 실감하기 위해서는 우리는 교의 신학자들이나 잘 정리된 교리문답의 세계를 잊고서 유대인이 하느님의 분노 앞에서, 헬라 사람이 운명의 여신의 무서움 앞에서, 그리고 고대인들 일반이 신의 진노에 대하여 느꼈던 두려움을 따라서 느껴 보려는 시도를 해야만 한다.

이와 관련해서 바울로의 사상 가운데서 또 하나 주목할 점이 있다. 즉 그의 예정론이다. 예정의 사상이 곧바로 비합리적 영역에 속한다는 사실은 바로 '합리주의자들'이 가장 직접적으로 느끼고 있다. 그것은 그들에게 있어서 가장 순응하기 어려운 이론이다. 그리고 이것은 지극히 당연한 일이다. 합리성의 관점에서 볼 것 같으면 예정론은 절대적인 부조리요 걸림돌이다. 합리주의자는 아마도 삼위일체론과 기독론의 모든 역설들은 묵과할 수 있을지 모르나, 예정론만은 그들에게 언제나 가장 어려운 걸림돌이 될 것이다.

물론 우리가 지금 여기서 문제삼고 있는 것은 라이프니쯔와 스피노자의 전통에 따라서 슐라이어마허 이래로 오늘날까지 논의된 방식의 예정론을 말하는 것이 아니다. 그와 같은 예정론은 단순히 자연법칙과 '이차적 원인'(causa secundae)[3]에 항복하는 것이고, 인간의 모든

---

3. '이차적 원인'이란 스콜라 철학에서 '일차적 원인'(causa prima)과 구별하는 말로서,

결정과 행위들은 충동의 강요에 종속되며 인간은 따라서 자유롭지 못하고 예정되어 있다는 현대 심리학의 주장에 복종하는 것이다. 그리고 이러한 자연에 의한 예정을 사람들이 하느님의 보편적 활동과 동일시한 결과, 자연법칙과는 아무런 관계도 없는 하느님의 예정이라는 순수하고 심오한 통찰은 보편적 인과관계라는 시시한 자연과학적 관념으로 화해 버리게 된 것이다. 이보다 더 심한 종교적 통찰의 근본적 왜곡과 사이비 신학적 사변은 있을 수 없다. 그리고 이러한 예정론에 합리주의자들이 반발하고 있는 것은 아니다. 그것 자체가 순전히 합리주의적 이론이며, 동시에 그것은 사실 예정이라는 진정한 종교적 관념을 전적으로 거부하는 이론이다.

진정한 종교적 예정론은 두 가지 원천을 갖고 있으며 따라서 두 가지 다른 모습을 지니고 있다. 우리는 이 두 상이한 모습을 두 개의 확실히 구별되는 개념으로서 나타낼 필요가 있다. 하나는 선택이라는 관념이요 다른 하나는 본질적으로 다른 기분을 지닌 예정 그 자체의 관념이다.

하느님에 의해서 선택받고 구원을 받도록 예정되어 있다는 '선택'의 관념은 종교적인 은총의 체험의 순수한 표현으로서 직접적으로 주어지는 것이다. 은총을 입은 사람은 자기 자신을 돌아보면서 자기가 자기가 된 것은 자신의 공로나 노력으로 된 것이 아니고 자기의 의지와 능력 없이 은총이 그에게 이르러 그를 사로잡고 움직이고 이끌었다는 사실을 점점 더 크게 깨닫고 느낀다. 그리고 자기 자신의 가장 자유로운 결단과 동의마저도 자기가 그것을 하였다기보다는 체험한 것으로 되는 것이다. 자신의 행위에 앞서서 그는 자기를 구원해 주는 사랑의 손길이 그를 찾고 선택했다는 것을 보며 자기의 일생을 지켜보는 은총의 의지를 인정하게 된다. 이것이 바로 예정인 것이다. 이러한 예정은 순수히 구원을 위한 예정이며 은총의 체험에 대한 순수한 설명으로서, 소위 '애매한 예정'(praedestinatio ambigua), 즉 이

신을 일차적 원인이라 할 것 같으면 그 외의 자연적 원인들은 모두 이차적 원인으로 간주된다(역자 주).

른바 모든 사람이 구원이나 혹은 멸망으로 미리 정해졌다는 이론과는 아무 상관도 없다. 이로부터 나오는 논리적 결론, 즉 은총을 입은 사람이 자신을 선택된 자로 알 때 그는 동시에 하느님이 한 사람은 구원으로, 그리고 다른 한 사람은 멸망으로 결정했다고 결론을 내릴 수밖에 없다는 것은 들어맞지 않는 얘기다. 왜냐하면 '선택'이란 합리성의 영역에 있는 것이 아니기 때문이다. 여기서 문제가 되는 것은 하나의 종교적 직관으로서, 이 직관은 그 자체로 서 있고 그 자체로서 타당한 것이며, 체계적 사고와 논리적 추리의 대상이 될 수 없다. 만약 사람들이 그런 것을 시도할 것 같으면 그 직관은 폭행을 당하게 되는 것이다. 이 점에서 슐라이어마허는 그의 「종교강화」에서 말하기를 "모든(종교적) 직관은 그 자체로서 독립적인 소산이며 … 어디로부터 도출되거나 어디에 연결되는 것은 아니다"라고 하고 있는 것이다.[4]

ㄴ) 이상과 같은 순전히 비합리적이고 누멘적인 은총의 체험으로부터 발생하는 선택의 관념과 로마서 9장 18절에 나오는 것과 같은 바울로에 있어서의 본래적인 예정의 사상과는 구별되어야 한다 : "하느님께서는 자비를 베푸시려는 사람에게는 자비를 베푸시고 완악하게 하시려는 사람에게는 완악하게 하십니다." 이것은 예정이며 사실 '애매한 예정'으로서, 이러한 생각은 선택의 관념과는 전혀 다른 출처를 가진다. 물론 바울로에 있어서 강하게 작용하고 있는 '선택'의 사상이 여기서도 역시 함께 울리고 있는 것은 사실이나, 20절에 나오는 사고는 선택과는 전혀 다른 기분을 보이고 있다 : "오, 인간이여 그대가 누구이기에 감히 하느님께 따지려고 합니까? 만들어진 것이 만든 이에게 '왜 나를 이렇게 만들었소?' 하고 말할 수 있겠읍니까?" 이것은 '선택'이라는 사상적 계보에는 전혀 들어맞지 않는 사고이다. 그렇다고 해서 그것은 츠윙글리에서처럼 하느님이 모든 것의 원인이 된다는 추상적 이론으로부터 발생할 수 있는 것은 더욱 아

---

4. R. Otto 출간, *Reden über die Religion* (Göttingen, 1926; 제5판), 37-38면.

니다. 그러한 이론도 하나의 '예정론'을 산출하는 것이 사실이나 철학적 사변의 인위적 산물이지 직접적인 종교적 체험의 결과는 아니다. 그러나 실로 진정한 예정론의 근원이 되는 종교적 체험이 존재하며, 위에 든 바울로의 말들은 의심의 여지 없이 그러한 체험을 바탕으로 하고 있다. 그리고 우리는 조금만 생각해 보면 그것은 곧 다름아닌 우리가 누멘적인 것의 첫번째 요소로서 이미 오래 전에 밝힌 바 있는 '두려운 신비'와 '위압성'에 대한 감정이라는 것을 알게 될 것이다. 우리가 전에 아브라함의 이야기에서 본 것과 같은 그러한 감정의 특성이 이 예정의 사상에서도 다시 발견되고 있는 것이다. 다만 이번에는 훨씬 강화되고 극단화된 형태로 나타날 뿐이다. 왜냐하면 예정 사상이란 저 '피조물적 감정'의 발로요 초세상적 위압성 앞에서 느끼는 자신의 능력, 주장, 가치의 함몰과 '무화'(無化)에 지나지 않는 것이기 때문이다. 압도적으로 체험된 누멘은 모든 것 안에 모든 것이 되는 것이다. 피조물의 존재와 행위, 그의 달림과 경주, 그의 계획과 결단, 그의 존재와 가치는 아무것도 아닌 것이 된다. 누멘에 대한 감정 속에서 주어지는 이러한 함몰과 무화는 곧 한편으로는 자신의 무능의 고백이요 다른 한편으로는 하느님의 전능, 한편으로는 자신의 선택의 헛됨이요 다른 한편으로는 모든 것을 정하고 결정하는 의지로서 표현되는 것이다.

우리가 여기서 염두에 두어야 할 사실은 누멘의 절대적 압도성과 동일한 내용을 지닌 이러한 예정이라는 것은 결정론에서 말하는 '부자유한 의지'에 대한 주장과는 아무런 관계도 없다는 것이다. 예정은 오히려 바로 피조물의 '자유로운 의지'와 아주 빈번한 상관관계를 지니고 있으며 바로 그렇기 때문에 비로소 두드러지게 드러나는 것이다. "네가 하고 싶은 대로, 그리고 할 수 있는 대로 원해라; 자유로이 계획하고 선택해라: <u>그러나</u> 모든 것은 될 대로, 그리고 정해진 대로 될 것이다." 이 '그러나'와 이 자유의지에도 '불구함'이야말로 문제의 보다 진정하고 본래적인 표현이다. 그의 자유로운 선택과 활동을 <u>망라하여</u> 인간은 영원한 힘 앞에서 아무것도 아니게 될 것이며, 이 힘은 바로 인간의지의 자유에도 불구하고 그 뜻을 이룰 것이라는 사실을 통해서 측량할 수 없는 힘으로 되는 것이다 : "그가 결정한 것과 그가 가지고자 하는 바는 여하튼 결국 그의 목적과 의도대로 성취되어야만 한다."

알라의 뜻은 굽힐 수 없음을 보여 주는 많은 이슬람교의 이야기들은 바로 이러한 면을 의도적으로 부각시키고 있다. 그 이야기들을 볼 것 같으면 인간들은 계획하고 선택하고 거부할 수 있다. 그러나 제아무리 인간들이 선택을 하고 활동을 하더라도 알라의 영원한 의지는 그럼에도 불구하고 정해진 날과 시각에 관철된다. 이것이 우선 뜻하는 바는 알라가 모든 것을 이루며 홀로 이룬다는 것이 아니라, 피조물의 활동이 제아무리 강하고 자유롭다 할지라도 영원한 선택과 활동이 그것을 절대적으로 능가한다는 사실이다. 코란 해석가 바이다위(Beidhawi)는 다음과 같은 이야기를 하고 있다:

> 한번은 죽음의 천사 아스라엘이 솔로몬 앞에 이르러 그의 시선을 왕의 무리 가운데 한 사람에게 던졌다. "이 자가 누구입니까?"라고 그 사람은 물었다. "죽음의 천사"라고 솔로몬은 대답했다. "그가 나를 보고 있는 것 같소"라고 그는 계속해서 말하면서 "바람에게 명하여 나를 여기서부터 옮겨서 인도에 내려 주도록 하시오"라고 말했다. 솔로몬은 그렇게 했다. 그랬더니 그 천사는 말하기를, "내가 그렇게 오랫동안 그를 쳐다본 것은 그에 대해서 놀랐기 때문입니다. 왜냐하면 그가 아직도 당신과 함께 가나안에 있었는데도 그의 영혼을 인도로부터 가져오라는 명을 받았기 때문입니다" 했다.

이것은 자유의지 자체를 바로 그 수단으로 전제하고 있는 예정이다. 제아무리 인간이 자유로이 계획해도 알라는 언제나 자기의 역갱도(逆坑道)를 파놓는 것이다. 메스네위(Mesnevie)의 한 시는 이것을 말하고 있다 :

많은 사람들이 위급을 피하려다 위급 속에 빠지며,
　　뱀을 피하려다 용과 마주친다.
　　자기가 친 그물에 스스로 사로잡히며
　　자기가 얻은 생명이 자신의 심혈을 빨아마신다.
　　원수가 이미 안에 있는데 문을 닫으며,
　　불행에서 빠져나가려고 바로는
　　수없는 아기들의 무고한 피를 흘렸건만
　　그가 찾던 것은[5] 그의 대궐 안에 있었도다.[6]

피조물적 감정이 한층 더 높아지고 강화되면서 (그리고 종종 이론적 숙고와 결합하여) 비로소 피조물 스스로의 행위와 선택은 없이 하느님만이 절대적으로 모든 것을 행하시며 홀로 행하신다는 사상이 생기게 된다. 단지 행위에 있어서뿐만 아니라 피조물의 독자적 실재성과 존재 자체가 박탈당하고, 모든 존재와 존재의 충만이 절대적 존재자에게 귀속된다. 그것만이 정말로 존재하며 피조물의 모든 존재는 그 존재의 한 기능이거나 ― 피조물로 하여금 존재하게 하는 ― 혹은 가현(假現)일 뿐이며, 소위 피조물의 모든 독자적 행위와 의지는 단지 신의 의지가 통과하는 지점에 불과하다. 이와같은 일련의 생각들은 특히 괴링스(Geulinx)의 신비주의와 기회원인론(機會原因論)자들의 사상에 특별히 잘 나타나 있다: "아무것도 할 수 없으면 아무것도 원하지도 말지어다"(Ubi nihil voles, ibi nihil velis). 이와같은 신비주의적 색채를 우리는 가끔 바울로의 신비적 언사 가운데서도 볼 수 있다. 즉, 그는 가끔 '하느님만이 모든 것 안에 모든 것이 되시는' 만물의 종착점에 대해서 말하고 있다. 그러나 전에 언급한 로마서의 구절은 단지 예정의 사상 정도까지밖에는 가지 않는다. 그리고 예정이란 강화된 피조물적 감정을 가리키는 말 외에 아무것도 아닌 것이다.
　이것이 사실이라는 것은 또 다른 고찰로도 분명해진다. 즉, '피조

---

5. 즉, 아기 모세.
6. G. Rosen, *Mesnevi des Dschelal eddin Rumi* (München, 1913), 166, 171면 참조.

물적 감정'으로서의 누멘적 감정이 사실 예정 사상의 본래적 뿌리라고 할 것 같으면, 신관념에 있어서 가장 많이 비합리적 요소의 지배를 받고 있는 종교가 가장 예정론적 성향을 지닌다고 예측할 수 있을 것이다. 그리고 이것은 분명히 사실인 것이다. 어떤 종교도 이슬람만큼 예정론적 성향을 지닌 종교는 없다. 바로 이슬람의 특성은 예컨대 유태교나 그리스도교와는 달리 신관념에 있어서 합리적인 면, 특히 윤리적인 면이 처음부터 확고하고 분명한 성격을 확보할 수 없었다는 점이다. 알라에 있어서는 누멘적인 것이 절대적으로 지배적이다. 사람들은 비판하기를 이슬람에서는 윤리적 요구가 <u>우연적</u>인 성격을 지니며 하느님의 우연적 의지를 통해서만 타당성을 지니게 된다고 한다. 이러한 비판은 정당한 것이기는 하나, 다만 문제는 그것이 '우연성'과는 아무런 관계도 없다는 것이다. 문제의 핵심인즉 알라에 있어서는 누멘적 비합리성이 그의 합리성을 아직도 너무 많이 지배하고 있다는 점이며, 그리스도교에서처럼 비합리적인 것이 합리적인 것에 의하여 — 이 경우에는 윤리적인 것에 의하여 — 아직도 충분히 도식화되고 완화되지 않았다는 사실에 있다. 바로 이와같은 사실이 왜 사람들이 이슬람의 '광신적' 요소를 말하곤 하는가를 설명해 주는 것이다. 누멘에 의하여 강한 자극을 받은 '영성적인' 감정이 합리적인 요소에 의하여 완화되지 않는 것이야말로 곧 참된 '광신주의'의 본질을 이루는 것이다. 다만 이 경우에 우리는 '광신주의'라는 단어를 오늘날의 세속화되고 타락된 의미에서가 아니라 그 본래적 의미로 사용해야 할 것이다. 즉, 정열과 정열적인 주장 일반을 뜻하는 것이 아니라 누멘적 '열성'으로서의 정열을 뜻하는 것이다.

  이상과 같은 우리의 논의는 동시에 예정사상에 대한 가치판단을 수반하고 있다. 이러한 우리의 논의는, 본질상 개념들로는 설명할 수 없는 어떤 것을 개념적으로 표현해 보려는 시도이다. 전혀 이론적 성격을 지니지 않고, 따라서 의지의 자유나 부자유 등에 관한 합리적 이론의 범위 안으로도 끌어들일 수 없는 창조주와 피조물과의 근본적 관계를 지시하는 하나의 신비에 찬 지시어적 암시로서, 혹은 무한한 것 속에 놓여 있는 한 점에 대한 암시로서는 우리의 논의는 불가결하며 전적인 타당성을 지닌다. 그러나 우리가 단지 유사성에 따라서 암시하고 있는 바를 오인하여 그것을 하나의 지시어 대신 본격적인 개념, 혹은 심지어 어떤 이론화까지 가능한 것으로 생각할 때 그것은 즉시 전적인 해가 되고 말 것이다. 그렇게 될 것 같으면 우리의 논의는, 제아무리 우리가 온갖 회피하는 기술을 동원하여 그것을 무해한 것으로 만든다 해도, 그리스도교와 같이 합리적 종교에게는 곧바로 치명적이고 견딜 수 없는 것이 될 것이다.

ㄷ) 예정사상과 마찬가지로 바울로 사상의 또 한 면도 역시 누멘적인 것에 뿌리박고 있다. 즉, '육'(肉)의 철저한 평가절하이다. '육'이란 바울로에 있어서 다름아닌 피조물 일반의 여건(Kreaturgegebenheit)과도 같은 것이다. 우리가 이미 고찰한 바와 같이 이 여건은 초세상적인 것과 비교해 볼 때 그 존재의 면이나 가치의 면에 있어서 누멘적 감정에 의하여 평가절하된다. 즉, 일차적으로는 '먼지와 잿더미'로서, 무(無)로서, 의존적이고 약한 것으로서, 무상하고 죽는 것으로서 평가절하되고, 그리고 이차적으로는 속되고 부정한 것, 성스러움의 가치와 그것으로의 접근을 감당치 못하는 것으로 평가절하되는 것이다. 이와같은 두 종류의 평가절하를 우리는 바로 '육'에 관한 바울로의 사상에서 다시 발견하게 된다. 이 사상에서 특히 바울로적인 것이 있다면 그것은 단지 그러한 평가절하가 강하고 철저하다는 점이다. 바울로가 어디로부터 이러한 강한 평가절하의 사상을 가지게 되었는지, 당시의 '이원론적'인 분위기로부터 자극을 받은 것인지 아니면 스스로의 체험에 의한 것인지는 별도의 문제다. 역사적인 유래와 관련에 따른 기원은 한 사물의 본질과 진리와 가치에 대해서 아무것도 결정짓지 못한다. 적어도 우리가 주장할 수 있는 것은 구약에서 발견되고 있는 참된 누멘적 경건성의 예들에서, 이미 바울로를 자극할 만한 소지가 주어져 있었다는 사실이다. 구약에서도 '육'(basār)이란 '먼지와 잿더미 같음'을 나타내는 원리요, 거룩한 것 앞에서의

피조물적 '부정함'인 것이다.

3. 바울로에 못지않게 요한에 있어서도 누멘적인 것의 측면은 강하다. 물론 그에 있어서는 두려움의 요소가 사라지고 있는 것이 사실이다(전혀 사라진 것은 아니다. 왜냐하면 릿췰에도 불구하고 그에게도 '하느님의 진노가 머문다'는 말이 있기 때문이다). 그러나 이것은 그에 있어서 신비성과 매혹성을 더해 주고 있다. 요한에 있어서는 그리스도교는 그것과 경쟁하고 있는 종교들로부터 '빛'과 '생명'을 흡수하고 있다.[7] 그리고 이것은 당연한 일이다. 왜냐하면 그리스도교에 있어서 비로소 '빛'과 '생명'은 제자리를 찾은 것이기 때문이다. 그러나 이 '빛'과 '생명'이란 무엇인가? 그것을 느낄 수 없는 사람은 목석과 같은 사람이다. 그러나 아무도 그것을 말할 수는 없으며, 요한도 어떤 곳에서도 그것을 말하고 있지 않다. 그것은 비합리적인 것이 지니고 있는 하나의 충일성인 것이다.

이것은 합리주의자들이 즐겨 언급하고 있는 요한 복음 4장 24절의 '하느님은 영이시다'라는 말에 대해서도 마찬가지이다. 이 말 때문에 헤겔은 그리스도교를 진정으로 '영적인' 종교이며 최고의 종교로 간주했다. 영적인 종교에서는 하느님은 '영'으로, 즉 헤겔에게는 '절대적 이성' 자체로, 인식되고 전파된다는 것이다. 그러나 요한이 '영'에 대해서 말하고 있을 때 그는 '절대적 이성'을 생각하고 있는 것이 아니라, 모든 '세상'과 '육'에 반대되는 하늘의 존재요 절대적인 놀라움의 존재, 그리고 '자연적' 인간의 모든 오성과 이성을 초월하는 전적인 신비와 비밀로서의 영(pneuma)을 말하고 있는 것이다. 그는 "불고 싶은 대로 불며 네가 그 소리는 들어도 어디서 와서 어디

---

7. 그리고 강자의 권리에 따라 그 종교들로부터는 그들을 비워 버린다. 그리고 이제부터는 이러한 요소들은 그리스도교와 불가분의 요소로서 속하게 된다. 왜냐하면
    강한 영적인 힘이 요소들을 자기 안으로 끌어 놓으면
    어떤 천사도 합쳐진 양자의 하나로 된 두 성품을 나눌 수 없다.
 하물며 학자들의 비판이랴!

로 가는지 모르는" 영에 대해서 말하고 있다. 이 영은 따라서 시온이나 가리짐 산에도 묶여 있지 않고 스스로 '영과 진리 속에 있는' 자만이 예배할 수 있는 영이다. 겉보기에는 아주 합리적인 바로 이러한 말이 성서적 신관념이 지니고 있는 비합리적 요소를 가장 강하게 가리키고 있는 것이다.[8]

---

8. '영'과 '육'의 성서적 대립이 지니고 있는 누멘적 성격과, 도덕적 평가나 평가절하와는 다른 그 본래적 의미에 관하여, 그리고 '육'과 '죄'와 '원죄'를 이기심이나 혹은 다른 도덕적 결함과 동일시하는 오늘날의 양태신학(Modetheologie)에서 크게 성행되고 있는 이 순수한 종교적 직관에 대한 그릇된 도덕화에 관해서 더 자세히는 나의 *Sünde und Urschuld*, 제2장을 참조. 아우구스티누스로부터 시작하여 스콜라 철학 전체를 관통하고 있으며 「의지의 예속에 관하여」라는 열성적인 책에서 루터에 의해서도 범해지고 있는 — 그 자신의 종교적 사상에도 무척 해로운 — 합리적이고 경험적이고 심리학적인 의지에 관한 이론과 예정사상과의 아주 잘못된 혼합에 관하여는 *Sünde und Urschuld*, 제3장 제3절 루터의 '종교 철학'을 참조할 것.

제14장

루터에 있어서의 누멘적인 것

1. 가톨릭 교회에 있어서는 누멘적 감정이 여러 면에서 대단히 강하게 살아 있다. 예배의식과 성례적 상징들, 이적 신앙과 전설 등과 같은 비정규적 형태들, 교리가 지니고 있는 역설과 신비들, 사상형성에 들어 있는 플라톤-플로티누스적이며 디오니시우스적 요소들, 교회와 예식의 엄숙성, 그리고 특히 신비주의와 밀접히 연관되어 있는 그 경건성, 이 모든 것에 있어서 가톨릭 교회는 누멘적 요소를 지니고 있는 것이다. 이미 밝힌 바 이유로 인해서 가톨릭 교회에서도 그 공식적인 교리체계에서는 그러한 요소가 훨씬 약하게 작용하고 있다. 특별히 중세의 위대한 스콜라 철학자들(이른바 '현대 신학자' theologi moderni)이 교회의 가르침을 아리스토텔레스의 철학과 연결시키고 '플라톤주의'를 대체시킨 이래 가톨릭 교회 내에서도 하나의 강한 합리화가 일어났다. 하지만 실제 사람들의 종교적 실천과 감정생활 자체는 결코 이에 부응하지 않았다. 여기서 일어난 '플라톤주의'와 '아리스토텔레스주의'와의 싸움이나 스콜라 철학자들에 대한 오랜 지속적인 저항은 상당한 부분에 있어서 그리스도교 내에서 전개된 합리적 요소와 비합리적 요소와의 싸움에 지나지 않았다(아리스토텔레스와 '현대 신학자들'에 대한 루터의 항의에도 역시 동일한 싸움이 분명히 한 요소로 작용하고 있는 것이다).

당시에는 플라톤에 대한 지식은 불충분했고 아우구스티누스, 플로티누스, 프로클루스 그리고 아랍 철학자들과 디오니시우스를 통해 이해됐다. 그럼에도 불구하고 두 대립된 태도가 각기 '플라톤'과 '아리스토텔레스'를 표방하고 나선 것은 옳은 감정에 근거한 것이었다. 사실 플라톤 자신도 종교를 합리화하는 데에 큰 몫을 담당했다.

그의 철학에 의하면 신성(神性, Gottheit)은 선의 관념 자체와 동일하며 따라서 전적으로 합리적이고 개념적인 것이 되어 버렸다. 그러나 플라톤의 사유방식의 가장 특징적인 점은 본래 그에게는 철학과 학문이란 인간의 정신적 삶의 전체를 포괄하기에는 너무나 좁다는 것이다. 그에게는 본래 종교 '철학'이라는 것은 없다. 그는 개념적 사유와는 전혀 다른 방법으로 종교를 파악하고 있다. 즉, 신화라는 지시어들, 감격, 사랑(eros), 혹은 열광(mania) 등을 통해서이다. 그리고 그는 종교적 대상을 학문적 인식(epistēmē)이나 이성(ratio)의 대상들과 더불어 동일한 인식체계 속으로 집어넣으려는 시도는 단념하고 있다. 그럼으로써 종교적 대상은 덜 중요한 것이 아니라 오히려 더 위대하게 되며, 동시에 그것이 지니고 있는 전적인 비합리성은 바로 플라톤에 있어서 최고도로 생생하게 느껴지는 것이다. 그리고 느껴질 뿐만 아니라 표현되기도 한다. 신은 파악할 수 없을 뿐만 아니라 생각조차 할 수 없는 존재로서 모든 이성을 초월한다는 사실을 어느 누구도 이 사유의 대가만큼 분명히 밝힌 자는 없을 것이다: "창조자를 … 발견하는 일은 어렵고, 그를 발견한 자가 그를 모두에게 전하는 일은 불가능하다"라고 그는 말하고 있다(Timäus 5, 28C). 그리고 그는 그의 위대한 서한에서 다음과 같은 심오한 말을 하고 있다:

> 나는 그것에 관해서 써 본 일이 없고 앞으로도 그것에 대해서 결코 쓰지 않을 것이다. 왜냐하면 그것은 학문적 탐구의 대상들처럼 취급될 수 없기 때문이다. 그것은 학문으로써는 말할 수 없다. 우리가 그 안에 몸을 담근 후 오랜 노고 끝에야 그것은 마치 불꽃이 튀기듯이 우리의 영혼 속으로 갑자기 들어오는 것이다. 그후로는 그것은 스스로 유지된다. 글로써 전하려는 시도는 아주 극소수에게만 이해될 것이다. 그러나 그들이 그것을 스스로 발견하기 위해서는 살짝 하나의 암시만으로도 족할 것이다.[1]

---

1. V. Wilamowitz-Moellendorff, *Platon* I, 418, 643 참조. Plato, *Ep.* II, p. 312D, 314B,C

아리스토텔레스는 플라톤보다 훨씬 신학적이지만 그 기분에 있어서는 훨씬 덜 종교적이며, 동시에 그의 신학은 본질적으로 합리주의적이다. 따라서 이러한 대립은 그들을 추종하는 사람들 가운데서도 나타나게 되는 것이다.

교회의 가르침은 초기 교부들의 시대에 신의 무감성(無感性, apatheia)이라는 고대의 이론을 수용하면서부터 신의 비합리적 요소를 약화시키는 또다른 영향을 받게 되었다. 희랍적인, 그리고 스토아적인 신론에 있어서의 신은, 정열과 감정을 극복하고 '무감'해지는 '현자'의 이상에 기초해 있었다. 사람들은 이러한 신을 성서의 '살아 계신 하느님'과 동일시하려고 했던 것이다. 그러나 곧 다방면으로부터 이러한 노력에 대한 항거가 전개되었다. 그리고 이러한 투쟁 속에서도 역시 무의식적이지만 신의 합리적인 요소와 비합리적인 요소와의 대립이 작용하고 있었던 것이다. 누구보다도 락탄시우스(Lactantius)는 「하느님의 진노에 관하여」(De ira dei)라는 저서에서 이러한 철학자의 신에 대항하여 싸우고 있다. 그는 이러한 투쟁을 위하여 오히려 인간의 감정생활 가운데서 전적으로 합리적인 요소 자체들을 강화시켜서 사용하고 있다. 그리하여 그는 신을 말하자면 감정적 생동성으로 충만한 하나의 거대한 마음으로 만들었다. 그러나 이와같이 '살아 계신' 하느님을 위해 투쟁하는 사람은 동시에 결코 어떠한 관념이나 세계질서, 어떠한 윤리적 질서나 존재의 원리, 혹은 어떠한 목적적 의지 등으로도 화할 수 없는 신의 신성을 위하여 자기도 모르는 사이에 싸우고 있는 것이다. 락탄시우스 자신의 말들은 이러한 것들보다 더 높은 어떤 것을 지시하고 있다. 플라톤을 인용하면서 그는 말하기를, "신이 도대체 무엇인지 물어서는 안 된다. 왜냐하면 그것은 발견될 수도 없고 말로 설명될 수도 없기 때문이다"라고 한다.[2] 그는 크리소스토무스와 마찬가지로 신의 '불가해성'을 강조하기를 좋

참조.
2. Fritzsche 편, 227면.

아한다:

> 인간의 마음이 측량할 수 없고 인간의 혀가 말할 수 없는 분. 왜냐하면 그는 인간의 생각과 말로 포착하기에는 너무도 숭고하고 너무도 위대하기 때문이다.[3]

락탄시우스는 하느님의 '위압성'(majestas)이라는 표현을 좋아하며 철학자들을 비난하여 말하기를 그들은 하느님의 독특한 위압성에 대하여 잘못 판단하고 있다고 한다. 그는 하느님이 '분내신다'라고 주장함으로써 위압성이 지니고 있는 두려움(tremendum)을 느끼고 있으며, 종교의 근본적인 특징으로서 '공포심'을 촉구하고 있다: "그리하여 종교와 위압성과 존경은 공포심에 근거한다. 그러나 노함이 없는 곳에는 공포심도 없다."[4] 그는 말하기를 진노하지 못하는 신은 사랑할 수도 없다고 한다. 진노도 사랑도 못하는 신은 움직이지 않는 (immobilis) 신이요 성서에서 말하는 살아계신 하느님(deus vivus)은 아니라는 것이다.

크리소스토무스와 아우구스티누스에 있어서의 비합리적인 것에 대해서는 별도의 논문에서 더 자세히 다루게 될 것이다.[5] '철학자의 신'에 대항한 락탄시우스의 투쟁은 중세에 와서는 '존재'의 신과 종교에 있어서의 '인식'의 주도성에 대항하여, '의지'의 신과 종교에 있어서의 '의지'의 중요성을 주창한 둔스 스코투스의 투쟁에서 재현된다. 그리고 여기에 아직도 잠재해 있던 비합리적 요소들은 루터의 특징적인 사상들 가운데서 완전히 발현된다.

2. 루터의 이러한 요소들은 후세에 침묵 속에서 도외시되었으며 오늘날은 루터의 진정한 사상이 아닌 것으로, 혹은 스콜라 철학의 유명

---

3. 同上 116면.
4. 同上 218면.
5. 그간에 작성된 논문 *Das Gefühl des Überweltlichen*, 8장 '"Das Ganz-Andere" als das akataleēpton bei Chrysostomus', 232면과 '"Das Ganz-Andere" als das Aliud valde bei Augustin', 229면 참조.

론(唯名論)적 '사변'의 잔여물로 즐겨 취급되고 있다. 그렇다고 할 것 같으면 이러한 '스콜라 철학의 잔여물'이 루터 자신의 정신적 삶에 있어서 그토록 분명한 힘을 지녔다는 사실은 이상한 현상일 것이다. 사실을 말하자면, 루터에 있어서 비합리적인 요소들은 어떤 '잔여물'이 아니라 의심의 여지 없이 그의 개인적 경건성의 배후에 있는 전적으로 본래적인, 동시에 전적으로 신비스럽고 어둡고 <u>켕기는 듯한</u> 배경을 이루고 있는 것이다. 이러한 배경을 전제로 해야만 비로소 루터에 있어서 은총의 신앙이 가져다 주는 밝은 행복감과 기쁨의 면은 돋보이게 되며 그 힘과 깊이에 있어서 충분히 평가될 수 있는 것이다.[6] 루터가 어디서 그 자극을 받았든, '유명론'으로부터였던 혹은 그의 수도단체로부터의 전수였든, 한 가지 분명한 사실은 루터에게는 우리가 고찰한 바와 같은 본질적 요소들에 따른 누멘적 감정 자체의 아주 근원적인 술렁임이 있었다는 점이며, 이 술렁임은 본래 루터 자신의 마음으로부터 터져나온 것이라는 사실이다.

ㄱ) 우리가 여기서 말하고 있는 것은, 루터에 있어서 처음에는 강하게 그리고 나중에는 약하게, 그러나 결코 전적으로 사라져 버리는 일이 없이 그의 경건성을 꾸준히 신비주의와 연결시켜 주고 있는 많은 흐름들을 가리키는 것이 아니다. 또한 성만찬에 대한 그의 교리에 남아 있는 가톨릭적 의식(죄의 용서에 대한 그의 교리로부터나 혹은 성서의 말씀에 대한 그의 복종으로부터는 남김없이 도출될 수 없는)이 지니고 있는 누멘적인 것을 말하는 것도 아니다. 우리가 주목할 바는 그가 「의지의 예속에 관하여」에서 전개하고 있는 사상으로서, '신의 계시된 얼굴'(facies Dei revelata)과는 대조적으로 신의 '계시되지

---

6. 그간에 나타난 Gerhardus Ritter의 *Luther* (1925)에서 나는 처음으로 나의 루터 이해가 역사가에 의하여 확인됨을 본다. 역사적인 루터 연구의 과제는 나의 생각에는 루터와 스콜라 철학과의 연관이 아니라, 체험적인 민속종교, 특히 루터에게서도 그 자취를 찾아볼 수 있는 농부들의 종교에 들어 있는 기본적인 감정과의 연관을 찾아보는 일일 것이다. 「의지의 예속에 관하여」에 나오는 신의 전능이라는 어두운 사상은 교회의 교리적 가르침과는 별도로 농부들의 종교가 본능적으로 알고 있는 것이다.

않는 것', 그리고 신의 '은총'과는 대조적으로 '신의 위압성'과 '신의 전능'에 대한 그의 '기이한 사변들'이다. 그가 이러한 '가르침들'을 얼마만큼 스코투스로부터 받아들였는가는 별 의미가 없는 문제이다. 그것들은 그의 가장 내적인 그 자신의 종교적 삶과 밀접히 연결된 것으로서, 이로부터 아주 본래적으로 진정하게 터져나오는 것이며 또한 그렇게 고찰되어야 한다. 루터 자신도 이 점을 강조하여 확실히 하기를, 그는 이런 가르침들을 단지 학문적 논쟁이나 철학적 결론으로서 가르치는 것이 아니라 그리스도인들이 신앙과 삶을 위해서 반드시 알아야만 하며 그들의 경건성에 관계된 일이기 때문에 가르친다고 하고 있다. 그는 그런 것들을 대중들로부터는 삼가야 한다는 에라스무스의 신중한 견해를 배척하고 그의 설교를 통해서 공공연히 그것들을 말했으며 (예를 들어, 출애굽기에 나오는 바로의 마음을 강퍅하게 하는 일과 관련해서), 안트베르페너 (Antwerpener)에 보낸 그의 편지 속에서도 쓰고 있다. 그리고 그는 그의 죽음에 앞서서, 이러한 사상이 명백히 나타나고 있는 그의 저서 「의지의 예속에 관하여」를 무엇보다도 자신의 참다운 사상으로서 인정했던 것이다.

"하느님을 모신다는 것은 곧 그를 마음으로부터 신뢰하는 것"이라고 그의 〈대교리문답〉(大敎理問答)이 말하고 있는 바와같이 실로 루터에게는 하느님은 '순전히 선한 것들을 넘치도록 주시는' 분이다. 그러나 이 루터는 동시에 그의 마음을 낙심시키는 신성의 깊이와 심연을 알고 있으며, 마치 산토끼가 바위틈으로 도망가듯 그는 그로부터 도피하여 '말씀'으로 나아가거나 성례, 사죄, 포메라누스(Pommeranus) 박사의 공식적인 위로의 말씀, 그리고 일반적으로 시편과 예언서들의 모든 위로와 약속의 말씀으로 도피하는 것이다. 그러나 그의 영혼이 두려운 전율 속에서 도피하고자 하는 이 공포적인 존재는 단순히 의(義)를 요구하는 엄격한 심판자로서의 신만이 아니라 — 왜냐하면 그러한 신 역시 철저히 '계시된 하느님'이기 때문에 — 동시에 신적 존재 자체의 두려운 위압성 가운데 가리워져 있는 '은폐성' 속의 하느님이다. 그 앞에서는 그의 율법을 어긴 자만이 떠는 것이 아니라 피조물 자체가 그 '적나라한' 피조물성 가운데서 떠는 것이다. 루터는 심지어 신의 이러한 두렵고 비합리적인 면을 '그의 본성과 위압성에 있어서의 하느님 자신'(Deus ipse, ut est in sua natura et maiestate)이라고까지 지칭하고 있다(사실은 위험스럽고 잘못된 가정이다. 왜냐하면 신의 비합리적인 면과 합리적인 면과의 구별이 결코 후자가 전자보다 덜 본질적이라는 것을 뜻하지는 않기 때문에!).

이와 관련된 구절들은 루터의 「의지의 예속에 관하여」로부터 자주 인용되고 있다. 그러나 누멘적 감정이 지니고 있는 거의 악령적인 것을 깨닫기 위해서는 우리는 특히 출애굽기 20장에 관한 설교[7] 가운데서 다음과 같은 구절이 주는 효과에 대해서 주의할 필요가 있다. 루터는 그의 설교 본문이 지니고 있는 누멘적인 무서움을 효과적으로 묘사하려고 온갖 수단을 다 동원하고 있다:

> 그렇다. 세상 사람들에게는 신은 입이나 딱 벌리고 있는 하품 장이처럼 보이거나 혹은 자기의 부인이 다른 남자와 동침해도 모른 체하는 오쟁이 진 남편이나 무한히 착한 남자처럼 보일는지 모른다. …

그러나,

> 그는 한 사람을 꿀꺽 삼키되 그것을 <u>그토록 좋아하기에</u> 그는 질투와 진노로 인하여 악인을 먹어 버리게끔 된다. 그리고 일단 먹기 시작하면 그는 그것을 <u>멈추지 않는다</u>. … 그 때에 우리는 신은 삼키는 불과 같다는 것을 알 것이다. … 즉, 살라 먹어 버리는 불이다.[8] … 그래도 네가 죄를 짓는다면 그는 너를 먹어 버릴 것이다.[9] … 왜냐하면 신은 사르며 먹어 버리며 분을

---

7. *Luthers Werke*, Erlangen판 36권 210면 이하.
8. 同上 222면.
9. 同上 231면.

내는 불과 같다. 즉, 그는 불이 집을 살라 재와 먼지로 만들 듯이 너를 파멸시킨다.[10]

그리고 다른 곳에서는 다음과 같이 말한다.

자연이라 할지라도 그러한 신의 위압성 앞에서는 놀랄 수밖에 없다.[11] … 그렇다, 그는 악마보다도 더 무섭고 끔찍하다. 왜냐하면 그는 힘으로 우리를 취급하며 사정없이 우리를 괴롭히고 고문하기 때문이다.[12] … 그의 위압성으로 말할 것 같으면 그는 하나의 사르는 불이다.[13] … 왜냐하면 땅 위의 어느 인간도 피할 수 없나니 : 인간이 신을 올바로 생각한다면 그의 온 몸과 가슴은 공포에 놀라 정신을 잃을 것이다. 그렇다, 그가 신의 이름을 듣자마자 그는 겁에 질려 떨 것이다.[14]

이것은 둔스 스코투스에 있어서처럼 단지 '의지'와 '우연'의 하느님만이 아니다. 여기에는 '현대 신학자들'의 제자라기보다는 차라리 농부의 아들과 그 계층의 종교에 귀착되는, 종교의 기본적인 원초적 감정이 술렁이고 있는 것이다. 태고적 '무시무시함'이 여기에 다시 움직이고 있다. 그것은 단적으로 누멘 자체로서, 여기서는 그 두려움과 위압성의 측면만이 일방적으로 느껴지고 있을 따름이다. 그리고 내가 전에 누멘적인 것의 한 면을 지칭하기 위하여 두려움과 위압성이라는 말을 도입한 것은 사실 루터 자신이 사용한 술어들을 생각했기 때문이다. 즉, 나는 내가 처음 루터를 공부할 때부터 지금까지 나의 귀에 남아 있는 '신의 위압성'(divina majestas)과 그 '두려운 의지'(metuenda voluntas)로부터 그러한 표현들을 빌려온 것이다.[15]

---

10. 同上 237면.
11. Braunschweiger판(1891) 5권 50면.
12. Erlangen판 35권 167면.
13. 同上 47권 145면.
14. 同上 50권 200면.
15. R. Otto, *Die Anschauung von heiligen Geiste bei Luther* (Göttingen, 1898), 85면 이하 참조.

그렇다, 나는 누멘적인 것과 합리적인 것과의 차이에 대한 이해를 구약의 '카도쉬'(qadosch, 거룩함)나 일반 종교사에 나오는 '종교적 두려움'의 요소들에서 다시 발견하기 오래 전부터 이미 루터의 「의지의 예속에 관하여」를 통하여 지니고 있었던 것이다.

  루터에 있어서의 <u>이러한</u> 깊이와 심연을 미리 보아야만 우리는 이 동일한 인물이 다른 한편으로는 그리스도교의 전부를 신뢰하는 믿음에서 찾으려고 했다는 사실이 무엇을 뜻하는지를 올바로 이해할 수 있을 것이다. 우리가 전에 복음서의 경건성과 하느님 아버지 신앙의 <u>놀라움</u>에 대해서 언급했던 것이 루터의 경건한 체험에서 다시 발견되는 것이다. 그러나 전례없이 날카로운 형태로 주어지고 있다. <u>접근할 수 없는</u> 존재가 접근할 수 있다는 것, <u>성스러운</u> 존재가 순전한 선이라는 사실, <u>위압성</u>이 스스로를 친숙한 것으로 만든다는 사실, 이러한 대조적 조화야말로 루터 종교의 가장 내적인 요소인 것이다. 그리고 이 내적인 면은 후기 루터교의 교리에서는 아주 불분명하게 표현되고 있다. 거기서는 신의 '진노' — 선의 성격을 지닌 성스러움 그 자체와 다름없는 — 의 신비성은 일방적으로 신의 정의라는 개념으로 바뀌어 버린 것이다.

  ㄴ) 누멘적 감정이 일단 촉발되면 이 감정은 통일성을 지녔으므로 우리는 그것의 한 요소가 주어지면 다른 요소들도 역시 쉽게 등장하리라 예견할 수 있다. 사실 루터에는 다른 요소들도 존재하고 있으며, 무엇보다도 그의 '욥적인' 사상 계열이라고 부를 수 있는 것에 폭넓게 발견되고 있다. 우리는 이미 위에서, 욥기에서 문제가 되는 것은 누멘적 위압성의 두려움이라기보다 그 위압성이 지닌 기이성의 요소임을 보았다. 즉, 좁은 의미에서의 비합리적인 것, 기이한 것, 불가해적인 것, 역설적인 것, 이성적인 것과 이성으로 예측할 수 있는 것에 반대되는 것, 이성의 본성을 거스르며 결국 내적인 이율배반에 빠지게 되는 것들임을 보았다. 이러한 사상계열에 속하는 것으로서, 우리는 단순한 합리적인 신론의 입장에서는 기괴하게밖에는 보일 수

없는 '창녀 이성'에 대한 루터의 일반적인 격렬한 공격을 들 수 있다.
그러나 보다 특별한 의미가 있기는 루터에 있어서 아주 전형적으로
빈번히 나타나고 있는 어떤 공식화된 표현들이다. 그 가운데서도 가
장 우리의 관심을 끄는 것은, 우리 인간들에게는 신의 길은 너무나 높
다는 식의 대중적 위로나 교훈으로써 신의 비합리적인 면을 말하고
있는 구절들이 아니라, 강한 역설들을 붙잡고 있는 구절들이다. 루터
는 사실 아주 평범하고 혼한 교훈적 어조로 '우리의 하느님은 이상한
주님이시며', 그는 세상 사람들과같이 계산하고 평가하지 않으시며,
그는 미천하고 보잘것없는 자들의 편에 서시며, 그는 이상한 방법으
로 우리를 이끄시며 훈련시킨다고 말하기도 한다. 그러나 이러한 표
현들은 루터에 있어서 독특한 방식으로 질적인 상승을 보게 된다. 그
에게 있어서 하느님은 전적으로 '그의 신비와 판단에 있어서 알아낼
수 없는 분'(mysteriis suis et judiciis impervestigabilis)이며, 욥에
있어서와 마찬가지로 '두려운 이적과 그의 알 수 없는 판단들을 통해
서' 그의 참다운 위압성을 나타내시는 분이며, 그의 본질에 있어서
단적으로 모든 이성으로부터 가리워져 있는 분이며, 척도나 법칙이
나 목적도 없이 전혀 역설적으로 행하시는 분이다:

> 그런고로 신앙을 위한 자리가 있기 위하여는 우리가 믿는 모든
> 것들은 은폐되어 있어야만 한다(ut ergo fidei locus sit, opus
> est ut omnia quae creduntur abscondantur).

그리고 사람들은 이러한 불가해적인 역설을 알고 거기에 머리 숙여야
될 뿐만 아니라, 그러한 역설이 신적인 것에 본질상 필연적으로 속하
며 모든 인간적인 것들과는 달리 바로 그것이 신적인 것을 알아보는
인식의 표시임을 깨달아야 한다는 것이다.

> 만약에 그의 의가 인간의 이해에 의하여 의롭다고 판단될 수
> 있는 것이라면 그것은 분명히 신의 의는 아닐 것이며, 인간의
> 의와 다른 것이 없을 것이다. 그러나 하느님은 진실하시고 하

나이시므로, 그리고 실로 인간의 이성으로는 전혀 이해할 수도 접근할 수도 없는고로, 그의 의도 역시 이해할 수 없다는 것은 당연하며, 아니, 필연적이기도 하다.[16]

이러한 '욥적인' 사상 계열의 가장 놀랍고 감동적인 표현은 그의 로마서 주석에서 발견할 수 있다.

> 우리의 선(善)은 은폐되어 있다. 너무나 은폐되어 있기에 그 반대의 것 아래에 은폐되어 있다. 그런즉 우리의 생명은 죽음 아래, 의(義)는 죄 아래, 그리고 힘은 약함 아래에 은폐되어 있다. 선에 대한 우리의 긍정은 예외없이 바로 그것의 부정 아래에 은폐되어 있기에, 존재와 선과 지혜와 의의 부정이시며 우리가 지닌 모든 긍정들의 부정을 통하지 않고서는 도달될 수 없는 하느님에 대한 신앙의 자리가 마련되는 것이다. 그런즉 우리의 생명 또한 그리스도와 더불어 하느님 안에, 즉 느낄 수 있고 소유할 수 있고 이해될 수 있는 모든 것들의 부정 안에 은폐되어 있는 것이다.

다음과 같은 구절은 크리소스토무스의 저서 「신의 불가해성에 관하여」(*De Incomprehensibili Dei*)로부터 곧바로 취해질 수도 있을 것이다.

> 왜냐하면 하느님은 바로 그의 본성에 있어서 측량할 수 없고 이해할 수 없고 무한하신고로 인간의 본성에 견딜 수 없다.[17]

그리고 우리가 전에 '유사하지 않은 것', 파악할 수 없을 뿐만 아니라 포착할 수도 없는 것, 우리의 본성과 본질에 전혀 이질적이고 다른 것이라고 불렀던 것이 여기서는 '인간의 본성에 견디기 어려운'이라는 표현으로 가장 정확하고 날카롭게 표현되고 있는 것이다.

신관념에 있어서 비합리적인 것의 요소를 표현하고 고정시키려는

---

16. Weimar판 18권 784면.
17. Erlangen 판 1권 48면.

궁핍한 수단의 하나는 종종 하느님의 절대적인 우연적 의지에 대한 꺼림칙한 교리로서,[18] 이 교리는 사실상 하느님을 하나의 '변덕스러운 폭군'으로 만들어 버린다. 이러한 교리는 이슬람 신학에서 특히 강하게 등장한다. 이것은 쉽게 이해될 수 있는 현상으로서, 그러한 교리는 신의 비합리적·누멘적인 면에 대한 궁핍스러운 표현이며, 이슬람에서는 이러한 면이 지배적인 위치를 지니고 있다는 우리의 주장을 기억하면 이해될 것이다. 그러나 우리는 이러한 교리를 동일한 맥락 속에서 루터에 있어서도 발견하고 있다.[19] 그렇지만 그 자체로서는 신성모독에 가까운 그러한 터무니없는 교리를 변명해 주고 있는 것은, 그것이 전도되고 위험스러운 표현임에도 불구하고 하나의 올바른 진리를 담고 있다는 사실이다. 그러한 풍자를 사용하게 한 것은 좀더 날카로운 심리적 통찰의 결핍과 표현수단의 그릇된 선택이었지 결코 도덕적 가치의 절대성을 무시해서가 아니었다.

ㄷ) 우리가 전개한 관점들에 따르면 예정론도 때가 되면 이러한 종교적 감정을 기본으로 하여 루터에서 자태를 나타낼 수밖에 없는 것이며, 우리는 여기서 이 양자의 밀접한 연결성을 바울로의 경우에서처럼 단지 추리로써만 알 수 있을 뿐만이 아니라, 루터의 저서 「의지의 예속에 관하여」 속에 너무나 손쉽게 드러나 있는 것을 본다. 이 저서에는 하나가 다른 하나에 너무도 분명하게 의존하고 있으며 상호간의 본질적 연관성을 지니고 나타나기 때문에, 이 저서는 종교적 체험에 있어서 연관된 현상들을 이해하기 위한 하나의 심리적 열쇠를 우리에게 제공한다. 루터의 종교적 체험이 지니고 있는 순수한 누멘적 요소가 이 저서에서만큼 강하게 표출되는 일은 흔치 않다. 그러나 절망(desperatio)과 사탄에 대한 그의 투쟁, 자주 반복되고 있는 종교적 파탄과 우울증, 그를 가끔 병적인 마음의 상태로까지 몰고가는 은총을

---

18. 어떤 것이 善인 것은 하느님께서 그것을 意志하시기 때문이며 그것이 선하기 때문에 하느님께서 그것을 의지하시는 것이 아니라는 가르침(역자 주; 영문 번역 101면 참조).
19. Erlangen판 35권 166면.

위한 새로이 재개되는 싸움 가운데에는 거의 '신'이라는 이름조차 붙이기 어려울 정도로 깊은 비합리적인 초월적 대상에 대한 체험이 술렁이고 있다. 그리고 이것이 그의 전 신앙적 삶을 돋보이게 하는 어두운 배경을 형성하고 있는 것이다. 수많은 그의 설교와 서한들과「탁상 담화」가운데 이러한 배경이 보이고 있으며, 이러한 근거 위에서야 비로소 우리는 그가 얼마나 '말씀'을 귀중히 여겼는가를 이해할 수 있으며, 말씀과 말씀에 '계시된' 하느님에의 거의 경련적인 그의 집착을, 그리고 그가 왜 이러한 어두움과 무서움 속을 단순한 호기심으로 들어가 보려는 사람들에 대해서 계속 경고하고 있는지를 이해할 것이다. 우리는 특히 그의「탁상 담화」가운데 나오는 알 수 없는 하느님의 위압성에 대한 다음과 같은 구절에 주목할 필요가 있다 : [20]

> 나는 그것 때문에 죽음의 위험에까지 유혹을 받은 적이 한두번이 아니다. 그러나 우리 이 가련하고 비참한 인간들은 아직 한번도 신적인 약속의 빛을 신앙으로 이해할 수 없는데도 불구하고 그것에 대하여 그렇게 골똘히 생각하니 웬일인가? 그럼에도 불구하고 우리 약하고 무지한 존재들은 약아빠져서 하느님의 경이의 파악할 수 없는 빛이 지닌 파악할 수 없는 위압성을 알아내고 이해하고자 하고 있으니! 하느님은 인간이 미칠 수 없는 빛 가운데서 거한다는 사실을 우리는 알지 못한단 말인가? 그럼에도 불구하고 우리는 가려고 한다. 아니 감히 그리로 갈 수 있다고 생각한다! … 우리가 그의 위압성을 탐구하고 있는 동안에도 그 찬란한 빛이 우리를 엄습하여 차고넘친다는 사실은 기적이 아니고 무엇인가?
>
> 우리는 실로 탐구할 수 없고 파악할 수 없는 하느님의 뜻에 대하여 가르쳐야만 한다. 그러나 그것을 감히 파악하려고 하는 것은 지극히 위험한 짓이며 그러다가 굴러떨어져 목이나 다칠 것이다.

---

20. Weimar판 6권 6561면, Mansfeld의 목사 Aquilam에게 보내는 그의 편지로부터.

그리고 루터는 실로 이 구절이 보여 주는 것보다도 훨씬 더 무서운 것도 알고 있다. 즉, 우리의 호기심이나 접근이 없이도 '찬란함이 순전히 저절로 우리를 엄습하여 차고넘칠 수 있다'는 사실에 대해서 그는 알고 있으며, 누멘적 두려움이 마치 악마와도같이 인간을 엄습하는 공포의 순간에 대해서도 알고 있다. 그럼에도 불구하고 우리는 어떻게 해서든지 '그것에 대하여 가르쳐야 된다'고 그는 고집하고 있는 것이다! 왜냐하면 그런 것이 없이는 하느님은 바로 하느님이 아닐 것이며, '숨겨진 신'(deus absconditus) 없이는 '계시된 신'(deus revelatus)은 단지 '하품장이의 입'과 같을 것이며, 두려운 위압성 없이는 은총이 그렇게 달지 않을 것이기 때문이다. 그리고 루터가 심판, 형벌, 혹은 하느님의 준엄성 등에 관해서 단지 합리적인 표현으로 말하고 있는 곳이라 할지라도 우리가 이 말들을 참으로 루터적으로 듣고자 할진대 우리는 그러한 '종교적 두려움'이 지닌 깊은 비합리적 요소를 함께 들어야 할 것이다.

ㄹ) 이와같은 상황은 우리를 한걸음 더 나아가게 한다. 계시되지 않은 신과 두려운 위압성에 대한 표현들에는 분명히 우리가 전에 제일 먼저 분석했던 누멘적인 것의 요소들, 특히 누멘적인 것의 두렵고 압도적인 요소들만이 나타나고 있음을 볼 수 있다. 그렇다면 루터에 있어서 매혹성의 요소는 어떻게 된 것인가? 그것은 그에게는 결여되어 있고 그 대신 단지 '신뢰할 만하다'거나 '사랑'과 같은 합리적 술어들과 이에 해당하는 심정적 요소들, 즉 신뢰로서의 신앙만이 자리잡고 있는 것일까? 물론 그렇지 않다. 다만, 매혹성이 이런 합리적인 요소들과 완전히 함께 얽혀 있고 그 안에서 함께 표현되어 울리고 있을 뿐이다. 우리가 이것을 가장 강하게 느낄 수 있는 곳은 그의 디오니소스적이고 거의 방자스러운 신체험의 행복감에서이다:

> 그리스도인들이란 가슴으로 기뻐할 수 있으며 찬송하고 두들기며 춤추고 날뛰는 사람들이다. 우리가 하느님을 신뢰하고 뽐내며 즐거워하면 하느님은 기뻐하시며 우리의 마음은 부드

러워진다. 이러한 선물은 순전히 우리의 가슴에 불과 빛이 되어 우리는 평생 기쁨으로 춤추며 뛰노는 일을 그치지 않을 것이다. 누가 이것을 충분히 찬양하며 말할 수 있으랴! 그것은 말할 수도 파악할 수도 없는 일이다.

만약 당신이 그것을 진정으로 가슴에 느낀다고 할 것 같으면, 그것은 너무나도 큰 일이라 당신은 그것에 대하여 무언가 말하기보다는 차라리 침묵을 지키게 될 것이다.[21]

여기서 우리는 전에 합리적인 것과 비합리적인 것의 얽힘과 이에 따른 합리적 표현의 심화된 의미에 대하여 논한 바를 고려해야 할 것이다. 마치 전율을 불러일으키는 누멘의 요소가 신의 준엄성과 형벌과 정의와 섞여 있듯이, 누멘의 지복적인 면도 '순전히 선하심으로 차고 넘치는' 하느님과 함께 얽혀 있는 것이다.

ㅁ) 그러나 일반적으로 루터에 있어서 누멘적 요소는 그의 신앙의 개념 자체에, 그리고 실로 그의 신비주의적인 면에 박혀 있다. 우리는 여기서 루터와 신비주의와의 관계를 간과할 수 없다. 실로 루터에 있어서는 하느님에 대한 '인식'과 '사랑' 대신 '신앙'이 점점 더 강하게 대두되는 것이 사실이며, 이것은 신비주의에 비하여 볼 때 그의 종교적 자세의 상당한 질적 변화를 의미하는 것이다. 그러나 이 모든 변화에도 불구하고 확실한 것은, 루터의 신앙 개념에는 그것을 영혼의 신비적 기능들과 연관된 것으로 보이게 하며 루터교의 교의론에서 가르치고 있는 신앙이 지닌 합리적 확정성 내지 정돈성과 분명히 구별시켜 주는 아주 확실한 특징들이 존재한다는 점이다. 하느님의 '인식'과 '사랑'과 마찬가지로 루터에 있어서 신앙이란 언제나, 그리고 끝까지 하나의 기이하고 신비한 것과의 관계로서, 그리고 동시에 인간을 하느님과 하나로 만드는 '하느님과의 접착'(adhaesio Dei)이라는 신비스러운 영혼의 힘으로서 남아 있는 것이다. '하나가 되는 것'

---

21. Erlangen판 11권 194면.

은 신비주의적인 것의 특징이다. 신앙은 인간을 하느님과 '하나의 떡'으로 만든다거나 혹은 '반지가 보석을 지니고 있듯이' 그리스도를 품고 있는 것이라고 루터가 말할 때, 그는 결코 비유적으로 말하고 있는 것이 아니다. 적어도 타울러(Tauler)가 이와같은 것을 사랑에 대해서 말하고 있을 때보다 더 비유적인 것은 아니다. 루터에 있어서 신앙이란 합리적인 개념들로써 다 설명될 수 있는 것이 아니며, 그것을 나타내기 위하여 사람들은 바로 그러한 '비유'들을 필요로 하는 것이다. 신앙이란 그에게는 영혼의 저 숨겨진 중심부로서, 신비주의자들의 말대로 그 안에서 합일(Einung)이 성취되는 영혼의 근저와 같은 것이었다. 신앙은 동시에 하나의 영적인 인식능력으로서, 초감성적 진리를 받아들이고 인정하게 하는 인간 정신 안에 있는 한 신비한 선험적 요소이며, 이러한 점에서 그 자체가 마음에 있는 성령(spiritus sanctus in corde)과 동일한 것이다.[22] 신앙은 더우기 우리 안에 있는 '활동적이고 힘차고 창조적인 사물'(Ding)로서 희랍어의 '신들림'(enthousiazesthai)에 아주 가까운 가장 강력한 감정상태(Affekt)이다. 신앙은 바로 바울로 이래로 모든 열광주의자들이 항시 영(pneuma)에 귀속시켜 왔던 그 모든 기능들을 떠맡는다. 왜냐하면 신앙이란 '우리를 내적으로 변화시키고 새롭게 탄생시키는' 것이기 때문이다. 신앙은 이 점에 있어서 '신비적 사랑'(amor mysticus)과 비록 그 내적 태도에 있어서는 아무리 다르다 하더라도 전적으로 유사한 것이다. 그리고 신앙이 일으키는 '구원의 확실성'(certitudo salutis)으로부터 오는 행복감이나 루터의 어린아이와 같은 신앙의 강렬함에 있어서, 우리는 단순한 영혼의 위로나 양심의 평안, 혹은 단순히 숨김을 받는다는 기분 이상의 바울로적인 어린아이의 감정들이 완화된 형태로 되살아나고 있음을 보는 것이다. 요한 아른트(Johann Arndt) 이래 슈페너(Spener)와 아놀드(Arnold)에 이르기까지의 모든 후기 신비가들은 루터적인 신앙이 지니고 있는 이러한 면이 마음에

---

22. 루터에 있어서 '성령'과 '신앙'의 이와 같은 동일성에 대하여 R. Otto, 'Luthers Psychololgie der Heilserfahrung', *Sünde und Urschuld*, 44면 이하 참조.

들어 항시 자신들의 것으로 삼았으며, 그것에 관한 부분들을 루터로부터 신중하게 수집하여 합리화된 루터교의 교의적 공격에 대하여 스스로를 방어하는 수단으로 사용해 온 것이다.

3. 왜냐하면 교파적 교리의 합리화에 대항하여 가톨릭과 개신교의 토양 위에서 후에 피어난 서양의 신비주의는 비합리적 요소들을 보존하고 있기 때문이다. 서양의 신비주의와 그리스도교적 신비주의 일반에는 그 최초의 움직임으로부터 시작하여 줄곧 우리가 전에 상술한 바의 비합리적인 요소들을 쉽게 다시 찾아볼 수 있다. 특별히 신비와 매혹성과 장엄성과 위압성의 요소들이 두드러지는 반면에 두려움의 요소는 후퇴하고 완화되어 있다.

그렇지만 그리스도교적 신비주의에도 두려움의 요소가 비록 완화된 형태이기는 하나 전혀 없는 것은 아니다. 그것은 신비주의자들이 말하는 음침함(caligo), 깊은 침묵(altum silentium), 심연, 밤, 영혼이 그 밑으로 내려갈 수밖에 없는 신성(神性)의 황야, 버림받음의 고통, 영혼의 고갈, 영혼이 견디어야만 하는 지루함, 자아상실로부터 오는 전율과 공포, 자아의 이탈과 파멸, 그리고 일시적인 지옥(infernum temporale)과 같은 것에 살아 있는 것이다. 그리하여 수소는 말한다:

> 신도 초월하는 곳(실체를 초월하는 신적인 위압성의 높이)에 있는 이 불가해적인 산에는 모든 순수한 정신들이 감지할 수 있는 까마득한 심연이 존재한다. 거기서 영혼은 감추인 무명성과 놀라운 소외 속으로 들어간다. 그리고 거기에는 모든 피조물들을 위한 끝없는 심연이 자리잡고 있다. … 거기서 정신은 죽어 버린다. 신성(神性)의 놀라움들 속에서 전적인 삶을 살면서.[23]

---

23. Denifle 출간, *Die deutschen Schriften*, 289면 이하.

그리고 그는 가끔 기도한다.

> 오! 화가 있도다.
> 당신의 노한 얼굴이 그렇게도 무섭나이다. 당신이 언짢아 얼굴을 돌리심이 그렇게도 견디기 어렵나이다. 나에게 화 있도다!
> 당신의 적대적인 말씀이 너무나도 불과 같아
> 나의 마음과 영혼을 절단하나이다.[24]

후기의 신비주의자들도 이러한 음조를 잘 알고 있다. 그리하여 십자가의 성 요한은 말한다:

> 신의 이러한 분명한 모습이 영혼을 난폭하게 덮쳐 누르매, 영혼은 그 약함 속에서 너무나 고통을 받아 모든 힘과 생명력이 그로부터 떠나 버리며, 감각과 영은 마치 어둡고 측량할 수도 없는 짐에 눌린 듯 너무나 고통을 받고 죽음과 같은 불안에 억눌려 영혼은 차라리 죽음을 (고통의) 완화와 소생으로 선택하기를 원한다.[25]

더 나아가,

> 하느님의 위압성과 찬란함으로부터 … 네번째 종류의 고통이 영혼에 … 야기된다.[26]

그리고 마지막으로 다음과 같이 말한다:

> 그런고로 그는 영혼을 파괴하고 분쇄하며 깊은 암흑 속으로 침몰시켜 버려서 영혼은 마치 녹아 버린 것처럼 느끼며 그 처참함이 무서운 영의 죽음에 의하여 파괴된 것 같다. 마치 아주 흉폭한 짐승에 삼켜서 그 캄캄한 위 속에서 씹히는 것과 같은 느

---

24. 同上 353면.
25. Joannes a Cruce, *Aufsteigung des Berges Carmel* (Modestus의 독역, 1671), 461면.
26. 同上 465면.

낌이다.[27]

누멘의 비합리적이고 공포적인 것, 아니 악령적인 것이 가장 생생하게 살아 있는 것은 야콥 뵈메(Jakob Böhme)의 신비주의에서이다. 그가 아무리 그 이전의 신비주의 주제들을 수용하고 있다 하더라도 그의 사변과 신지(神智)에 있어서 그는 그 이전의 신비주의와는 구별되고 있다. 이전의 신비주의와 더불어 그도 역시 신 자신을 '세우고' 이해하려고 하며, 신으로부터 세계도 이해하고자 한다. 엑카르트도 역시 그것을 원했다. 그리고 뵈메에 있어서도 역시 사변의 출발점은 원초적 근원(Urgrund), 아니 무원(無源, Ungrund)이며, 초개념적이고 불가언적인 것이다. 그러나 그것은 뵈메에 있어서 존재나 초존재라기보다는 충동과 의지이며, 선과 초선(超善, Übergute)이라기보다는 하나의 비합리적 무차별(Indifferenz)이요, 그 안에서 선과 악의 가능성이 둘 다 발견될 수 있는 선악의 동일성이다. 따라서 신성도 동시에 선과 사랑뿐만 아니라 <u>분노</u>와 <u>진노</u>의 이중적 형태를 지니고 있는 것이다.[28] 뵈메가 여기서 하나의 화학적이고 물리적이다시피 한 신의 이야기를 만들어 내고 있는바 그 구성과 유추들은 우습게 보인다 하더라도, 그 뒤에 놓여 있는 종교적 감정의 이상한 통찰들은 의미심장하다. 그것은 누멘적인 것에 대한 통찰들로서, 루터의 통찰들과 연관성을 지닌다. 뵈메에서도 역시 신의 비합리적인 '생동성'과 위압성, 그리고 그 두려움은 '의지'로서 파악되며 상징된다. 그리고 이것은 루터의 경우와 마찬가지로 <u>도덕적</u> 높이나 의(義)의 개념들과는

---

27. 同上 462면.
28. 이 분노로부터 Luzifer(악마)는 '유래'하며, 그에게 있어서 단순한 가능성으로서의 악은 현실화된다. 우리는 그를 실체화된 '분노'(orgē)라 부를 수도 있을 것이다. 두려운 신비(mysterium tremendum)가 누멘의 다른 요소들로부터 분리되며 동시에 끔찍한 신비(mysterium horrendum)로 강화된 것이라고. 그리고 이것은 적어도 성서와 초대교회에 뿌리를 지니고 있다. 供贖, 贖償, 贖罪의 관념들은 신의 진노와 사탄에 관련된 현상들이다. '타락한 천사'에 대한 신화가 지닌 합리주의는 사탄 앞에서의 무서움이나 '사탄의 깊음'(계시록 2장 24절) 혹은 '악의 신비'(2데살로니카 2장 7절) 등을 충분히 설명할 수가 없다. 오히려 이러한 무서움은 그 자체에 있어서 누멘적 성격을 지녔으며 그 대상은 부정적 누멘(Negativ-Numinöse)이라 부를 수도 있을 것이다.

근본적으로 독립적이며 선한 행동이나 악한 행동에 대해서 무관한 것
으로 생각되고 있다. 그것은 오히려 하나의 '분냄', 하나의 '불 같은
진노'이다— 무엇에 관한 진노인지는 알지 못하고 그저 진노 그 자체
인 것, 하나의 본성적인 진노이며, 만약 실제로 개념적으로 파악할
수 있는 분노로 심각하게 취해질 것 같으면 전혀 무의미한 그러한 진
노이다. 그 누가 곧 그것이 두려움이라는 단순한 비합리적 요소임을,
그리고 '진노'·'불'·'분노' 등은 순전히 그것의 지시어들임을 모
르겠는가?[29] 만약 이러한 지시어들이 충분한 개념들로서 받아들여
진다면 신화나 락탄시우스에서 보이는 의인주의(Anthropomorfie)를
초래할 것이다. 그리고 그러한 개념들을 근거로 하여 사변이 전개된
다고 할 것 같으면 뵈메나 다른 사람들에서 보는 바와같이 신지학
(Theosofie)이라는 사이비 학문이 생길 것이다. 왜냐하면 모든 신지
학의 특징은 감정의 유추적 표현에 지나지 않는 것들을 합리적 개념
들과 혼동하여 이 개념들을 체계화함으로써 신에 관한 학문(Gottes-
wissenschaft)이라는 한 괴물을 만들어 내는 것이기 때문이다. 이 괴
물은 그것이 엑카르트에서처럼 스콜라 철학적인 술어를 사용하든 혹
은 뵈메에서처럼 파라셀수스(Paracelsus)의 연금술적 재료들과 혼합
물을 사용하든, 혹은 헤겔에서와 같이 정령숭배적 논리의 범주들을
사용하든, 혹은 브쌍 여사(Mrs. Besant)처럼 인도(印度)적인 미사여
구로 만들어졌든간에 모두 똑같이 망측스러운 것이다. 뵈메가 종교
사적으로 중요한 것은 그의 신지학 때문이 아니라 그의 신지학의 배
후에 누멘적인 것에 대한 살아 있는 감정이 가치충만한 요소로서 술
렁이고 있으며 이 점에서 루터 교파에서는 오히려 잃어버렸던 루터
자신의 유산을 그가 보존했기 때문이다.

---

29. 이 점에 관해서 Böhme의 제자 Johann Pordage는 그의 느낌을 다음과 같이 말하고 있다
(*Göttliche und wahre Metaphysica* I, 166): "그렇다면 나는 희망하노니, 내가 신에게 떫음
과 씀, 진노와 불 … 이와 같은 속성들을 귀속시킬 때 당신들은 나에게 화내지 말기를 바
라노라. 왜냐하면 Jakob Böhme 역시 그의 숭고한 신에 대한 감각을 표현하기 위하여 다
른 어떤 말들을 찾지 못하였기 때문이다. 그렇다면 당신들은 그러한 모든 언설방식을 일
체의 불완전성으로부터 멀리 떠나 높은 신적인 의미로 받아들여야 할 것이다."

4. 왜냐하면 루터 교파 자체는 그리스도교의 신개념에 있어서 누멘적인 것에 대하여 충실치 못했기 때문이다. 루터 교파는 성스러움과 '하느님의 진노'를 도덕적 해석을 통하여 일방적으로 왜곡했다. 이미 요한 게르하르트(Johann Gerhardt) 때부터 루터 교파는 신의 무감성(apatheia)을 다시 받아들였다. 그들은 예배로부터 점점 더 그 참으로 명상적 요소와 특유의 '경건한' 요소들을 제거했으며, '교리'의 이상인 개념적인 것과 교의적인 것이, 오로지 감정에만 살아 있는 것, 불가언적인 것, 그리고 가르침으로써는 전수할 수 없는 것들을 압도하게 되었다. 교회는 학파가 되었으며 교회의 메시지 전달은 티렐(Tyrell)이 말한 것처럼 사실상 점점 더 '오성의 조그마한 틈바구니를 통해서'만 마음에 와닿게 되었다.

그리스도교적 예배, 그리스도교적 전파, 그리스도교적 신앙론의 과제는 그리스도교적 신관념에 있는 합리적인 것을 언제나 비합리적 요소의 지반 위에서 보호하여 합리적인 것의 깊이를 확보해 주는 일이다.

제15장

두 가지 발전과정

1. 합리적 요소의 깊이와 심화가 결코 그것을 흐리게 하거나 경감시켜서는 안 될 것이다. 왜냐하면 합리적인 요소 없이, 특히 분명한 윤리적 요소 없이는 성스러운 것이 그리스도교의 성스러운 것으로는 될 수 없기 때문이다. 신약성서에 대표적으로 나타나는 대로, 그리고 오늘날 우리의 종교적 언어감각에 있어서 다른 의미들은 제거되고 그 뜻이 고정되었듯이, '성스러운'이라는 말의 완전한 의미에 따를 것 같으면 그것은 실로 더 이상 단순히 누멘적인 것 일반을 — 비록 그것의 가장 높은 단계라 할지라도 — 뜻하는 것은 아니다. 성스러운 것이란 언제나 누멘적인 것이 합리적이고 목적설정적이며 인격적이고 윤리적인 요소들에 의하여 완전히 침투되고 충족된 것을 의미한다. 이와같이 양자가 결합된 의미로 우리는 이제부터 '성스러운'이라는 표현을 고정시켜 사용할 것이다. 다만 그 역사적 발전을 분명히 이해하기 위하여 우리는 다시 한 번 아래와 같은 점들을 밝히고자 한다.
   원시적인 종교적 감정이 맨 먼저 '귀신에 대한 공포'의 형태로서 포착했던 것, 그리고 그 후에 더 전개되면서 보다 고양되고 숭고하게 된 것은 아직도 어떤 합리적이거나 윤리적인 것이 아니고, 그것을 체험함으로써 마음이 전에 상술한 바 있는 특이한 감정적 반응들을 독특하게 나타내게 되는 어떤 비합리적인 것이다. 이러한 요소의 체험은 그 자체에 있어서, 그리고 이른 단계에서부터 이미 등장하고 있는 그것의 합리화와 윤리화의 과정과는 별도로, 하나의 독자적인 발전과정을 밟는다.[1] '귀신에 대한 공포'는 스스로 여러 가지 단계들을

---

1. 순전히 누멘적인 것 자체 내에서의 그러한 단계들은, 예를 들어 그 신비성의 요소에 관

거치면서 '신들에 대한 공포'와 '신에 대한 공포'로 발전된다. 귀신적인 것(daimonion)은 신적인(theion) 것으로 되고 공포는 예배로 변한다. 산발적이고 혼란되고 충동적인 감정들이 의무적 감정(religio)이 되며, 무서움은 성스러운 전율로 화한다. 누멘에 대한 의존성과 누멘 안에서의 행복감은 상대적 감정으로부터 절대적인 것으로 변하며, 그릇된 감정과의 유추들과 결합들은 해체되고 제거된다. 누멘은 신과 신성으로 된다. 그리하여 이 절대적 누멘으로서의 신에게 '성스럽다'(qādosch, sanctus, hagios, heilig)라는 말이 그 일차적이고 직접적인 의미에서 속하게 되는 것이다. 우선 순전히 비합리인 것 자체의 영역 속에서 이미 이루어지고 있는 이와같은 발전은 종교사와 종교심리학이 과제로서 추구해야 할 첫번째 주요 테마이다.

그 다음 이에 종속된 과제로서 곧 추구해야 될 문제는 어떻게 이러한 발전과 더불어 아주 같은 때는 아니나 거의 동시적으로 누멘적인 것에 있어서 합리화와 윤리화가 이루어지는가 하는 문제이다. 이 과정 또한 우리는 종교사의 다양한 영역들 속에서 그 단계에 따라 추적해 볼 수 있다. 거의 어디서나 우리는 누멘적인 것이 의무·정의·선과 같은 개인적 혹은 사회적 이상으로부터 오는 관념들을 자신에 끌어당기는 것을 본다. 이들은 누멘의 '뜻'이 되고 누멘 자체는 그들의 보호자, 제정자, 그리고 창시자이며 그들의 근거와 원천이 되는 것이다. 점점 더 그들은 누멘의 본질 속으로 들어가서 누멘 자체를 윤리화한다. '성스러운' 것은 '선'하고, '선한' 것은 바로 그때문에 '성스럽게' 되고 '신성'하게 되어 드디어 양자 사이에는 더 이상 분리될 수 없는 융합이 생기며, 이제는 선과 신성함의 뜻을 동시에 지닌 성스러움의 완전하고 복합적인 의미가 생기게 되는 것이다. 고대 이스라엘 종교의 특징은 바로 이 두 요소가 밀접히 연결되어 있었다는 점이다. 어떤 신도 이스라엘의 신과 같지 않다. 왜냐하면 그는 절대적으로 거룩한 자이기 때문이다. 그리고 다른 한편으로는 어떤 율법도 야웨의

련해서는, 기이한 것, 역설적인 것, 그리고 이율배반적인 것으로 등장한다.

율법과 같지 않다. 왜냐하면 그것은 단지 선할 뿐만 아니라 동시에 '성스럽기' 때문이다. 누멘적인 것의 점점 더 분명하고 점점 더 강한 합리화와 윤리화야말로 바로 우리가 '구원사'(Heilsgeschichte)라고 부르는 것, 그리고 점차 확대되어 가는 신의 자기계시라고 평가하고 있는 것의 가장 본질적인 부분인 것이다. 그러나 동시에 우리에게 분명한 사실은 '신관념의 윤리화'는 결코 누멘적인 것을 추방하고 다른 어떤 것으로 대치했다는 것이 아니라 — 만약 그렇다면 신이 아니라 신의 대용물이 될 것이다 — 누멘적인 것을 하나의 새로운 내용으로 충족시켰다는 것, 즉 이 윤리화는 누멘적인 것에서 이루어지고 있다는 점이다.

제16장

선험적 범주로서의 성스러움 (I)

성스러움이란 따라서 그 말의 완전한 의미에 있어서 하나의 복합적 개념이다. 그것을 구성하는 요소들은 합리적 요소와 비합리적 요소들이다. 그러나 이 두 가지 요소 모두에 있어서 — 이것은 모든 감각주의와 모든 진화론에 반대하여 아주 엄격하게 주장되어야 할 것이다 — 하나의 순수 선험적인 범주이다.

한편으로는, 절대성·완성·필연성·본질성, 그리고 이에 못지 않은 객관적 구속력과 타당성을 지닌 객관적 가치로서의 선과 같은 합리적 개념들은 어떤 감각적 지각들로부터도 '진화'되어 나올 수 없다. 그리고 '후생'(Epigenesis)과 '타생'(Heterogonie), 혹은 여타의 모든 타협적 개념들이나 곤혹스러운 표현들도 다만 문제를 은폐할 따름이다. 희랍어 개념들로의 도피는 많은 경우가 그렇듯이 여기서도 스스로의 불충분성에 대한 자백에 지나지 않는다. 우리는 여기서 문제의 해결을 위하여 모든 감각적 경험으로부터 돌이켜서, 어떠한 지각으로부터도 독립해서 우리의 정신 자체 안에 있는 '순수이성' 속에 가장 근원적으로 마련되어 있는 것에로 눈을 돌리게 되는 것이다.

다른 한편으로는, 누멘적인 것의 요소들과 이에 상응하는 감정들도 합리적인 개념들과 꼭 마찬가지로 절대적으로 순수한 관념과 감정들이며, 칸트가 '순수한' 개념들과 '순수한' 존경의 감정에 대하여 제시한 기준들은 그들에 대해서도 정확하게 적용될 수 있다. 「순수이성 비판」의 유명한 첫마디는 다음과 같이 말하고 있다:

우리의 모든 인식은 경험과 더불어 시작한다는 점에 대하여는 아무런 의심도 없다. 왜냐하면, 만약 인식능력이 우리의 감각기관과 접촉하는 대상들을 통하지 않고서라면 무엇을 통하여 작용하도록 일깨워질 것이겠는가. … 그러나 비록 우리의 모든 인식이 경험과 더불어 시작되기는 하나 그렇다고 해서 인식이 모두 경험<u>으로부터</u> 발생하는 것은 아니다.

그리고 경험적 인식과 관련하여 이미 칸트는 우리가 감각적 인상을 통하여 수납하는 부분과, <u>감각적 인상에 의하여 다만 촉발되기만 할 뿐</u> 하나의 더 높은 인식능력이 공급해 주고 있는 부분을 구별하고 있는 것이다.

 누멘적인 것의 감정은 후자의 경우다. 그것은 영혼 자체의 가장 깊은 인식의 근원인 '영혼의 근저'(Seelengrund)로부터 생겨나는 것으로서, 물론 세상적이고 감각적인 소여와 경험들을 통하여 자극되고 촉발됨이 없이, 혹은 그 이전에, 생기는 것은 아니고 그들 가운데서 혹은 그들 사이에서 주어지는 것이다. 그러나 그것은 그들<u>로부터</u> 생기는 것이 아니라 그들을 <u>통해서</u> 생길 따름이다. 그들은 그것이 스스로 자신을 움직이도록 하는 자극과 '촉발'이 되는 것이다— 움직이되, 처음에는 세상적이고 감각적인 경험 자체에 소박하게 그리고 직접적으로 혼입되고 결부되다가 나중에는 그러한 경험적인 것으로부터 벗어나 점차로 순수하게 되어 그것과 절대적으로 대립하게 되는 것이다. 누멘적인 것의 감정에 있어서 우리가 순수 선험적인 인식 요소들과 관계하고 있다는 사실은 자기 비판적인 숙고를 통해서 증명될 수 있다. 우리는 '자연적인' 감각적 지각이 우리에게 제공할 수 있는 어떤 것과도 질적으로 다른 확신과 감정들이 누멘적 감정에 있음을 발견한다. 그들은 감각에 의하여 지각된 것은 아니고, 처음에는 감각적으로 주어진 것들의 독특한 <u>해석</u>과 <u>가치평가</u>들이다. 그리고 더 높은 단계에 이르러서는 그들은, 형태는 실로 분명히 상상력에 의하여 산출된 것이기는 하나 독특한 의미 내용을 — 감각적으로 지각된 세계로부터 취해진 것이 아니라 이러한 세계를 보충하고 초월한다고 여겨지는 — 지닌 대상들과 존재들을 정립한 것들이다. 그리고 이러한 확신과 감정들이 감각적 지각들 자체가 아니듯이 지각들의 '변형' 또한 아니다. 감각적 지각에 있을 수 있는 유일한 '변형'이란 지각 일반이 지닌 직관적인 구체성으로부터 개념이라는 추상적 형식에로의 이행일 뿐, 결코 한 유의 지각들이 질적으로 상이한 다른 한 유의 실재의 범주로 변형될 수 있는 것은 아니다. 따라서 누멘적 체험에 주어진 확신들과 감정들은, 이미 칸트가 말하는 '순수오성 개념'이나 윤리적·미적 관념들과 가치평가들이 그렇듯이, 감각적 경험에 의존하지 않고 우리의 마음 자체에 놓여 있는 하나의 숨겨져 있고 독립적인, 표상과 감정형성의 원천을 가리키고 있는 것이다. 즉, 그 내용의 충일성으로 인하여 칸트의 순수이론적인, 그리고 순수실천적인 이성보다도 한층 더 높거나 깊은 것으로서 구별되어야 하는 가장 깊은 의미에 있어서의 하나의 '순수이성'을 지시하는 것이다. 우리는 그것을 '영혼의 근저'라 부른다.

오늘날 진화론의 정당성은 종교라 불리는 현상을 '설명'하고자 하는 시도에 달려 있으며, 이것은 사실 종교학의 과제이다. 그러나 우리가 무엇을 설명할 수 있으려면 우리는 그로부터 그것을 설명할 수 있는 원초적 소여를 갖고 있어야만 한다. 아무것도 없이는 아무것도 설명되지 않는 것이다. 우리가 자연을 설명할 수 있는 것은 오로지 원초적인 자연의 근원적 힘들과 그 법칙들로부터이며 따라서 우리는 이들을 찾아내야만 하는 것이다. 그러나 이들을 또다시 설명하고자 하는 것은 무의미한 일이다. 그러나 정신적 현상에 있어서 설명의 근본이 되는 원초적인 것은 정신 그 자체와 그것이 지닌 소질·능력·법칙들이며, 이 정신은 우리가 전제할 수밖에 없는 것이며 그 자체를 설명할 수는 없는 것이다. 정신이 어떻게 '만들어지는지'는 말할 수 없다. 그러나 후생설(後生說)은 결국 바로 이것을 설명할 수 있는 것처럼 시도하고 있다. 인간의 역사는 인간과 더불어 시작된다. 인간역사를 인간으로부터 이해하기 위하여는 우리는 인간을 전제로 해야만 하는 것이다. 그리고 우리는 이 인간을 그 소질과 능력에 있어서 현재의 우리와 충분히 상응하는 존재로 전제하고 있다. 자바 인(pithen-canthropos erectus)의 정신적 삶 속으로 우리 자신을 낮추어 들어가려는 일은 희망이 없는 짓이다. 심지어 동물의 정신적 활동들도 우리는 발달된 인간의 정신 자체로부터 거꾸로 둔한 유추를 통하여만 해석할 수 있을 뿐이다. 그러나 후자를 전자로부터 이해하거나 도출하고자 하는 것은 자물쇠를 열쇠로 만드는 짓이며 분명한 것을 어두운 것으로부터 밝히려는 일과 같은 것이다. 죽은 물질에 의식적 생명이 처음 번뜩이는 것은 이미 하나의 설명할 수 없는 단순한 소여이다. 그러나 여기에 번뜩이고 있는 것은 이미 그 안에 다양한 성질들을 지니고 있으며, 우리는 그것을 씨앗과 같은 소질로서 해석할 수밖에 없으며, 그로부터 신체적 조직이 발달함에 따라 점점 더 성숙한 능력들이 발생하는 것이다. 인간 이하의 영혼들의 전 영역은 다만 발달된 인간정신 자체의 소질을 위한 태아와 같은 또 하나의 '소질'로서 해석함으로써만 그 의미가 드러나게 된다. 그런데 이 '소질'이라는 것이 무엇인지는 우리에게 전혀 캄캄한 것이 아니다. 왜냐하면 우리들 자신이 정신적 성숙성에로 성장함에 있어서 어느 정도 우리 자신 안에서 소질이 성숙으로 전개되며 씨앗이 나무로 성장하는 과정을 추적하고 있기 때문이며, 이와같은 성장은 변형도 아니요 단순한 새로운 요소의 추가도 아니다.[1]

우리는 이러한 원천을 인간 정신의 숨겨진 소질이라고 부르며, 그

---

[1] 이러한 정신적 관계들에 해당하는 물리적 세계에서의 유추는 가능적 에너지와 활성적 에너지와의 관계이다. 정신의 세계에도 그러한 관계가 존재한다는 가정은 물론 세계의 모든 정신들의 최종적인 순수현실태(actus purus)로서의 절대적 정신 ─ 그것이 발하는 빛(ellampatio)이 라이프니쯔가 말하는 대로 다른 모든 정신들이 되는 ─ 을 가정할 마음의 자세가 된 자로부터만 기대할 수 있는 가정이다. 왜냐하면 여기서도 다른 경우와 마찬가지로 모든 가능적인 것은 아리스토텔레스가 말하듯이 그 가능성의 근거로서 현실태를 전제로 하고 있는 것이 아니겠는가? 따라서 세계 안에 발전되고 있는 정신은 그 가능성의 근거로서 절대적인 정신을 전제로 하고 있다. 실로 물리적 세계에서는 저장된 에너지 체계 ─ 그것이 활성적 에너지로 넘어감으로써 실로 이 세계들의 놀이가 전개되는 ─ 라는 현실태를 출발점으로 가정하면서 정신의 세계에서는 그렇게 하지 않는 것은 앞뒤가 맞지 않는 얘기다.

것은 자극에 의하여 일깨워지며 각성되는 것이다. 어떤 것을 위한 소질이 강화되면 그것을 위한 하나의 재능이 된다. 무엇을 위한 성향으로서의 소질은 동시에 하나의 목적론적인 결정소이고, 체험과 경험과 행동의 방향을 결정하는 선험적 요소이며, 어떤 것을 위한 선험적인 지향이다. 종교를 위한 그러한 '성향'과 선험적 결정성이 존재한다는 사실, 그리하여 그것이 자발적으로 본능적인 예감과 모색으로, 그리고 안정을 모르는 탐색과 동경하는 갈망으로, 즉 하나의 종교적 충동으로 될 수 있다는 사실, 그리하여 이 충동은 그 자체에 대해 명확해지고 그 목적을 달성해야만 비로소 안식을 얻게 된다는 사실은 인간 연구에 진지하게 들어가 본 일이 있는 사람은 누구도 부인할 수 없을 것이다. 이로부터 나오는 것이 소위 '예비적 은총'(vorlaufende Gnade)의 상태들인 것이다. 수소는 이것을 달인의 솜씨로 묘사하고 있다:

> 나의 마음은 나의 어린시절부터 어떤 것을 성급한 목마름으로 찾았나이다. 그것이 무엇인지 나는 아직도 완전히 파악하지 못했나이다. 주여, 나는 몇 해 동안이나 그것을 열화같이 추적했으나 성공하지 못했나이다. 왜냐하면 나는 그것이 무엇인지 모르기 때문입니다. 그럼에도 불구하고 그것은 나의 마음과 영혼을 끌어당기는 것이며 그것 없이는 나는 결코 바른 안식에 들 수 없나이다.
> 주여, 나는 나의 어린시절의 초기에는 다른 사람들이 하는 대로 그것을 피조물들 가운데서 찾으려고 했나이다. 그러나 찾으면 찾을수록 더욱더 발견하지 못했고, 가까이 가면 갈수록 그것으로부터 멀어졌나이다. … 이제 나의 마음은 그것을 향해 노도와같이 날뛰니 그토록 그것을 붙잡고 싶나이다. … 오, 화로다. … 이토록 내 안에 숨어서 장난을 하는 것이 도대체 무엇이며 어떻게 생긴 것입니까?[2]

---

2. Denifle 출간, *Die deutschen Schriften*, 311면.

그리고 아우구스티누스는 그의 「고백록」 10권 20장에서 말한다:

> 어떻게 그대는 그것을 알기에 그대는 그것을 향해 갈망하고 있는가?
> 어디서 그대는 그것을 보았기에 그대는 그것을 사랑하는가?
> 우리는 그것을 갖고 있다. 그러나 나는 모른다,
> 어떻게 그런지는.[3]

이것이 소질의 발로이며, 이 소질은 찾으려는 성향으로서 충동으로 되는 것이다. 만약 개인의 성장의 단계와 요소들이 그 종(種)의 성장 과정을 암시한다는 발생 반복 원칙(biogenetische Grundgesetz)이 타당한 곳이 있다면 바로 여기서이다. 인간이라는 종이 역사에 등장함과 더불어 인간의 정신이 지녀 온 소질은 하나의 성향으로서, 한편으로는 외부로부터의 자극을 통하여, 그리고 다른 한편으로는 자체의 내부적 압력을 통하여 하나의 충동, 즉 종교적 충동으로 되었으며, 이 충동은 모색적인 설레임과 탐색적이고 환상적인 표상의 형성, 그리고 끊임없이 진행되는 관념들의 산출 속에서 스스로에 대하여 명확하게 되고자 하며, 그 충동 자체의 근원이자 (종교적) 관념들의 어두운 기초가 되는 것이 밝혀짐으로써 명확하게 되는 것이다.[4] 이러한 설레임, 이러한 모색, 이러한 관념들의 산출과 전개야말로 곧 역사 속에서 종교적 진화의 날줄을 형성하는 것이며, 이에 부합되는 씨줄은 후에 구명될 것이다.

---

3. 「고백록」 10장 전체를 비교하시라.
4. 독자는 칸트가 그의 *Vorlesung über Psychologie*(Leipzig 판 1899, 11면)에서 말하는 바를 참조할 필요가 있다: "어두운 표상들의 밭에 묻혀 있는 보물로서 인간의 인식의 깊은 심연이며 우리가 미치지 못하는 것." 이 '깊은 심연'이 곧 수소(Seuse)에 있어서 술렁이고 있는 '영혼의 근저'인 것이다.

제17장

그 역사적 출현

이러한 가정들의 근거 위에서야 비로소 종교의 발생과 발전은 우리에게 이해될 것이다. 우리는 종교의 역사적 발전의 시초에 오늘날의 의미로서는 도저히 '종교'라고 볼 수 없는 어떤 이상한 현상들이 존재한다는 사실을 인정할 수밖에 없다. 사자(死者) 신앙과 사자숭배, 정령신앙과 정령숭배, 주술, 동화, 신화, 두렵거나 신기한 혹은 해를 주거나 유익이 되는 자연물에 대한 경외, '힘'(orenda)이라는 특이한 관념, 서물숭배와 토템신앙, 동물이나 식물의 숭배, 귀신신앙과 다령신앙과 같은 현상들이다. 이러한 모든 현상들 속에는 이들이 아무리 서로 다르고 또한 참다운 종교와 거리가 멀다 하여도 이미 잘 파악될 수 있는 하나의 공통적인 요소, 실로 하나의 누멘적인 요소가 분명히 감돌고 있으며, 그렇기 때문에 (그리고 실로 바로 이러한 이유로써만이) 그들은 종교로 들어가는 앞마당과 같은 것이다. 그들은 처음부터 이 공통적인 누멘적 요소로부터 발생한 것은 아니고, 아마도 태고 시대의 소박하고 원시적인 환상의 '자연적인' 산물에 지나지 않았던 전단계를 모두 지니고 있었을 것이다. 그러나 그들은 그러다가 그들로 하여금 비로소 종교사의 앞뜰을 차지하게 하며 비로소 고정된 형태들로 만들어 주는 아주 독특한 요소를 획득한 것이다. 이 요소는 무엇보다도 세계 어디서나 종교의 역사가 보여주고 있듯이 인간의 마음에 대한 어마어마한 힘을 그들에게 부여해 준다. 그러면 이제 위에서 언급한 모든 현상들에 공통적인 이 요소를 그 누멘적 특성에 있어서 파악해 보자.

1. 주술부터 먼저 고찰하기로 한다. 어느 시대를 막론하고 '자연적'인 주술이 있었고 현재도 존재한다. 즉, 어떤 사건을 자기의 소원대로 영향을 주고 조정하려는 목적으로 전혀 무반성적으로 아무런 이론도 없이 행해지는, 소박한 유추나 착각에 입각한 행위로서, 비록 그 사건 자체는 이러한 행위의 영역 밖에 있음에도 불구하고 행해지는 주술이다. 주술은 어느 구주회(球珠回) 놀이터에서도 볼 수 있다. 구주회 놀이를 하는 사람은 목표를 세우고 공을 던지며 공이 빗나가지 않고 목표물을 맞히기를 바란다. 그는 공이 굴러갈 때 긴장된 모습으로 지켜본다. 고개는 갸우뚱, 상반신은 옆으로 구부린 채 한 다리로 서서는 공이 결정적인 지점에 다다르면 다른 쪽으로 몸을 획 틀면서 마치 손이나 발로 공을 밀기나 하듯이 마지막으로 또 한 번 몸을 밀어본다. 드디어 공은 끝에 도착한다. 온갖 위기 끝에 공은 제자리를 찾는다. 이 사람은 도대체 무엇을 하는 것일까? 그는 단지 공의 코스를 모방한 것이 아니다. 그는 공이 가는 방향을 정해 주고자 한 것이다. 그러나 이 모든 것이 분명히 자기의 우스꽝스러운 행위에 대하여 전혀 아무런 생각도 없이, 그리고 만물에는 혼령이 있다는 원시인들이 지녔던 확신 — 따라서 이 경우에는 그 공이 혼령을 지녔다는 — 도 없이, 혹은 자신의 '영적인' 힘과 공의 혼령과의 공감적 관계에 대한 확신도 없이 일어난 것이다. 그 사람은 특정한 소원의 성취를 위해서 단지 하나의 소박한 유추적 행위를 한 것뿐이다. 많은 기우사의 행위나, 해와 달의 운행이나 바람과 구름에 영향력을 행사해서 기후를 조정하려는 소박한 시도들은 아마도 대다수 그 시초에는 어디에서나 이러한 소박한 유추적 행위에 지나지 않았을 것이다. 그러나 한 가지 분명한 사실은 그런 행위들이 유추적 행위에 지나지 않는 한 그들은 본래적인 의미에서의 주술은 아니었다. 그것들이 정말로 주술이 되려면 하나의 독자적인 새로운 요소가 추가되어야 한다. 즉, 사람들이 보통 '초자연적' 작용양태라 부르는 것을 필요로 하는 것이다. 그러나 문제의 핵심은 '초자연성'과는 아무런 관계도 없다. 이 말은 너무 거창한 말이며 소박한 사람들에게 너무 많은 것을 요구한다. '법칙에

따른 사건들의 연관관계'로서의 '자연'의 개념이나, 혹은 보통 사람들이 규정하는 대로의 '자연'이란 우리의 추상력이 발견하는 가장 어렵고 최종적인 개념이다. 그리고 이 개념의 부정인 '초자연적인 것'이라는 말이 사용되려면 그 개념이 이미 알려져 있거나 짐작이라도 되어 있어야 할 것이다. 또한 분트(Wundt)가 주장하는 대로, '혼령'의 힘이라는 것으로도 주술에 관해서 아무것도 설명이 안 된다. 왜냐하면 우선 오늘날에는 일반적으로 주술은 혼령신앙과는 독립된 것이며 아마도 혼령신앙 이전에도 존재했으리라고 알려져 있다. 두번째로, 여기서 문제가 되는 것은 어떤 <u>부류</u>의 힘들이냐, 즉 '영적인' 것이냐 혹은 다른 종류의 것이냐 하는 문제가 아니라, 어떠한 질을 소유한 힘들에 의하여 주술적 효과가 산출되는가 하는 문제이다. 그러나 사람들이 주술적이라고 불리는 작용에서 보고 있는 힘은, 그 작용이 유난히 강하든 혹은 약하든, 비범한 것이든 혹은 아주 미미한 것이든, 영을 통해서 행사되었든 혹은 그렇지 않든, 우리가 전에 말한 바 있으며, 여기서는 우선 '켕기는 것'으로 등장하고 있는 '전혀 다른 것'에 대한 저 독특한 감정적 요소를 통해서만 제시될 수 있는 것이다. 주술에는 어떤 <u>켕기는</u> 힘과, <u>켕기는 것</u>이 지닌 힘이 숨어 있다. 그리고 이 힘이 사라지는 곳에는 더 이상 주술은 찾아볼 수 없고 기술이나 숙련성만이 있을 뿐이다.

2. <u>사자숭배</u>도 마찬가지이다. 이것은 원시인들이 무생물, 따라서 사자도 살아 있어 활동이 가능하다고 믿는 '정령' 이론으로부터 나온 것이 아니다. 이른바 만물이 정령을 갖고 있다는 이러한 이론은, 그 자체로서뿐만 아니라, 더우기 그것과는 전혀 독립적인 '혼령신앙'과 조잡하게 혼합되고 융합되면 순전한 탁상공론에 지나지 않는다. 사자가 인간의 마음에 중요성을 띠게 되는 것은 오로지 그것이 '소름끼치는 것'으로 느껴짐으로써이다. 이것은 소박한 원시인에게나 혹은 세련된 현대인에게도 너무나 직접적인 감정적 강요로써 임하는고로 우리는 그것을 자명한 것으로 받아들이곤 한다. 따라서 우리는 어떤

것을 '소름끼치는 것'으로 평가함에는 단순히 죽었다는 사실만으로는 설명될 수 없는, 전적으로 유가 다른 어떤 독자적인 감정내용이 나타나고 있다는 사실을 전혀 주의하지 못한다. '자연적으로' 주어진 사자에 대한 감정적 반응에는 분명히 두 종류가 있다. 한편으로는 부패되고 악취나고 역겨운 것에 대한 혐오감이 있는가 하면, 다른 한편으로는 죽음에 대한 공포로서, 사자, 특히 자신의 종에 속하는 것을 볼 때 직접적으로 수반되는, 자신의 삶의 의지를 위협하고 저지하는 감정으로서의 겁에 질림이다. 그러나 이와같은 두 가지 감정적 요소는 절대로 그 자체가 이미 '몸서리침의 예술'은 아니다. 이 예술은 어떤 새로운 것이며, 우리의 옛 동화가 말해 주듯이 '학습'되는 것이다. 다른 말로 한다면 그것은 혐오나 겁과 같은 다른 '자연적' 감정의 기능들과 더불어 이미 주어지거나 그것으로부터 분석적으로 얻을 수 있는 감정이 전혀 아니다. 그것은 전혀 독자적인 성격을 지닌 '공포'다. 그리고 이미 이 단계에 있어서도 거부되어야 할 이론은, 우리가 여기서 하나의 민속 심리적 요소, 즉 하나의 자명한 대중적 감정으로서 어디서나 미리부터 전제되어야 하는 어떤 보편적 감정과 관계하고 있다는 주장이다. 이 '몸서리침의 예술'은 아무나 그저 가지고 있는 것이 아니며, 사실 오늘날도 아무나 가지고 있지 않다. 오히려 이 경우에 있어서도 그러한 감정을 실제로 소유하고 그것을 표현함으로써 다른 사람들에게도 그 감정을 일깨우는 사람은 특별한 소질을 부여받은 사람인 것이다. 사자에 대한 공포와 그로부터 생긴 사자숭배도 말하자면 역사적으로 '창립'된 것이다.

3. 나아가서, '혼령'에 대한 관념들의 발생을 설명하기 위하여 우리는 정령숭배론자들이 이야기하는 것과 같은 환상적인 과정들을 필요로 하지는 않는다. 한편, 사자가 더 이상 필요없거나 부담이 되는 존재로서 무시되지 않고 '켕기는' 존재로서 취급되기 시작한 것은 확실히 하나의 깊은 의미를 지닌 계기 ― 인류가 도구를 처음으로 발명한 것이나 불의 발견보다도 더 충격적인 ― 임에 틀림없다. 이것은 우리

가 그것에 대하여 좀더 오래 생각해 보면 근본적으로 분명해진다. 그러면 우리는 이러한 '켕기는 것'의 술렁임과 더불어 인간의 마음에는 하나의 전혀 새로운 영역 — '켕기는 것' 자체도 이 새로운 영역의 단지 하나의 시초적이고 '거칠은' 면에 지나지 않는 — 으로 들어가는 문이 열렸다는 것을 따라서 느끼게 될 것이다. 여기서도 역시 관념으로서의 혼령의 발생은 전혀 중요한 것이 아니고 혼령과 관련된 감정의 질적 요소가 문제다. 이 감정은 혼령이 육체보다 엷고 잘 보이지 않는다거나, 혹은 전혀 보이지 않고 공기와 같은 모양을 지닌다는 것과는 무관하다. 종종 이 모든 것이 사실이기도 하나 또 종종 하나도 사실이 아닌 때도 있으며, 대부분의 경우 사실이자 사실이 아니기도 하다. '혼령'의 본질은 그것이 지닌 환상적이거나 개념적인 외양성에 있는 것이 아니라, 일차적으로는 무엇보다도 그것이 하나의 '유령'이라는 점, 그리고 실로 위에서 묘사한 바와 같이 그것이 '공포'를 자극하는 면을 지니고 있다는 점에 있는 것이다. 그러나 유령이라는 것도 역시 '자연적' 감정으로는 설명이 안 된다. 더군다나, 언제나 극력 꺼리던 이러한 유령적인 '어떤 것'(이것만이 사람들이 실제로 붙일 수 있는 개념적 알맹이이다)이 나중에는 적극적으로 숭앙되고 사랑을 받아서 혼백, 영웅신, 조상신, 신령, 성스러운 신들로 격상될 수 있다는 그 이후의 발전은 더더욱 설명할 수 없는 것이다.

4. '힘:'(orenda)의 관념은 아주 자연적인 현상들에서 그 전단계를 찾아볼 수 있다. 사람들이 식물이나 돌과 같은 자연의 사물들에서 어떤 힘을 발견하고 그들을 소유함으로써 그 힘을 자기의 것으로 하려는 것, 그래서 어떤 동물이나 인간의 심장과 간을 먹는 것은 종교가 아니라 과학이다. 우리의 의학도 유사한 처방법을 따르고 있는 것이다. 만약에 송아지의 갑상선의 힘이 갑상선 종양과 백치병에 좋다고 한다면, 두꺼비 뇌나 유대인의 간으로부터는 무엇을 기대할 수 있을는지 누가 알겠는가? 이 모든 것이 관찰에 의한 것이며, 이 점에서 우리의 의학이 의무(醫巫)의 의술과 다른 것은 단지 그것이 좀더 정확하고

실험의 방법을 사용한다는 것뿐이다. '힘'이라는 것이 종교의 앞마당에 등장하여 그것의 소유가 통교의식(Kommunionsriten)이나 성례(聖禮)로 되는 것은 '주술'과 '마술'과 '초자연성'의 관념, 요컨대 이번에도 '전혀 다른 것'의 관념이 그 안에 들어가야만 비로소 가능한 것이다.

5. 화산, 산봉우리, 해와 달과 구름을 소박한 원시인들이 <u>살아 있다</u>고 여기는 것은 만물이 정령을 지니고 있다는 '소박한' 이론이나 범신론 때문이 아니라, 우리가 살아 있는 우리 자신을 제외한 다른 생명체들을 살아 있는 존재로 인식하는 것과 꼭같은 표지에 의해서이다. 즉, 그들이 어떤 활동과 행동을 한다고 믿을 때 ― 이 믿음이 옳고 그른 것은 단지 얼마나 정확히 관찰하느냐 하는 문제일 뿐 ― 이다. 이러한 표지에 의하여 자연적 대상들은 소박한 관찰자에게 살아 있는 것으로 여겨지는 것이다. 그러나 이 자체로써는 결코 신화와 종교로 발전되지는 않는다. 순전히 살아 있다는 것만으로는 산과 해와 달이 '신들'이 되기에는 아직 요원하다. 아니, 사람들이 그들에게 간청하면서 소원을 아뢴다 해도 그들이 신이 되는 것은 아니다. 왜냐하면 간청은 아직도 기도는 아니며 신뢰란 반드시 종교적일 필요는 없기 때문이다.

그들이 신이 되는 것은 누멘적인 것의 범주가 그들에게 적용되는 순간이다. 그리고 이것은 첫째로 사람들이 그들을 누멘적인 수단, 즉 주술을 통해서 영향을 주려고 시도함으로써, 그리고 둘째로는 주술의 특수한 효력이 동시에 하나의 누멘적인 것으로 사람들에 의하여 여겨질 때에만 비로소 발생하는 것이다. '정령을 지니고 있다고 생각된' 것으로서가 아니라 '누멘적이라고 감지된' 것으로서, 자연의 사물들은 비로소 종교의 앞마당에 들어서게 되며, 나중에는 자연의 <u>신들</u>로서 실제 종교의 대상으로 되는 것이다.

6. '<u>동화</u>'는 '자연적인' 환상이나 이야기, 그리고 여흥의 충동과 그

산물들을 기반으로 하고 있다. 그러나 동화 자체는 언제나 '놀라운 것'의 요소와 기적과 기적적인 사건이나 작용들을 통해서만, 즉 여기서도 역시 하나의 누멘적 요소를 통해서만 비로소 동화다운 이야기가 되는 것이다. 그리고 이것은 더 고조된 정도로 신화의 경우에도 마찬가지이다.

7. 지금까지 열거한 모든 요소들은 단지 종교적 감정의 현관과 같은 것에 지나지 않으며 아직은 (개별적 경우 하나하나마다 밝힐 수 있는 감정 유추의 법칙들에 따라) 다른 연관된 감정들과 섞여서 등장하는 누멘적 감정의 시초적인 술렁임이다. 종교적 감정이 정말로 독자적인 시초가 비로소 형성되는 것은 '영'(Geist), 즉 귀신(아직도 '선하'거나 '악한' 것으로 구별되지 않은)의 관념이 발생함으로써이다. 귀신의 진정한 형태를 우리는 저 이상한 고대 아라비아의 신들에서 발견한다. 즉 본래 그들은 단지 돌아다니는 지시대명사들에 지나지 않던 장소적 누멘들이었으며, 신화를 통해서 형성되지도 않았고 (왜냐하면 그들은 어떤 신화도 갖고 있지 않기 때문에) '자연의 신들로부터 발전된' 것도 아니며 '혼령'들로부터 생긴 것도 아니나, 그럼에도 불구하고 아주 강한 힘을 지니고 있으며 살아 있는 숭앙의 대상이 되는 누멘들이었다. 그들은 누멘적 감정 자체의 순수한 객관화들이다. 그리고 그들에 있어서 가장 분명하게 드러나는 사실은 그들이 대중적 환상의 집단적 산물이나 '민속심리'로부터 나온 것이 아니라 예언자적 본성을 지닌 자들의 직관에 근거한 것이었다는 점이다. 왜냐하면 이들 누멘들에게는 언제나 예언자의 원시적 근원 형태인 카힌(Kahin)이라는 존재가 속해 있었기 때문이다. 오직 그만이 근원적인 누멘을 체험한다. 그리고 누멘이 그런 사람들에 의해서 '계시'될 때에, 혹은 계시되는 곳에서만, 숭배와 숭배공동체는 발생하는 것이다. 누멘에는 현자가 따르기 마련이고 현자가 없는 누멘은 존재하지 않는 것이다.

8. '정결'과 '부정'의 관념은 자연적인 의미에서도 이미 존재한다. 자연적으로 부정한 것은 강한 자연적인 혐오감을 주는 것, 즉 역겨운 것이다. 혐오감은 바로 원시적 단계에서 인간에게 위대한 힘을 지닌다: "농부는 모르는 것은 먹지 않는다."

혐오감은 아마도 자연적으로 주어진 선물로서, 성장중에 있는 인간은 그러한 감정을 통하여 생의 많은 중요한 기능들을 본능적으로 보호하는 것이다(문화란 혐오감을 다른 대상들로 향하게 함으로써 그것을 세련되게 하는 기능을 한다. 즉 사람들이 자연적으로 역겨워하는 많은 사물들로부터 그렇지 않은 것들로 혐오감을 전향하게 하는 것이다. 이와 같은 혐오감의 세련화는 동시에 그 강도에 있어서의 약화를 의미한다. 우리는 더 이상 원시인들처럼 건장하고 힘찬 노골적인 에너지를 갖고서 역겨움을 나타내지는 않는다. 이 점에 있어서 우리는 오늘날도 땅에 묶여 있는 농촌 사람들과 세련된 도시인들 사이에서 현저한 차이를 발견할 수 있다. 시골 사람들에게는 아무렇지도 않은 것을 우리는 역겹게 생각하는가 하면, 그들은 역겨운 것 앞에서는 우리들보다 더 철저하게 역겨워한다). 그런데 강한 혐오감과 '무시무시'한 감정 사이에는 하나의 아주 강한 유추가 존재하며, 이 유추로부터 유추적 감정들의 상호인력의 법칙에 따라 어떻게 하여 '자연적으로' 부정한 것이 누멘적 영역으로 발전해 들어갈 수밖에 없는지가 곧 분명해지는 것이다. 우리는 문제의 열쇠, 곧 감정의 유추와 그 법칙만 알고 있으면 감정들의 실제상의 상호관계를 선험적으로도 구성할 수 있다. 우리는 피흘림을 볼 때 오늘날도 이것을 아주 직접적으로 스스로 체험할 수 있다. 피가 흐르는 것을 볼 때 우리는 역겨움과 무시무시함 중 어느 것이 더 강한지 말하기 어려운 감정적 반응을 우리들 스스로가 보이는 것이다.

그러다가 후에 좀더 발전된 '두려움'의 요소가 등장하고 귀신이나 신, 그리고 신성하고 거룩한 것이라는 더 높은 관념들이 형성되었을 때는, 어떤 '자연적으로' 부정한 것이 출발점을 제공해 주지 않아도 사물들은 '부정'해질 수 있게 된 것이다. 즉 부정(否定)적으로 누멘적인 것이 되는 것이다. 그리고 여기서 '감정유추'의 작용에 많은 시사점을 제공해 주는 현상은, 이번에는 누멘적 부정(否定)의 감정이 거꾸로 자연적으로 역겨운 감정을 쉽게 불러일으킨다는 점이다. 즉, 본래는 전혀 역겨운 것이 아니었고 다만 누멘적으로 무시무시했던 것이 역겨운 것으로 되는 현상이 생기는 것이다. 아니, 그러한 혐오감은 그것을 한때 불러일으켰던 누멘적 두려움 자체가 사라진 지 이미 오래되었음에도 불구하고 아직도 계속해서 독자적으로 유지되기도 한다. 어떤 종류의 사회적 혐오감들은 이로부터 설명될 수 있다. 예를 들어, 한때는 순전히 귀신신앙에 뿌리를 지녔던 캐스트간의 감정들은 이러한 뿌리가 사라진 지 오램에도 불구하고 유지되고 있는 것이다.

9. 1-8항의 예들은 '예비 종교'라고 부를 수 있다. 그러나 마치 그들을 통해서 종교와 그 가능성이 설명될 수 있다는 뜻에서 그렇다는 것이 아니다. 오히려 그들 현상들 자체도 하나의 종교적인 기초적 요소, 즉 누멘적인 것에 대한 감정이 처음 술렁임으로 해서 비로소 가능하게 되고 설명이 된다는 것이다. 이 누멘적 감정이란 그러나 그 자체의 유에 따라서 순수히 파악되어야 할 영혼의 근원적 요소이며, 그 자체는 다른 요소들로부터 '설명'될 수 있는 것이 아니다. 다른 모든 영혼의 근원적 요소들과 마찬가지로 그것은 인간의 정신적 삶의 발전과정에서 때가 되면 나타나는 것이다. 물론 어떤 조건들이 충족될 때에만 비로소 나타나는 것은 의심할 수 없는 사실이다. 신체적 기관들의 발달, 자극받을 수 있는 능력과 자발성, 여타의 정신적 능력들과 일반적인 감정생활, 외적인 인상을 수납하고 내적인 체험을 할 수 있는 능력과 같은 조건들이다. 그러나 이러한 조건들은 어디까지나 조건일 뿐 누멘적 감정의 원인이나 구성요소들은 아니다. 이와같은 사실을 인정하는 것은 문제를 어떤 환상적이거나 초자연주의적인 것으로 미루려는 것이 아니라, 인간 영혼의 다른 모든 근원적 요소들에 대해서도 타당한 바를 동일하게 누멘적 감각(sensus numinis)에 대해서도

주장하고 있을 따름이다. 쾌락이나 고통, 사랑이나 미움, 빛이나 소리에 대한 감수성, 공간과 시간에 대한 느낌 등 모든 지각 능력, 그리고 더 나아가 이보다도 더 높은 영혼의 인식능력과 힘들은 ― 물론 어떤 법칙과 조건에 의해서 ― 발전의 순서에 따라 각기 제때에 등장하나, 그 각각은 다른 것으로부터 도출될 수 없는 하나의 새로운 것들이며, 우리가 그들의 발전의 근저에 놓여 있는, 그리고 신체적 조건과 두뇌의 발달과 보조를 맞춰 그들 속에서 자신의 본질을 점점 더 풍부하게 발휘하는 풍만한 가능성을 지닌 어떤 정신적인 것을 가정하는 한에서만 설명될 수 있는 현상들이다. 누멘적인 것의 감정도 이와 마찬가지인 것이다.

10. 누멘적인 것의 감정이 자발적으로 술렁이는 가장 순수한 경우는 우리 생각에는 7항에서 언급된 것(영, 귀신에 관한 것)인 것 같다. 그것이 종교의 발전에 있어서 그렇게도 의의 깊은 이유는, 그것의 경우에는 종교적 감정이 처음부터(감정연계의 자극에 따라서) 자연의 사물들을 누멘적인 것으로 오인하여 그리로 탈선함이 없다는 점이다. '공황적 공포'에서처럼 표상의 객체화 없이 종교적 감정이 순수히 감정만으로서 남아 있든지, 아니면 독자적인 환상적 산물들을 통해서 그 감정이 관계하고 있는 불분명한 대상을 상징적으로 나타내고 있기 때문이다. 바로 이 후자의 경우는 어느 정도 우리가 따라서 느끼고 침투해 볼 수 있는 경우이며, 단순한 감정이 점차 밝혀지고 독자적인 표상형태들을 산출하기까지의 과정도 우리에게 접근 가능한 것이다. 산 감정을 소유한 자는 누구나 언제 어디서든 한 번쯤은 '켕기는' 기분을 느껴 보았을 것이다. 좀더 정확한 심리적 통찰력을 지닌 사람은 그러한 마음의 상태에서 다음과 같은 점들을 발견할 것이다. 첫째는 이러한 심리상태는 그 유에 있어서 독특하며 다른 것으로부터 도출될 수 없다는 점이요, 둘째는 이러한 심리상태에는 외적인 계기들이 종종 미미하다는 이상한 현상을 발견할 것이다. 사실 이 외적인 계기는 너무나도 미미하기 때문에 우리는 그것에 대해서 어떤 설명도 할 수

없고, 그러한 심리상태를 유발하는 인상의 강도 자체와는 종종 아무런 관계도 없기 때문에 사실 거의 '인상'이라고 말할 것도 못 되고 기껏해야 그런 심리상태를 유발하는 충격 내지 계기로나 보아야 타당할 정도다. 이 정도로 감정체험 자체는 힘과 강도에 있어서 그때 그때의 시간과 공간의 상황 자체가 우리가 받는 인상에 기여하는 바를 모두 초월하고 있는 것이다. 그러한 전율과 그러한 무시무시함은 차라리 외적 상황은 전혀 미치지도 못할 영혼의 깊이로부터 터져 나오는 것이며, 이 폭발력 또한 외부로부터의 충격을 훨씬 능가하기 때문에 그 폭발은 거의 자발적인 것에 가깝다. 이와 더불어 세번째 언급되어야 할 점은, 이러한 과정 속에는 전율이라는 심정적 움직임의 참다운 근거가 되는 독특하고 독자적인 표상 내용이 비록 아주 불분명하고 맹아적 상태로이기는 하나 자극되며 각성되어진다는 사실이다. 왜냐하면 만약 그러한 내용이 어떤 형태로든지 미리 주어져 있지 않다고 할 것 같으면 어떤 마음의 움직임도 일어날 수 없기 때문이다. 네째로, 우리가 말한 마음의 상태(즉 켕기는 감정)는 <u>순수한</u> '감정'으로서만 남아 있을 수도 있으며 그것이 지니고 있는 어두운 관념적 내용이 밝혀짐 없이 사라져 버릴 수도 있다. 그러한 밝혀지지 않은 내용이 말로써 표현될 때는 "켕기는데!" 혹은 "여기는 어째 무시무시한데!"와 같은 소리를 발하게 된다. 그러나 그것은 밝혀질 수도 있다. 그 첫번째 단계는 비록 단순히 <u>부정적</u> 표현이기는 하나 "여기는 무언가 이상하다"라고 말할 때 이미 들어 있다. 그리고 영어로 "여기는 귀신 나올 것 같다"(This place is *haunted*)라고 말하면 이미 <u>긍정적</u> 표현으로 넘어가는 것이다. 여기서 어두웠던 관념의 기초는 이미 분명하게 등장하며 초월적인 어떤 것, 누멘적 성격을 지닌 어떤 존재나 활동적 실재가 비록 아직은 아주 막연하고 유동적이기는 하지만 하나의 관념으로서 스스로를 명료화하기 시작하는 것이다. 그리고 이러한 실재는 더욱더 발전된 단계에서는 하나의 장소적 누멘(numen loci), 영(Geist), 귀신(Dämon), 엘(El), 바알(Baal), 혹은 기타 구체적인 형태를 띠게 되는 것이다.

창세기 28장 17절에서 야콥은 "두렵도다 이곳이여, 이는 곧 하느님의 전이로다"라고 말하고 있다. 이 구절은 종교심리학적으로 매우 시사하는 바가 풍부하다. 즉, 이것은 방금 위에서 언급한 바의 분명한 예인 것이다. 이 절의 첫 문장은 분명히 개념적 반성을 통과하지 않은 직접성 속에서 아직 감정의 해명이나 명료화 없이 마음이 받은 인상 자체를 그대로 나타내고 있다. 그것은 다름아닌 <u>원초적인</u> 누멘적 <u>두려움</u>을 나타내는 말이다. 그리고 아직도 전혀 밝혀지지 않은 감정으로서의 이러한 원초적 두려움은 틀림없이 많은 경우에 있어서 — 이러한 전율적인 것의 인상이 그곳에 거하는 누멘에 대한 구체적인 관념으로 바뀌지 않고도, 혹은 그 누멘이 어떤 이름을 지니거나 단순한 대명사 이상의 것이 되지 않고도 — '성스러운 곳들'을 구별해 주며 두려운 숭앙, 아니 발전해 가는 예배의 장소들로 만들기에 충분했던 것이다. 그러나 야콥의 두번째 문장은 더 이상 원초적 체험 자체만을 말하고 있지 않고, 그것이 반성되고 구체적으로 밝혀지며 해석된 것을 말하고 있다.

우리말(독일어)의 "여기는 으스스하다"(Es spukt hier)[1]라는 표현도 시사하는 바가 많다. 이 표현은 본래 정식으로 어떤 주어도 갖고 있지 않다. 적어도 무엇이 으스스한가에 대해서는 아무 말도 없다. 우리 민족 신화에 나오는 '유령', '영', '사령', 혹은 혼령과 같은 구체적인 관념들은 여기서 찾아보기 어렵다. 이 문장은 오히려 단지 순수하게 켕기는 것 자체에 대한 감정의 표현으로서 어떤 <u>관념</u>, 즉 초월적 존재로서의 어떤 누멘적인 것에 대한 관념을 겨우 어렴풋이 일으키기 시작하는 단계에 불과한 것이다. 우리말에는 유감스럽게도 '으스스하다'(spuken)는 표현 대신 더 고상한 일반적인 표현이 없기 때문에 우리는 이 표현으로 인해서 누멘적 감정에 있어서 '미신적'이고 순수치 못한 곁길로 쉽게 빠져들어가곤 한다.[2] 그러나 그렇다 할지라

---

1. "여기는 도깨비가 나올 것 같다"라고 해도 좋음(역자 주).
2. 약간 인위적인 표현으로 "Es *geistet* hier"나 "Wie es doch um diese Stätte *geistert*"가 있다. 이 'Geistern'은 'Spuk'라는 말의 천박함이 없이 누멘적 현존을 가리킨다. 따라서 우

도 우리는 으스스함의 감정이 지니고 있는 저 원초적인 누멘적 체험 — 그것을 통해서 옛날 현자들의 체험이 '떨리고', '성스럽고', 누멘이 거하는 장소들, 곧 장소적 예배의 출발지, 그리고 거기에서 숭앙되던 하느님(El) 신앙의 발상지들을 발견할 수 있었던 — 과의 관련성을 따라 느껴 볼 수 있는 것이다. 이러한 원초적 체험의 여운을 우리는 바로 창세기 28장 17절과 또 출애굽기 3장에서도 발견한다. 모세와 야곱이 여기서 성별하고 있는 장소들은 진정으로 '도깨비 나올 듯한 곳', '으스스한 곳', '무언가 이상한 곳'들이다. 다만, 여기서 이 으스스함의 감정은 오늘날 유령에 대한 감정이 지니고 있는 저속하고 빈약한 의미를 갖고 있는 것이 아니라, 그 안에 진정한 원초적인 누멘적 감정의 발전 가능성들을 풍부하게 잠재적으로 지니고 있는 것이다. 여기서 우리가 문제삼고 있는 것은 숭고하고 섬세한 으스스함이다. 의심의 여지 없이, 오늘날도 우리들 스스로가 성스러운 곳의 정적이나 희미한 빛 아래서 느낄 수 있는 가벼운 전율은 "그리고 포세이돈의 송림(松林)으로 그는 경건한 전율 속에서 들어갔다"(Und in Poseidons Fichtenhain Tritt er mit frommem Schauder ein)라는 쉴러(Schiller)의 시귀에 나오는 것뿐만 아니라 진정한 으스스함의 감정과도 궁극적인 관련성을 지니고 있는 것이다. 그리고 이러한 마음의 상태에 수반되는 경미한 오싹함은 우리가 전에 이미 숙고한 바 있는 '소름끼침'과 궁극적으로 관련된 것이다. 정령숭배론이 영과 귀신과 신의 개념들을 억지로 '혼령들'로부터 도출해 내려는 것은 시선을 잘못된 방향으로 돌리는 행위다. 차라리 정령숭배론이 그것들을 '으스

리는 하바꾹 2장 20절을 궁여지책으로 "야웨께서 그의 성전에 영으로 거하시니(geistet) 온 세상은 그 앞에 잠잠할지어다"라고 감히 번역할 수 있다. 영어의 'to haunt'라는 동사는 독일어 'spuken'보다 고상한 말이다. 우리는 신성을 모독함이 없이 "Jahweh haunts his holy temple"이라고 번역할 수 있을는지 모른다. 그러한 'Geistern'은 종종 히브리어 'schākan'을 나타내는 말이다. 시편 26편 8절 "당신의 영예가 거하는 곳"을 우리가 보다 충실하고 진정하게 느끼도록 번역하면 "die Stätte von deiner Majestät umgeistert"가 된다. 'Schekīna'(居함)는 실제로 다름아닌 예루살렘 성전에 있는 야웨의 'Geistern'(haunting presence)을 의미한다.

스한 존재들'(Spukdinge)이라고 주장했더라면 적어도 옳은 길로는 들어섰을 것이다.

이에 대한 부분적 증명을 우리는 몇몇 고대어에서 아직도 발견할 수 있다. 이들 고대어들은 한때는 숭고한 뜻에서 으스스함의 원초적 두려움을 지칭하는 말이었으나 나중에는 가장 낮은 형태의 '공포'를 지칭하는 말로 하락하기도 하고 또 가장 높은 형태의 '공포'를 지칭하는 말로 상승하기도 한 용어들이다. 범어의 '아수라'(阿修羅, asura)라는 수수께끼 같은 말은 그러한 용어 가운데 하나다. 이 말은 나중에 인도 종교에서 으스스하고 유령이나 귀신과 같은 저급한 단계를 나타내는 특수한 말이 되었다. 그러나 태고적 시대에는 그것은 「리그 베다」(Rig-Veda)의 모든 신들 가운데서 가장 숭고한 신, 즉 켕기는 듯 숭고한 바루나(Varuṇa)의 칭호였으며, 페르시아 종교에서는 유일한 영원한 신인 '아후라 마즈다'(Ahura-mazdā) 자체의 이름인 것이다.[3]

이와 꼭 마찬가지로 '아드브후타'(希有, 不可思議, adbhuta)라는 범어의 경우도 그러하다. '아드브후타'라는 말은 말할 수 없는 것 (arrēton), 불가언적(不可言的)인 것, 불가해(不可解)한 것을 의미한다. 그것은 무엇보다도 꼭 우리가 말하는 기막힌 신비(mysterium stupendum)를 뜻한다. 더우기, 한 오래된 정의에 의하면 "우리가 빈 집에 있을 때 우리는 '아드브후타'를 체험한다"고 한다. 그렇다면 그것은 우리가 어떤 폐허가 된 빈 집에 있을 때 우리를 엄습하는 '몸서

---

3. 이러한 의미의 변화는 아득한 옛날에만 이루어졌던 것이 아니라 아주 최근에도 우리의 언어에서 일어났다. 'Schauderhaft'(소름끼치는, 끔찍한)라는 말은 18세기 전체를 통하여 아직도 경외적 두려움이라는 뜻에서 신비적이고 누멘적인 것 일반을 의미했다. 오늘날 우리들이 사용하고 있는 'Schauervoll'(전율케 하는)과 같은 의미였다. 나중에야 비로소 그 말은 흉악하고 끔찍한 것, 부정적으로 누멘적인 것을 지칭하는 말로서 타락했으며, 그 다음은 그 뜻이 천박하게 되고 일상적인 것이 되어 이제는 누멘적 의미와 울림을 완전히 상실하여 무엇인가 우리를 전율케 하는 것은 거의 지칭하지 않고 다만 우리들을 불쾌하게 하는 어떤 것을 가리키는 말로 사용되고 있다. 예컨대, "끔찍한 날씨다"와 같은 표현은 의미 '타락'의 전형적인 예이다. *Das Gefühl des Überweltlichen* 제9장, 'Steigende und sinkende numina'를 참조할 것.

리침'과 같은 체험일 것이다. 그러나 '아드브후타'는 또 전적으로 초세간적인 놀라움과 그것이 지닌 매혹성에 대한 이름이기도 하며, 실로 영원한 브라흐만(Brahman)과 그 구원 자체, '모든 언어를 초월하는 것'에 대한 말이기도 한 것이다.[4]

'아수라'와 '아드브후타'에 대하여 말한 바는 아마도 희랍어 '테오스'(theos)에 대해서도 타당할 것이다. 이 말의 어간은 아마도 중세 독일어에 아직도 발견되며, 도깨비나 유령을 뜻하는 게트바스(ge-twās)의 어간과 동일할 것이다. 여기서도 역시 본래 누멘적이고 켕기는 것(숭고한 으스스함)을 뜻했던 고어가 한편으로는 신을 호칭하는 말의 품위로까지 상승했는가 하면 다른 한편으로는 단지 유령에 관한 것으로 하락해 버린 것처럼 보인다. 아니, 히브리어에서조차도 아마도 한때 그와 똑같은 변화가 있었던 것 같다. 왜냐하면 '영'(靈), 즉 엔돌의 무녀(巫女)가 사울을 위하여 불러올린 사무엘의 유령(사무엘 상 28, 13)이 바로 그와 같이 신 자체, 즉 엘로힘(Elohim)으로 불리고 있기 때문이다.

11. 마지막으로, 누멘적 감정이 지닌 관념들의 기초는 선험적이라는 우리의 가정 위에서 우리는 드디어 안드류 랭(Andrew Lang)이 당연히 주의를 기울였던 흥미있는 현상들에 대한 설명도 발견할 수 있다. 창세기 2장을 구제하려 하는지는 모르나 야웨가 "날이 서늘할 때에 동산에 거닌다"는 생각에 현대적인 수치를 느끼고 있는 선교적 호교론의 산물에 지나지 않는 '원시 유일신론'의 가정을 랭이 말하고 있는 현상들이 뒷받침해 주는 것은 아니다. 그러나 그들은 정령숭배론이나 범신론이나 그외에 종교의 기초에 대한 자연주의적 이론들의 바

---

4. R. Otto, *Dīpikā*, 46면 참조. 'Adbhuta'(그리고 aścarya)가 만약 독일어의 'wunderbar'처럼 오래 전부터 많은 세속적 천박화를 겪지 않았더라면 우리가 말하는 '누멘적인'에 대한 정확한 범어 번역이 되었을 것이다. '깜짝 놀랄'・'영웅적인'・'공포적인' 그리고 '역겨운' 감정과는 다르게 *Bharata Muni*에 나오는 adbhuta의 감정에 관한 섬세한 분석에 대하여, M. Lindenau, *Beiträge zur altindischen Rasa-Lehre*, (Leipzig, 1913) 참조.

탕 위에서는 순전히 수수께끼로 남아 있을 수밖에 없으며, 따라서 무리한 가정들을 동원해서 해결할 수밖에 없는 현상들을 가리키고 있다.[5] 즉, 미개민족들의 무수히 많은 신화와 이야기들 가운데는 그들의 여타 종교적 의례나 관습들의 발전 정도를 절대적으로 뛰어넘는 요소들이 발견되고 있다는 사실이다. 곧, 미개인들이 자기들의 종교적 실천 속에서는 아무런 관계도 하지 않고 있으나 그러면서도 다른 어느 신화적 형상들보다도 우월하며, 가장 높은 의미에 있어서 신성(神性)을 암시하고 있으며, 그 품위가 거의 타의적으로 인정되고 있는 '높은 신들'(Großgöttern; high gods)에 대한 관념들이다. 이러한 신들은 때로는 과거의 신화적 단계를 다 거친 경우도 있고 때로는 그렇지 않은 경우도 있다. 그들에 있어서 특징적이고 그러면서도 동시에 수수께끼 같은 점은 그들이 다른 여타의 종교적 수준을 훨씬 뛰어넘고 있다는 사실이다. 선교를 통해서 그리스도교의 사상이 도입된 곳에서는 그러한 '높은 신'들은 종종 손쉽게 그리스도교의 하느님으로 재인식되며 선교사들의 설교에 하나의 발판을 제공해 준다. 그리하여 개종자들은 고백하기를 그들은 신을 알고 있기는 했으나 경외하지는 않았다고 말한다. 이와 같은 현상들은 <u>간혹</u> 일찌기 고등 유신론적 종교들로부터 받았던 영향이나 혹은 그 잔존 효과에 의하여도 설명될 수 있는 것이 사실이며, 이와 같은 사실은 때로는 그 높은 존재들에 주어진 이름들에 의해서도 증명된다. 그러나 이러한 형태에 있어서라 할지라도 그 현상은 아주 특이한 것이다. 왜냐하면 이들 미개인들 자신의 마음속에 있는 하나의 성향이 아니면 도대체 무엇이 — 여타의 모든 면에 있어서는 그렇게도 다른 미개한 미신적 분위기 속에서 살고 있는 — 이 미개인들로 하여금 그러한 '잔존적' 관념들을 받아들이고 <u>보존</u>하게 하겠는가? 이 성향은 그러한 관념들이 자기들로부터 떠나는 것을 허락하지 않으며 오히려 그 관념들을 보존하며,

---

5. *Myth, Ritual and Religion*, 1899; *The Making of Religion*, 1902; *Magic and Religion*, 1901. P.W. Schmidt, 'Grundlinien einer Vergleichung der Religionen und Mythologien der austronesischen Völker', *Denkschriften der Kaiserlichen Akademie der Wissenschaften. Wiener Philologische-historische Klasse* 35권, Wien 1910.

더 나아가서는 그것들에 관심을 갖게 하며 자신의 양심 속에서 그것들에 대한 증언을 느끼고 인정할 수밖에 없게 하는 그러한 성향인 것이다! 그리고 다른 한편으로는 '잔존'의 추정은 많은 경우에 있어서 확실히 사실에 어긋나며 오로지 억지로만 끌어들일 수 있다. 이러한 경우에 우리는 분명히 잔존이라기보다는 미리 주어진 예감과 예측의 현상을 보고 있는 것이며 이러한 현상은, 강하게 작용하고 있는 내적 이성이 지닌 관념 형성적 성향의 압력에 비추어볼 때 별로 놀랄 일은 아니다. 그것은 오히려 마땅한 것으로 예측할 수 있는 자연스러운 현상들이며(여타의 낮은 문화적 여건 가운데서도 강한 음악적 소질의 압력으로 인하여 높은 수준을 보이고 있는 집시들의 음악이 자연스러운 것처럼), 이러한 내적 성향에 대한 가정 없이는 하나의 수수께끼로 남아 있을 수밖에 없는 현상들인 것이다.

자연주의적 심리학자들은 여기서나 그외의 다른 경우에 있어서나 적어도 심리적으로 하나의 흥미로운 사실, 그리고 그들이 날카로운 자기 성찰을 통하여 스스로에게서도 발견할 수 있는 하나의 사실을 간과하거나 억제하고 있다. 즉 자신의 마음속에 있는 종교적 관념들에 대한 <u>자기증언</u>이라는 사실이다. 이 증언은 확실히 소박성을 벗어난 사람들보다는 소박한 사람들에게서 더 강하나, 비록 소박성을 탈피한 자라 할지라도 많은 사람들이 냉정하고 공정하게 자신의 입교식의 순간을 한 예로서 회상해 볼 것 같으면 스스로에게서도 재발견할 수 있는 증언이다. 그러나 우리의 마음은 환경만 적합하면 그것이 '증언'하고 있는 바를 술렁이는 예감 속에서 그 자체로부터도 자아낼 수 있다. 한편, 원시 유일신론을 주장하는 사람들도 이러한 사실을 마찬가지로 등한시하고 있다. 왜냐하면 우리가 언급한 현상들이 다만 역사적 전승이나 어떤 '원초적인 역사적 계시'에 대한 희미해진 기억에 근거하고 있을 뿐이라면, 이 내면으로부터의 증언과 그것이 지닌 독자적인 <u>인지</u>(認知)의 요소는 마찬가지로 자리를 잃어버릴 것이기 때문이다.[6]

---

6. 이 장과 Alfred Vierkandt의 논문 'Das Heilige in der primitiven Religionen', *Die*

Dioskuren (1922) 285면 이하를 비교할 것. 본장에서 전개된 내용이 전문적 연구에 의하여 이 연구에서보다 더 반가운 확인을 받게 되는 일은 없을 것이다. 나는 인도학자요 종교사가인 J.W. Hauer의 중요한 저서 *Die Religionen, ihr Werden, ihr Sinn, ihre Wahrheit* I, *Das religiöse Erlebnis auf den unteren Stufen* (Stuttgart, 1923)에서 내가 윗장에서 제시한 기본적 통찰들이 더 한층 재확인되는 것을 발견하게 됨을 기뻐한다. '혼령신앙'의 발생에 관하여 Schmalenbach의 논문 'Die Entstehung des Seelenbegriffs', *Logos*, Bd.16 (1927) Heft 3, 311-55면 참조. 이 장의 제10항에 대해서는 *Gottheiten der alten Arier*의 16면 이하에 나오는 루드라 타입에 관해서 언급된 것, 특히 제4절 'Entsprung eines Rudra aus numinosem Gegenwartsgefühl'을 참조. 또 나의 *Das Gefühl des Überweltlichen* 제 6 장 'König Varuna. das Werden eines Gottes'를 참조할 것.

제18장

'조잡성'의 원인들

종교적 감정의 선험성과 그것이 다른 감정들로부터 도출될 수 없음은, 종교사적 진화의 시초에 서 있는 저 원시적이고 '조잡한' '귀신에 대한 공포'가 최초로 술렁이는 단계에 있어서도 이미 전적으로 타당한 사실이다. 종교는 자기 자체와 더불어 시작하며, 신화적 단계나 귀신에 대한 공포와 같은 종교의 '전단계'에라 할지라도 종교 자체가 이미 작용하고 있는 것이다. 그 원시성과 '조잡성'은 단지 다음과 같은 상황에 기인하고 있을 따름이다.

ㄱ) 우선, 누멘적인 것의 개별적 요소들은 단지 점차적으로 하나 하나 나타나며 일깨워진다는 사실이다. 왜냐하면 누멘적인 것의 완전한 내용은 아주 서서히 나타나는 외적 자극의 연속에 따라서 다만 점차적으로 전개되는 것이다. 그러나 그 전체성이 아직 드러나지 않고 있는 경우에는 개별적으로 일깨워진 시초적 요소나 부분적 요소들은 자연히 어떤 괴상하고 이해하기 어려운, 아니 종종 기괴한 면조차 지니게 되는 것이다. 이것은 인간의 정신생활 가운데 최초로 각성된 것으로 보이는 종교적 요소, 즉 귀신에 대한 공포에 있어서 특히 그러하다. 그 자체만으로 개별적으로 볼 것 같으면 그것은 당연히 종교라기보다는 차라리 그 반대로 보일 것이다. 그것에 수반하는 다른 요소들로부터 분리되어서는 그것은 종교와 관계된 현상이라기보다는 차라리 하나의 공포에 의한 자기 최면이나 일종의 '민속심리적'인 악몽과 유사한 것처럼 보이며, 이 단계에서 우리가 관계하고 있는 초자연적 존재들이란 일종의 추적망상증에 걸린 환상이 만들어낸 환영처럼 보인다. 따라서 많은 종교 연구가들이 종교는 옛날 악령숭배와 더불어

시작했으며 악령이 신보다 근본적으로 더 오래다고 진지하게 상상하고 있는 것도 쉽게 이해가 간다. 또한 누멘적인 것의 개별적 측면들과 요소들이 이렇게 단계적으로 하나하나 일깨워진다는 사실로부터 우리는 유(類)와 종(種)에 따른 종교의 분류들이 그렇게도 어렵다는 사실과, 그것을 시도한 자마다 항시 각기 상이한 결론을 내린다는 사실도 설명할 수 있다. 왜냐하면 우리가 분류해야 하는 종교들은 동일한 유의 다양한 종들과 같이, 즉 하나의 분석적 통일체라는 관점에 따라 파악될 수 있도록 관계하고 있는 것이 아니라, 하나의 종합적 통일체의 부분들로서 관계하고 있기 때문이다. 이것은 마치 한 큰 물고기가 부분적으로 자신을 물의 표면 위에 나타내기 시작할 때 사람들이 그 고기의 아취형의 등부분과 꼬리의 끄트머리와 물줄기를 뿜어 대는 머리 부분을 그 나타난 현상들의 본질적 이해를 찾고자 하여 그들을 각기 차지하고 있는 위치에 따라 하나의 전체로서의 마디를 이루는 부분들로서 인식하는 대신, 그들을 유와 종에 따라서 분류해 보려는 것과 같다. 우리는 그 부분들을 이해하기 전에 먼저 하나의 전체를 전체로서 이해하고 있어야만 하는 것이다.

ㄴ) 원시종교의 '조잡성'은 또한 누멘적 감정이 처음 술렁일 때 그것이 지니는 급작스럽고 변덕스러운 성격에도 기인한다. 따라서 '자연적' 감정들과의 그릇된 혼동과 혼합을 야기시키는 그 불명확성에 기인하는 것이다.

ㄷ) 다음으로는, 누멘적 감정은 처음에는 아주 당연하게도 도처에서 그러한 감정을 술렁이도록 '유발'하고 있는 세계내적인 대상들과 현상, 혹은 사물들 자체에 부착되어 있다는 사실에 기인한다. 사람들이 자연숭배 혹은 자연현상의 신격화라 부르는 것은 무엇보다도 이러한 상황에 뿌리박고 있는 것이다. 오직 점차적으로만이 이러한 자연현상들과의 연결은 누멘적 감정 자체의 압력에 의하여 시간과 더불어 '영화(靈化)되거나'(vergeistigt) 혹은 마침내 전적으로 배격되고, 초세상적인 절대적 실재와 관여하고 있는 누멘적 감정의 어둡던 내용

은 비로소 독립적으로 순수하게 빛 가운데 드러나게 되는 것이다.

ㄹ) 원시종교의 조잡성은 또한 누멘적 감정이 처음 인간의 마음에 엄습해 올 때 지니고 있는 무절제하고 광신적이고 열광적인 형태에 기인한다. 그리하여 누멘적 감정은 종교적 광신, 누멘에 의한 신들림, 도취와 광란 등으로 나타나는 것이다.

ㅁ) 또한 조잡성은 아주 본질적으로 누멘적 감정 자체의 <u>그릇된</u> 도식화, 즉 우리가 전에 예를 들었듯이 실로 그것과 유사하기는 하나 그것에 내적으로 속하지는 않는 감정들 속에 그것이 깊이 박혀 있다는 사실에 기인하기도 한다.

ㅂ) 마지막으로, 그리고 가장 중요하게는, 합리화와 윤리화, 그리고 교화가 아직은 결여되고 있다는 사실에 기인한다. 이들은 단지 서서히 등장하기 때문이다.

그러나 내용적으로는, 귀신에 대한 공포가 처음 술렁이는 것부터가 이미 순수 선험적 요소이다. 이 점에 있어서 '켕기는 것'에 대한 거칠은 느낌으로서의 이 선험적 요소는 미적 감정에 비교할 수 있다. 한 대상이 '아름답다'고 인식되거나 혹은 '무시무시하다'고 인식될 때 느끼는 마음의 체험은 비록 전적으로 다른 것이 사실이나, 그럼에도 불구하고 내가 한 대상에다가 감각적 경험이 나에게 제공해 주지도 않고 줄 수도 없는 어떤 술어(즉 그 대상을 해석하는 하나의 술어)를 자발적으로 부가하고 있다는 점에 있어서 양자는 일치하고 있다. 내가 그 대상(아름다운 것이든 무시무시한 것이든)에서 직관적으로 포착하는 것은 오로지 그것의 감각적 속성들과 공간적 형태뿐이며 그밖에 아무것도 없다. 이러한 성격을 지닌 대상에 내가 '아름답다'고 부르고 있는 가치적 의미가 들어맞는다는 것, 혹은 도대체 그러한 가치적 의미가 존재한다는 사실은 감각적 속성들이나 공간적 형태가 어떤 방식으로든지 나에게 말해 줄 수 있는 것이 아니다. 나는 이미 '미 자체'에 대하여 어두운 관념을 지니고 있었음에 틀림없고, 그뿐만 아니라 그 술어를 대상에다 부가할 수 있도록 하는 판단의 원리도 지니고 있어야만 한다. 그렇지 않다면 아름다움에 대한 가장 단순한 체험조차 불가능할 것이다. 내가 어떤 대상을 '무시무시하다'고 판단할 때도 이와 꼭 마찬가지이다. 그리고 이 유추는 한걸음 더 나간다. 즉, 아름다운 것에서 느끼는 기쁨이 실로 쾌적한 것에서 느끼는 단순한 쾌감과 하나의 유추적 관계를 지니기는 하나 동시에 그것과는 분명한 질적 차이를 가지고 구별되며 다른 어떤 것으로부터 도출될 수 없듯이, 특수한 성격을 지닌 누멘적 두려움과 자연적 공포와의 관계도 이와 꼭 마찬가지이다.

'조잡성'의 상태는 누멘이 점점 더 강하고 완전하게 '계시'됨에 따라, 즉 우리의 마음과 감정에 스스로를 알림에 따라 극복된다. 이러한 극복에 있어서 아주 본질적인 요소는 위의 'ㅁ'항에서 든 과정으로서, 누멘적 체험이 합리적 요소들에 의하여 충족되어지며 동시에 개념적으로 파악 가능한 영역으로 들어가는 과정이다. 그러나 이러한 과정에도 불구하고 그 누멘적 측면에 관한 한, 비합리적 '불가해성'의 모든 요소들은 여전히 보존되며, 누멘이 '계시'되면 될수록 더욱더 강화된다. 왜냐하면 '계시'란 결코 누멘이 이성적 파악 가능성으로 이행함을 의미하는 것이 아니기 때문이다. 누멘은 그 가장 깊은 본질에 있어서 무언가 우리의 감정에 알려지고 친숙해지기조차 하며, 우리를 행복하게도 하고 뒤흔들어 놓기도 한다. 그럼에도 불구하고 우리의 오성은 이에 대하여 아무런 개념도 제공하지 못하는 것이다. 우리는 어떤 것을 오성을 통하여 '파악'할 수는 없어도 감정을 통하여 내면적으로 깊이 '이해'할 수 있는 경우를 알고 있다. 예를 들어 음악과 같은 것이다. 음악에 있어서 개념적으로 파악될 수 있는 것은 음악 자체는 전혀 아니다. 안다는 것과 개념적 이해는 동일한 것이 아니며 때로는 상반되기까지도 한다. 따라서 누멘이 신비스럽고 개념적으로 해명할 수 없는 어두움을 지녔다 해서 그것에 대한 무지나 무인식을 의미하는 것은 아니다. 은폐되어 있고 불가해한 신(Deus absconditus et incomprehensibilis)은 루터에 있어서 모르는 신(deus ignotus)은 아니었다. 그는 절망적인 그 모든 공포와 두려움 속에서도 신을 너무도 잘 '알고' 있었던 것이다. 그리고 이와 꼭 마찬가지로 바울로는 그 완전한 불가해성 가운데서 '모든 이해를 초월하는' '평화'를 '알고' 있었다. 그렇지 않다면 그는 그것을 찬양하지도 않았을 것이다. 루터는 말하기를 "인간은 신을 파악할 수는 없으나 느낄 수는 있다"고 한다.[1]

그리고 플로티누스도 이와 같은 얘기를 하고 있다 :

> 어떻게 우리는 그것을 (어떻게든) 파악하지도 못하면서 그것에 관해서 말할 수 있는가? 하지만, 그것이 우리의 (개념적) 인식은 벗어나지만 그렇다고 해서 우리를 전적으로 벗어난다는 말은 아니다. 우리는 실로 그것에 관해서 (지시어적으로) 말할 수 있도록 이해하고 있으나, 그것 자체를 (충분히) 이름지을 수는 없다. 마치 영적인 사람들과 황홀경에 든 사람들이 실로 그들 자신 안에 어떤 숭고한 것을 지니고 있다는 것을 알기는 하나 그것이 무엇인지 (개념으로) '알지' 못하는 것과 같이, 우리가 비록 언표할 수는 없다 해도 아무것도 우리로 하여금 그것의 소유를 막을 수는 없다. 영적인 사람들은 그들이 격앙된 상태 속에서 산출한 표현들로부터 그들을 격앙시킨 것 자체에 대한 (감정적) 인상을 끄집어낼 수 있다. 우리들과 일자(一者)와의 관계도 이와 유사한 것이다. 우리가 만약 순수한 영의 도움으로 자신들을 그것에로까지 고양시키면 우리는 그것을 <u>느끼는</u> 등 할 수 있을 것이다.[2]

그리고 고대 인도의 한 격언은 말하기를, "'나는 그것을 잘 안다'고 생각하지는 않는다 : 그렇다고 '나는 그것을 모른다'고 생각하지도 않는다"(na aham manye suveda iti, no na veda iti veda ca)[3]라고 하

---

1. *Tischreden*, Weimar판 6권, 6530면.
2. Kiefer, *Plotin, Enneaden* (Jena, 1905) 1권 54면.
3. Kena Upanishad, 10.

고 있다. 따라서 결코 '비합리적인 것'은 '모르는 것'이나 '인식되지 않은 것'을 의미하지는 않는다. 만약 그렇다 할 것 같으면 그것은 우리와 전혀 상관이 없을 것이며, 우리는 그것에 관해서 그것이 어떤 '비합리적인 것'이라고조차도 결코 말할 수 없을 것이다. 그것은 오성으로는 파악할 수 없고 '이해할 수 없다.' 그러나 '감정'에는 경험될 수 있는 것이다.

제19장

선험적 범주로서의 성스러움 (Ⅱ)

1. 그런즉 '성스러움'이라는 복합적 범주에 있어서 비합리적인 요소들도 합리적인 요소들과 마찬가지로 선험적 요소들이다. 전자는 후자와 동일한 정도로 선험적인 것이다. 종교란 윤리(ethos)나 목적성(telos)의 종속하에 들어가지도 않으며, 요청들(Postulaten)에 의존하여 생명을 유지하는 것도 아니다. 종교의 비합리적인 요소 역시 인간 정신 자체의 숨은 깊이 속에 그 자체의 독자적인 뿌리를 박고 있는 것이다.

그리고 세째로, 이와 동일한 선험성이 종교에 있어서 합리적 요소와 비합리적 요소와의 결합에도, 즉 양자의 상속성(相屬性)이 지닌 내적 필연성에도 적용된다. 종교사들은 이 두 가지 요소들의 점차적인 상호결합 — 가령 '신성의 윤리화' 과정 — 을 거의 자명한 것으로 우리에게 알려 주고 있다. 사실, 이 과정은 우리의 감정에 어떤 '자명한' 것으로 느껴지며, 그 내적 결합의 필연성은 감정 자체에 명백하다. 그러나 바로 이 과정이 지닌 내적 명백성 자체가 또 하나의 문제로서, 그 요소들이 지닌 본질상의 필연적 상속성을 인식하는 하나의 어두운 '선험적인 종합적 인식'을 가정하지 않고는 도대체 해결할 수 없는 문제이다. 왜냐하면 그 필연성은 결코 논리적인 것이 아니기 때문이다. 어떻게 태양신이나 월신, 혹은 어떤 으스스한 장소적 누멘과 같은 아직도 '조잡한' 반유령적인 존재로부터 그것이 맹세와 진실성의 보호자이고 계약의 보증자이며, 환대, 결혼의 성스러움, 종족과 씨족적 의무 등의 보호자라는 것이 논리적으로 도출될 수 있겠는가? 어떻게 그것이 행복과 불행을 다스리는 신이며 한 종족의 관심사에 관여하며 그 복지를 돌보고 그 운명과 역사를 조정하는 신이라는 결론이 나올 수 있겠는가? 본래 소름끼치며 공포적인 체험에서 탄생한 것처럼 보이는 존재들이 신들이 되었다는 이 놀라운 종교사적 사실을 우리는 도대체 어떻게 설명할 수 있겠는가? 어떻게 그것이 사람들이 기도를 드리며, 그들의 고통과 행복을 내맡기고, 그 안에서 윤리와 법과 모든 정의의 규범의 원천과 재가를 발견하게 되는 그러한 존재가 되었는가? 그리고 더군다나, 어떻게 그러한 관념들이 일단 일깨워진 후에는 마땅히 그래야만 한다는 것이 항시 가장 단순하고 가장 명백하고 자명한 사실로서 받아들여지게 되었는가?

플라톤의 「공화국」 2권에서 소크라테스는 결론적으로 말하기를, "그렇다면 신은 하나이며, 행위나 말에 있어 진실하며, 스스로 변하지도 않으며 아무도 속이지 않는다"고 하고 있다. 이에 대하여 아데이만토스는 대답하기를, "이제 당신이 그것을 말하니, 나에게도 분명해지는구료"라고 말한다. 이 대화에서 가장 의미깊은 것은 소크라테스가 말하고 있는 신개념의 숭고성이나 순수성도 아니고 여기서 나타나고 있는 신개념의 합리화나 윤리화도 아니다. 참으로 중요한 점은, 소크라테스 쪽에서는 자기의 주장을 뒷받침하려는 일말의 수고도 하지 않고 짐짓 하나의 '독단적인' 발언을 했다는 것이며, 아데이만토스 쪽에서는 그에게는 하나의 새로운 사실을 순진한 놀라움, 그러면서도 완전한 신뢰로서 인정했다는 사실이다. 그리고 이 인정은 하나의 확신을 의미하는 인정이었다. 그는 소크라테스를 믿는 것이 아니라 스스로 깨달은 것이다. 그리고 이것은 바로 모든 선험적 인식의 특징이다. 즉, 선험적 인식은 어떤 주장이 분명하게 언표되고 이해되자마자 그 주장의 진리를 스스로 깨닫는 확실성을 지니고 나타난다는 것이다. 그리고 여기서 소크라테스와 아데이만토스 사이에 일어난 일은 종교사에서는 항시 반복되어 온 현상이다. 아모스 역시 그가 야웨를 굽힐 줄 모르는 보편적이고 절대적인 정의의 하느님으로 전할 때 그는 어떤 새로운 것을 전했다. 그러나 그것은 그가 증명을 하거나 어떤 권위에 의거해서 뒷받침해야 하는 새로움은 아니었다.

그는 하나의 선험적 판단, 즉 종교적 양심 자체에 호소하고 있는 것이다. 그리고 이 양심은 실제로 그의 메시지를 증거해 주는 것이다. 루터 역시 신에 대한 그러한 선험적 인식을 잘 알고 있으며 그것을 주장하고 있다. 물론 '창녀' 이성에 대한 그의 격노가 그로 하여금 이와는 정반대의 발언을 하게 하는 것도 사실이다. 예를 들어 다음과 같은 말들이다:

> 사람들이 하느님을 외부로부터 보며, 마치 한 성이나 집을 외부에서 보고 그 집의 주인이나 가장을 느낌으로 알 듯이 그의 작품들과 통치를 보고 그를 아는 한, 이것은 후천적인 인식이다. 그러나 내면으로부터 선험적으로는 인간의 그 어떤 지혜도 아직 하느님이 그 자신에 있어서나 그의 내적 본질에 있어서 무엇이며 어떠한 존재인지 결코 알아낸 일이 없으며, 성령을 통해서 계시를 받은 자 외에는 그 누구도 그것에 대해서 어떤 것을 알거나 말할 수 없다.[1]

(루터는 여기서 우리는 '집주인'을 선험적으로 '감지'하든지 아니면 전혀 모르든지 둘 중의 하나라는 사실을 간과하고 있다.) 그러나 다른 곳에서는 그는 보편적인 인간 이성에 하느님이 '그 자신에 있어서 혹은 그의 내적 본질에 있어서' 무엇인지를 아는 많은 지식이 있음을 인정하고 있다:

> 그리고 성서가 존재하지 않는다 할지라도 자연적 이성 자체가 그 <u>스스로의 판단에 의한 확신에 근거하여</u> 이 점을 인정할 수밖에 없을 것이다. 왜냐하면 모든 사람은 <u>이 문제가 논의되는 것을 듣자마자</u> 그것이 자신들의 가슴속에 씌어져 있는 것을 발견하며, 심지어 원치 않는다 하더라도 그것을 증명된 것으로 <u>인정한다</u>. 첫째, 하느님은 전능하시다는 것, … 그리고 그는 모든 것에 대해서 지식과 선견지명을 소유하시며 오류를 범하

---

1. Erlangen판 9권 2면.

거나 속임을 당하지 않는다는 것 … 이 두 가지는 가슴과 느낌
에 의해서 인정되기 때문에 …²

이 말에서 흥미로운 것은 '스스로의 판단에 의한 확신에 근거하여'라
는 표현이다. 왜냐하면 그것은 인식을 단순한 '선천적 관념들'과 초
자연적으로 불어넣어진 관념들로부터 구별해 주기 때문이다. 이 후
자의 두 부류의 관념들은 단지 '생각'은 산출할 수 있을는지 모르나
스스로의 판단에 의한 '확신'을 산출하지는 못한다. 그리고 다른 한
편으로는 '논의되는 것을 듣자마자'라는 표현은 아데이만토스의 말,
"이제 당신이 말을 하니 나에게도 분명해지는구료"와 꼭 들어맞는 말
이다.³ 「탁상 담화」에서 루터는 다음과 같이 말하고 있다:

> 하느님을 아는 지식은 하느님에 의하여 모든 사람의 마음 위에
> 찍혀 있다. 어떠한 예술이나 학문의 지식 없이도 모든 사람은
> 오로지 자연만의 인도하에 하느님이 존재한다는 것을 안다.
> 이것은 모든 사람들의 마음에 하느님에 의해서 찍혀 있다. 아
> 무리 거칠고 야만적인 사람이라 할지라도 만물을 창조한 어떤
> 신적인 것이 존재한다는 것을 믿지 않는 사람은 아무도 없다.
> 그러기에 바울로는 말하기를, "하느님께서 세상을 창조하신
> 그 때부터 그의 보이지 않는 특성들, 말하자면 그의 영원하신
> 힘과 신으로서의 성품이 그가 만드신 만물을 통하여 분명히 알
> 려져 있기 때문에"라고 한다. 쾌락주의자든 신이 없다고 주장
> 하는 자든, 모든 이방인들도 어떤 신이 계심을 알고 있었다.
> 그들은 바로 하느님을 부정함으로써 그의 존재를 고백하고 있
> 는 것이 아닐까? 왜냐하면 아무도 자기가 알지 못하는 것을

---

2. Weimar판 18권 719면.
3. 이 점에 있어서 루터의 가장 의미있는 부분은 '신앙'에 관한 것들로서, 그는 신앙을 신
적인 진리를 파악하는 하나의 독특한 인식능력으로 묘사하고 있으며, '영'과 마찬가지
로 '자연적인' 오성의 능력들과 대조하고 있다. '신앙'은 여기서 신비주의자들이 말하
는 '신적인 섬광'(synteresis), 그리고 아우구스티누스의 '내적인 敎師'와 비슷하다. 이
양자는 '이성을 초월'하나 그럼에도 불구하고 우리들 자신에게 존재하는 선험적 요소이
다.

부정할 수는 없기 때문이다. … 그런고로 비록 사람들이 한평생 가장 큰 죄악과 범죄에 빠져서 하느님이 없는 것처럼 살았다 하더라도 그들은 마음속으로부터 하느님이 계심을 증언하고 긍정하는 양심을 내쫓지는 못하는 것이다. 그리고 이 양심이 비록 한동안 악과 전도된 생각들에 의하여 지배되어 왔다 하더라도 생의 마지막 순간에는 되돌아와서 그들의 죄를 깨닫게 하는 것이다.[4]

이것은 선교사들이 종종 체험하는 것과 비슷한 현상이다. 신의 단일성과 선함의 관념들이 일단 표명되고 이해되고 나면, 듣는 이들이 종교적 감정을 소유하고 있는 자라면 그 관념들은 종종 놀랍게도 빨리 그들 속에 뿌리를 내리게 된다. 그렇게 되면 흔히 지금까지의 그들 자신의 종교적 전통은 그들에 의하여 이러한 새로운 의미에 적응시켜 이해된다. 아니면, 이러한 새로운 가르침에 대하여 저항을 하는 경우에도 흔히 자신의 양심으로부터 오는 상당한 압력을 받으면서 이루어진다. 나는 티벳트인과 아프리카 흑인들 가운데서 일하는 선교사들을 통해서 그러한 체험들에 관해서 들은 적이 있다. 이러한 유의 체험들을 수집하는 작업은, 그 문제 자체에 있어서뿐만 아니라 특히 신관념에 있어서 합리적 요소와 비합리적 요소와의 내적인 본질적 상속성에 대한 선험적 인식이라는 관점에서도 의미깊은 일일 것이다. 인간의 종교사 자체는 이러한 선험적 지식에 대한 거의 만장일치적인 증언을 하고 있다. 왜냐하면 누멘들의 윤리화가 종교사의 다양한 원시적 영역들 가운데서 아무리 불완전하게 이루어졌다 해도 그 자취들은 어디서나 찾아볼 수 있기 때문이다. 그리고 종교가 그 시초의 조잡한 단계를 벗어나 더 고등 종교로 발전하는 경우에는 이러한 융합의 과정은 모든 면에 있어서 단호하고 강력하게 등장하며 진행된다. 그리고 이것은 우리가 신들의 형상을 산출하는 환상적 작업이 얼마나 서로 상이한 시기에 시작되었으며 얼마나 다양한 인종과 자연적 소질과

---

4. Weimer 판 5권 5820면.

사회적, 그리고 정치적 관계들 속에서 발전했는가를 고려해 볼 때 더욱더 놀라운 일이다. 이 모든 사실은 인간의 정신에 보편적으로, 그리고 필연적으로 내재하고 있는 선험적 요소를 가리키고 있으며, 이 요소는 실로 우리가 아데이만토스처럼 소크라테스의 말을 아주 소박하고 자발적으로 우리 자신에 의하여 깨달아진 어떤 자명한 것으로 받아들일 때 우리들 자신의 종교적 의식 속에서 직접적으로 발견할 수 있는 요소이다 : "신은 하나이고 행위와 말에 있어서 진실하다."

2. 합리적 요소가 종교사적 발전에 있어서 선험적 원리에 따라 비합리적 요소와 결부되면서 전자는 후자를 도식화한다. 이것은 성스러움의 개념에 있어 합리적인 면 전체와 비합리적인 면 전체와의 관계에 타당할 뿐만 아니라 이 두 면의 개별적인 요소들에도 타당하다.

ㄱ) 누멘적인 것이 지닌 우리를 쫓아버리는 요소인 두려움(tremendum)은 정의, 도덕적 의지, 그리고 반도덕성의 배제와 같은 합리적 관념들에 의하여 도식화되어서는 성서와 그리스도교의 설교에서 전하는 성스러운 '하느님의 진노'가 된다. 누멘적인 것이 지닌 자신에로 끌어당기는 요소인 매혹성(fascinans)은 선·자비·사랑과 같은 관념에 의하여 도식화되어서는 풍부한 내포를 지닌 개념인 '은총'이 되며, 이 은총은 성스러운 진노와 더불어 대조적 조화를 이루며 후자와 마찬가지로 그것이 지닌 누멘적 요소로 인하여 신비적 색채를 띠게 되는 것이다.

ㄴ) 그러나 기이성(mirum)의 요소는 신과 그의 모든 합리적 속성의 절대성이라는 합리적 관념을 통해서 도식화된다. 이 두 요소들, 기이성과 절대성 사이의 상응관계는 얼핏 보기에는 'ㄱ'항에서 언급된 것들만큼 명백해 보이지 않을는지 모른다. 그러나 그 둘도 역시 아주 정확한 상응관계를 이룬다. 신의 합리적 속성들과 피조된 정신들이 지니는 유사한 속성들과의 차이는 그들이 상대적이 아니라 절대적인 속성들이라는 점에 있으며, 따라서 이 차이는 내용상의 차이가 아니라

형식에 따른 차이인 것이다. 인간의 사랑은 상대적이고 단계적이며, 그 지식과 선함 또한 그러하다. 그러나 하느님의 사랑과 인식, 그리고 그외에 그에 대하여 개념들로서 언표되는 속성은 내용은 동일하면서도 절대성이라는 다른 형식을 지닌 것이다. 신의 속성들이 지닌 이러한 형식적 요소로 인하여 그들은 동일한 내용에도 불구하고 신의 속성으로 구별되는 것이다. 그러나 신비성도 그 자체로서는 하나의 형식적 요소다. 우리가 이미 79면에서 본 것같이 신비성은 '전혀 다른 것'이 지닌 형식인 것이다. 나아가서 이 두 요소들, 즉 신비성과 절대성의 분명한 상응관계에는 또 하나의 상응점이 부가된다. 곧, 우리의 이해력은 다만 상대적인 것만을 파악한다는 점이다. 상대적인 것에 대치되는 절대적인 것은 실로 우리가 생각은 할 수 있으나 알아낼 수는 없다. 그것은 우리의 사고 능력 안에는 있으나 우리의 이해력의 한계를 넘는다. 그러나 이러한 사실이, 69면에서 이미 밝힌 대로, 아직은 절대적인 것 자체를 신비적인 것으로 만들지는 않으나 신비성의 진정한 도식은 된다. 절대적인 것이 파악할 수 없는 것이라면, 신비적인 것은 포착하지도 못하는 것이다. 절대적인 것은 이해력의 한계를 넘어서는 것이다. 그러나 그것이 지닌 속성 자체 때문이 아니라 — 이것은 우리에게 잘 알려져 있다 — 그 속성의 형식 때문이다. 반면에 신비적인 것은 모든 사유 가능성을 전적으로 초월하며 형식과 속성과 본질에 있어서 '전혀 다른 것'이다. 그런즉 누멘적인 것의 신비성의 요소에 관해서도 역시 비합리적 요소와 그 합리적 도식과의 상응관계는 아주 정확한 것이고 잘 발전시켜야 할 대목이다.

한 종교에 비합리적 요소들이 항시 일깨워져 있고 살아 있다는 것은 그것으로 하여금 합리주의에 빠지지 않도록 보호해 준다. 한 종교가 합리적 요소들로 풍만하다는 것은 그것을 광신주의나 신비주의에 빠지지 않도록 보호해 주며 그것으로 하여금 질적으로 문화와 인간의 종교가 되도록 한다. 그리고 이 두 가지 요소들이 병존하며 상호간에 건전하고 완전한 조화를 이룬다는 것은 그것으로써 한 종교의 우위성을 가늠할 수 있는 척도가 되며, 이것은 실로 본래적인 종교적 척도인 것이다. 이러한 척도로 보아도 그리스도교는 땅 위의 다른 자매 종교들에 비해 전적으로 우월한 종교이다. 그리스도교가 지닌 순수하고 분명한 개념과 감정과 체험들의 밝은 건축물은 깊은 비합리적 기초 위에 서 있다. 그러나 그리스도교의 비합리적인 요소들은 그것의 기초와 테두리와 씨줄일 따름으로서, 항시 그리스도교로 하여금 신비적 깊이를 보존케 하되 그것이 신비주의 자체로 끝나거나 창궐함이 없이 그것에 신비주의가 지닌 무거운 음조와 짙은 그림자를 제공해 주는 것이다. 그리하여 그리스도교는 그 구성요소들의 건전한 관계 속에서 고전적인 종교의 모습을 띠며, 이것은 우리가 정직하고 자유롭게 종교들을 비교해 볼수록 우리의 마음에 생생하게 확증된다. 그리하여 우리는 그리스도교에 있어서, 하나의 특별한 — 그리고 뛰어난 — 방식으로 인간의 정신적 삶의 한 요소가 완숙하게 되었다는 것을[5] 알게 되는 것이다. 즉, 다른 영역에서도 그 유추들을 발견할 수 있는 '종교'라는 요소이다.

---

5. 우리가 그리스도교나 종교라는 '현상'을 종교학과 비교종교학의 안목에서 보는 한 그렇게 말해야 할 것이다. 물론 종교가 스스로에 대해서 종교적인 발언을, 혹은 그리스도교가 스스로에 대해서 그리스도교적인 발언을 해야 하는 경우에는 달라질 것이다. 후자의 경우 우리는 '종교학적' 진술이 아니라 '신학적' 진술에 관여하는 것이다. 이 점에 관해서 *Das Gefühl des Überweltlichen*, 제3장 'Religions-kundliche und theoligsche aussagen'을 참조. 양자의 차이는 알고 있어야 하지만 그 둘을 애써 분리시키려는 것은 지금과 같은 책에서는 현학적인 것이다.

제20장

성스러움의 현현(顯現)과 직감의 능력

초감성적인 것을 단순히 믿는다는 것과 그것을 체험해 본다는 것은 별개의 것이며, 성스러운 것에 관하여 단지 관념을 가진다는 것과 그것을 활동하고 지배하는 것으로, 그리고 작용 가운데 나타나는 것으로 감지하고 받아들인다는 것은 별개의 것이다. 이 후자의 것도 역시 가능하다는 것은 모든 종교의 근본적 확신이다. 우리들 내면의 소리와 종교적 양심, 마음속에 나지막이 속삭이는 영, 그리고 우리의 종교적 예감과 동경이 성스러운 것에 대하여 증거하고 있을 뿐만 아니라, 그것을 어떤 특수한 사건과 사물과 인격, 그리고 계시적 행위의 실증들 속에서 만날 수 있다는 것, 그리고 우리의 영으로부터 오는 내면적 계시 외에 신의 외적인 계시가 존재한다는 것은 모든 종교가 종교 자체로서 갖고 있는 근본적인 확신인 것이다. 이러한 행위적 실증들, 자취를 찾아볼 수 있는 성스러움의 자기계시로서의 이러한 현현들을 종교적 언어는 '징표'라 부른다. 가장 원시적인 종교의 시대로부터 지금까지 인간 속에서 성스러움의 감정을 자극할 수 있으며 그것을 야기시키고 폭발시킬 수 있는 현상들은 모두 징표로서 간주되어 왔다. 우리가 전에 언급한 모든 요소들과 상황들, 즉 무서운 것, 숭고한 것, 압도적인 것, 놀라게 하는 것, 그리고 특히 징조와 기적이 되는 이해할 수 없는 신비스러운 것과 같은 요소들이다. 그러나 우리가 본 바와 같이 이 모든 것들은 진정한 의미에서의 징표라기보다는 단지 종교적 감정을 그 스스로 일도록 하는 기회인(機會因)에 지나지 않는 것이며, 이러한 원인적 성격은 단지 그들이 지닌 성스러운 것과의 유사성에 근거한 것이다. 그들이 성스러움 자체의 참 현현들로서 이해될 수 있다는 사실은 성스러움의 범주를 그것에 단지 외적으로 유사한 것과 혼동하는 데서 오는 현상이며, 이것은 진정한 '상기'(想起, anamnesis)도 아니요 성스러움 그 자체를 그 현현들 속에서 인지하는 진정한 인식도 아니다. 그러기 때문에 그러한 것들은 더 높이 발전된 순수한 종교적 판단의 단계에 이르러서는 다시 배격되며 불충분하거나 아니면 아예 무가치한 것으로서 전적으로, 혹은 부분적으로 제거되기도 하는 것이다. 이러한 현상과 똑같은 것을 우리는 인간의 판단 행위의 또 하나의 영역에서 찾아볼 수 있다. 즉 미적 감각이다. 조잡한 미적 감각 속에서도 이미 미에 대한 감정이나 예비적 감정은 술렁이고 있으며, 이러한 감정은 우리가 선험적으로 소유하고 있는 미에 대한 어두운 개념으로부터 오는 것임에 틀림없다. 그렇지 않다면 그것은 도대체 주어질 수 없는 것이다. 아직도 조잡한 미적 감각의 소유자는 '혼동' 가운데서 미 개념을 올바로 상기 못하고 미에 대한 불분명한 개념으로 인하여 실제는 전혀 아름답지 않은 사물들을 아름다운 것으로 간주한다. 이렇게 미의 개념을 아직도 그릇 적용하게 되는 근본 이유는, 이 경우에도 역시 아름답다고 그릇 판단된 사물들이 지니고 있는 어떤 요소들로서, 이들은 각기 미 자체와 멀든 가깝든 유추적 관계를 지니고 있는 것이다. 그러다가 후에 미적 감각이 다듬어지면 그는 여기서도 마찬가지로 미에 대하여 단지 유추뿐인 것을 세차게 거부하고 올바로 보고 판단할 수 있게 된다. 곧 그가 내적으로 하나의 관념, 즉 하나의 척도를 지니고 있는바 바로 그것이 실제로 '현현되고' 있는 외적 사물들을 아름답다고 인식할 수 있는 것이다.

   성스러움을 그 현현 속에서 <u>진정으로</u> 인식하고 인지할 수 있는 그 어떤 능력을 우리는 직감(Divination)이라고 부르기로 하자.[1] 그런 것이 존재하는가? 한다면 어떤 종류의 것일까?

   초자연주의적 이론에 의할 것 같으면 문제는 매우 간단하다. 직감, 즉 어떤 현상을 성스러움의 '징표'로서 인식한다는 것은 자연의 법칙

---

1. 'Divination'이라는 말은 번역하기 어려운 말이다. '종교적 직감'이라고 하면 좀더 분명하겠지만 단지 '직감'으로 번역한다(역자 주).

에 따라 '자연적으로는' 설명될 수 없는 어떤 사건과 직면할 때 생기는 것이라고 한다. 이러한 사건은 발생하고 있으며, 원인 없이는 일어나지 않고, 그렇다고 자연적 원인이 있는 것도 아니므로 그것은 하나의 초자연적인 원인을 지녀야만 한다. 그 사건은 이러한 초자연적 원인의 징표인 것이다. 직감과 '징표'에 대한 이러한 이론은 철두철미 개념적 사고에 기초한 이론으로서, 엄격한 증명으로서 의도된 이론이다. 그것은 철저히 합리주의적인 이론인 것이다. 여기서는 오성, 즉 개념적 사고와 증명을 수행하는 사유능력을 직감의 능력으로서 내세우는 것이다. 초자연적인 것은 마치 주어진 전제로부터 논리적으로 증명되듯이 딱딱하고 엄격하게 증명되는 것이다.

이러한 견해에 반대해서, 도대체 어떤 사건이 자연적 원인에서부터 야기된 것이 아니라는, 즉 자연법칙에 위배하여 발생했다는 사실을 알 수 있는 가능성이란 존재하지 않는다고 구구하게 논증하는 일은 거의 부질없는 짓이다. 종교적 감정 스스로가 종교의 가장 연한 부분인 신과의 만남과 발견 자체에 대한 이러한 경직화와 물질화에 대항하여 반기를 든다. 왜냐하면, 만약 어디엔가 증명을 통한 강요나 논리적이고 법률적인 방법과의 혼합이 제거되어야 할 곳이 있다면, 어디엔가 내면적 깊이의 자유로운 술렁임으로 나오는 내적 고백과 자유로운 인정이 어떠한 이론이나 개념적 사고 없이도 존재해야 하는 곳이 있다면, 그것은 한 인간이 자신이나 타인에게 일어난 사건 속에서, 혹은 자연이나 역사 속에서 지배하고 있는 성스러움을 의식하게 되는 곳에서이다. '자연과학'이나 '형이상학'이 아니라 하더라도 인간의 성숙한 종교적 감정 자체가 그러한 딱딱한 이론을 거부한다. 그러한 이론은 합리주의로부터 나온 것이며 또 합리주의를 산출하며, 진정한 직감을 저지할 뿐만 아니라 그것을 한갓 몽상이나 신비주의 혹은 낭만주의로 멸시하는 것이다. 진정한 직감은 자연법칙이나 그것과의 관계 유무와는 전혀 상관없는 일이다. 직감은 어떤 현상의 ─ 그것이 사건이든 사람이든 혹은 사물이든 ─ 발생을 묻는 것이 아니라 그 의미, 즉 성스러움의 '징표'가 된다는 의미를 묻는 것이다.

직감의 능력은 성령의 내적 증거(testimonium spiritus sancti internum) — 성서를 성스러운 것으로 인정하는 일에 국한된 — 라는 아름다운 이름하에 교훈적이고 교의적인 언어 속에 숨겨져 있다. 사실 이러한 이름은, 직감의 능력 자체를 직감을 통해서 파악하고 판단할 때에는, 즉 영원한 진리 자체를 종교적 관념에 따라 파악하는 경우에는 유일하게 합당한 이름이며 결코 비유적인 뜻으로만 옳은 것이 아니다. 그러나 우리는 여기서 그것을 단순히 심리학적인 표현으로 어떤 '능력'이라고 부르겠으며, 이것을 우리는 심리학적으로 구명해야 하는 것이다.

신학자 가운데서 이러한 뜻으로서 직감을 발견하고 초자연주의나 합리주의에 대항하여 이해시키고자 한 사람은 1799년에 「종교강화」(*Reden über die Religion*)를 쓴 슐라이어마허, '예감'(Ahndung)에 대한 이론을 펼친 야콥 프리드리히 후리스(Jacob Friedrich Fries), 그리고 슐라이어마허의 동료이자 후리스의 제자로서 특별히 역사에 있어서 신에 대한 직감을 '신의 세계지배에 대한 예감'으로서 논한 드 벳테(de Wette)였다. 나는 슐라이어마허의 「종교강화」를 출판함에 있어서[2] 그가 한 발견에 대해서 자세하게 논했으며, 나의 책 「칸트-후리스의 종교철학과 신학에의 적용」에서[3] 후리스와 드 벳테의 '예감' 이론에 대한 좀더 정확한 설명을 한 바 있다. 따라서 더 상세한 설명을 위해서는 이 두 책을 참조하기 바란다. 여기서는 다만 짤막하게 그 특징적인 요소만을 다음과 같이 요약하고자 한다.

슐라이어마허가 본래 염두에 두고 있는 것은 무엇보다도 거대한 삶 전체와 자연과 역사 속의 실재 앞에서 깊이 침잠하는 명상(Kontemplation)의 능력이다. 우리의 마음이 깊이 몰두하여 '우주'의 인상에 스스로를 개방할 것 같으면, 슐라이어마허에 의하면 마음은 경험적

---

2. Friedrich Schleiermacher: *Über die Religion. Reden an die Gebildeten unter ihren Verächtern* 15판, Göttingen: Vandenhoeck und Ruprecht (1926), XVII면 이하.
3. *Kantisch-Fries'sche Religionsphilosophie und ihre Anwendung auf die Theologie* 2판, Tübingen: J.C.B. Mohr, 1921.

실재를 넘어서는 하나의 '자유로운' 잉여와 같은 어떤 것에 대한 직관과 감정들을 체험할 수 있게 된다는 것이다. 이 잉여는 학문에서와 같이 세계나 세계 내적 연관관계에 대한 이론적 인식으로는 파악될 수 없는 것이나, 그럼에도 불구하고 직관으로는 가장 실재적으로 포착되며 체험될 수 있는 것으로서, 슐라이어마허 자신이 '직관들' (Anschauungen)이라고 부르고 있는 개별적 직관들에 있어서 어떤 형태를 취하게 된다. 그리고 이러한 직관들은 또한 간결하게 표현할 수 있는 진술과 명제들의 형태를 취하게 되는 것이다. 이 명제들은 이론적인 진술들과 유사성을 지니고 있지만, 그들이 지니고 있는 자유스럽고 감정적인 성격으로 인하여 분명히 이론적 진술과는 구별되어야 하는 명제들이다. 그들은 단지 탐색적이고 해석적이며 유추적인 표현들로서, 엄격한 의미의 '교리적 진술'로 사용될 수 있는 것이 아니며, 체계화될 수도 없고 이론적 도출을 위한 전제로 사용될 수도 없다. 그들은 유추적 성격을 지닌 불충분한 명제들이나, 이러한 제약에도 불구하고 틀림없이 옳은 명제들이다. 따라서 슐라이어마허의 반대에도 불구하고 '인식들'이라고 불러야 할 것이다. 물론 직관과 감정에 따른 인식이지 결코 사유에 따른 인식은 아니다. 그 인식의 내용이란 곧 시간적인 것 속에서 그것에 즉해서 그것을 꿰뚫어보고 있는 영원한 것이 파악되며, 경험적인 것 속에서 그것에 즉해서 사물들의 어떤 초경험적인 근거와 의미가 파악된다는 것이다. 그들은 신비스럽고 예감에 찬 어떤 실재에 대한 암시들이다. 주목할 점은 슐라이어마허 자신도 가끔 자신의 주요 개념인 직관과 감정 대신에 '예감'이라는 표현을 함께 사용하고 있으며, 예언적인 직감과 종교적 의미에서의 '기적' 즉 '징표'의 인식을 분명히 함께 연관시키고 있다는 사실이다.

슐라이어마허는 이러한 체험을 구명함에 있어 예를 통하여 그 대상을 분명히 하고자 할 때는 주로 어떤 더 고차적인 목적(telos), 우리가 예감할 수 있는 어떤 궁극적이고 신비에 찬 세계의 합목적성에 대한 인상들을 언급한다. 이 점에 있어서 그는 예감의 능력을 곧바로 '세계의 객관적 목적론'에 대한 직감의 능력으로 규정하고 있는 후리스의 논의와 일치하고 있는 것이다. 그리고 드 벳테는 이 점을 한층 더 과감하게 전개하고 있다. 그러나 슐라이어마허에 있어서는 이 합리적인 듯한 요소는 분명히 세계의 기초를 이루는 비합리적인 영원한 신비에 근거하고 있다. 이것은 그러한 체험에 대한 그의 해석들이 언제나 단지 탐색적일 뿐이며 결코 전적으로 충분하게 이루어지지는 않는다는 사실에 나타나고 있다. 그것은 또한 슐라이어마허 자신도 자연에 있어서 주어지는 그러한 인상을, 합리적으로 이해되며 목적이라는 관념에 따라 해석될 수 있는 우주의 보편적 법칙성을 통하여 체험한다기보다는 오히려 그러한 법칙의 수수께끼 같은 '예외'로 보이는 것들을 통해서 체험하고 있고, 이로 인해 우리의 이해를 벗어나는 어떤 의미와 가치를 지시하고 있다는 사실 속에도 특별히 강하게 나타나고 있다.

 슐라이어마허가 여기서 전제로 하고 있는 능력은 분명히 칸트가 그의「제3 비판」에서 분석하고 있는 '판단력'과 관련되어 있다. 칸트는 그것을 '미적' 판단력으로서 '논리적' 판단력에 대립시키고 있다. 그러나 우리는 이로부터 미적 판단에 의하여 이루어진 판단이 그 내용에 있어서 필연적이라든가 혹은 단순한 '맛'으로서의 판단이라고 결론지어서는 안 된다. '미적'이라는 술어를 통해서 칸트는 무엇보다도 아주 일반적인 의미에서 감정에 의한 판단능력 일반을 논증적이고 개념적인 사유, 추리, 결론의 능력으로부터 구별하고 있으며, 그 특징으로서 그것이 논리적인 판단과는 달리 어떤 분명히 이해될 수 있는 원리에 따라 이루어지는 것이 아니라, 개념적 명제들로는 이해되지 않고 오로지 느낄 수만 있을 뿐인 어떤 '어두운' 원리에 따른 것임을 지적하고 있다. 그는 순수한 감정으로부터 오는 이러한 어두운 판단의 원리 대신 가끔 '풀어지지 않는 개념들'(unausgewickelte Begriffe)이라는 표현을 사용하며, 그 의미는 시인들이 하는 말과 전적으로 뜻을 같이한다:

그대는 어두운 감정들의 힘을 일깨우도다,
가슴속에 놀랍게도 잠들어 있던.[4]

인간이 의식 못하는 것,
아니 생각조차 못한 것이
가슴의 미로를 지나며
밤중을 거닐도다.[5]

그렇다고 순수한 감정으로부터 오는 판단들이 '논리적' 판단력에 의한 판단들보다 객관적 타당성에 대한 주장이 약한 것은 아니다. '맛의 판단'도 흔히 말하는 견해와는 달리 객관성을 지닌다. '입맛에 대해서는 논란이 있을 수 없다'는 격언이 말하듯 맛의 판단이 갖고 있는 듯한 주관성과 개성은 사실 교양과 성숙성에 있어서 서로 다른 입맛들이 비교되면 상충하여 일치를 볼 수 없다는 점을 말해 줄 뿐이다. 그러나 입맛이 훈련에 의하여 성숙됨에 따라 여기서도 맛의 판단에 일치점이 생기게 되는 것이다. 아니, 여기서도 역시 맛이라는 것이 설명되고 가르쳐질 수 있는 가능성, 항시 보다 나은 통찰과 설득과 승복의 가능성이 생기는 것이다. 바로 이러한 가능성이 순수한 감정적 인상으로부터 오는 판단들에도 존재하는 것이다. 여기에 있어서도 우리는 역시 '설명'을 할 수 있고, 한 사람이 스스로 무엇을 어떻게 느끼고 있는가를 다른 사람들로 하여금 '느끼게' 할 수 있으며, 진정하고 참된 느낌을 갖도록 스스로를 닦으며 다른 사람을 인도할 수 있는 것이다. 그리고 감정의 영역에서는 바로 이것이 논리적 승복의 영역에서 이루어지고 있는 논증과 설득에 해당하는 것이다.

슐라이어마허의 위대한 발견은 두 가지 결함을 지니고 있다. 하나는 그가 생각 없이 소박하게 이 직감의 능력을 보편적인 것으로 전제

---
4. Schiller, *Der Graf von Habsburg*.
5. Goethe, *An den Mona*.

하고 있다는 점이다. 이러한 전제가 그 능력이 모든 종교적 확신을 지닌 자들에 있어서 반드시 실제로 존재하고 있음을 뜻한다면, 그러한 능력은 결코 보편적이 아니다. 물론 슐라이어마허가 그것을 이성을 지닌 정신의 보편적 능력으로, 아니 심지어 그것을 이성적 정신의 가장 심오하고 고유한 것으로 보고 있다는 것은 전적으로 옳은 일이다. 이러한 뜻에 있어서는 그 능력 역시 '인간의 보편적' 요소라고 불러야 할 것이다. 왜냐하면 우리 인간은 '이성적 정신'에 의하여 정의될 수 있기 때문이다. 그러나 이러한 인간의 보편적인 능력이 결코 보편적으로 모든 사람들에 있어서 <u>현실적으로</u>(in actu) 소유되고 있는 것은 아니며, 아주 흔히 단지 뛰어난 재질과 특별한 은총을 입은 개인들에게서만 드러나는 것이다(그의 「종교강화」[6]에서 슐라이어마허는 '중개자'의 본질과 사명에 관한 논의 가운데서 이 문제의 핵심을 탁월하게 건드리고 있다). 오로지 직감적 성품의 사람만이 이러한 직감의 능력을 현실적으로 소유하고 있으며, 합리주의가 생각하듯이 인간 모두가, 혹은 현대의 대중 심리학이 생각하고 있듯이 동질적 개인들이 모인 대중이 상호작용하에 무차별하게 초세상적인 것에 대한 인상을 받아 소지하고 있는 것이 아니라 언제나 뛰어난 자와 선택된 자만이 지니고 있는 것이다.

직감에 대한 발견에도 불구하고 슐라이어마허 자신이 정말로 직감적 성품의 소유자였는지는 — 그가 그것을 「종교강화」에서 자신에 대하여 주장하고 있기는 하나 — 의심스럽다. 이 점에 있어서 그와 동시대의 또 하나의 인물은 단연코 뛰어났다. 그것은 괴테이다. 그의 생에 있어서 살아 작용하고 있는 직감은 하나의 중요한 역할을 한다. 그것은 그가 「시와 진실」 제20권과 엑커만(Eckermann)과의 대화들에서 그렇게도 강조하고 있는 마력적인 것(das Dämonische)에 대한 견해에 특이하게 나타나 있다.[7] 이것을 잠깐 검토해 보자.

마력적인 것에 대한 그의 관념의 가장 특징적인 면은 그 관념이 모

---

6. *Reden über die Religion* (R. Otto 출간), 3면 참조.
7. Goethe, *Sämtliche Werke*, *Cotta*, 25권 124면 이하; Eckermann, *Gespräche mit Goethe*

든 '개념'이나 '오성'과 '이성'을 초월하며, 그렇기 때문에 본래 언표할 수 없고 '파악할 수 없다'는 점이다.

마력적[8]인 것은 오성과 이성으로 풀 수 없는 것이다. … 그것은 즐겨 어두운 때를 찾는다. 베를린과같이 밝고 산문적인 도시에서는 그것은 자신을 나타낼 기회가 거의 없다. … 시에 있어서는 처음부터 끝까지 어떤 마력적인 것이 존재하며, 특히 모든 오성과 이성이 이르기에는 모자라는, 따라서 모든 개념을 넘어서서 작용하는 그 무의식적인 힘에서 그러하다. 이와 같은 힘은 음악에 있어서 최고도로 작용하고 있다. 왜냐하면 음악은 너무나 높이 서 있기 때문에 어떤 오성도 그곳에 이를 수 없으며, 모든 것을 지배하나 아무도 그것을 설명할 수 없는 어떤 힘이 음악으로부터 나오기 때문이다. 종교적 예배의식은 따라서 음악을 결여할 수 없다. 음악은 인간에게 경이감을 자아내는 최초의 수단 중의 하나다.

"마력적인 것은 (엑커만은 묻는다) 사건들에도 나타나지 않습니까?" "특히 그렇소" 하고 괴테는 대답했다. 실로 우리가 오성과 이성으로써 설명 못할 모든 사건들에 나타난다. 그리고 일반적으로 그것은 보이거나 보이지 않는 자연현상 가운데서 지극히 다양하게 나타난다. 많은 동물들은 전적으로 마력적인 유의 존재들이며 많은 경우에는 마력성이 부분적으로 작용하고 있다.

우리는 여기서 전에 우리가 발견한 누멘적 요소들이 다시 나타남을 본다. 즉, 전적인 비합리성, 개념적 불가해성, 신비성, 매혹성, 두

(A.v.d. Linden 출간, 1896), 2부 140면 이하 참조. 이 책 122면에 언급한 Eugen Wolf 의 책을 참조.

8. 'dämonisch'라는 말을 '마력적'이라고 번역하기는 했으나 결코 만족스러운 번역은 아니다. 그것은 어떤 신비한 누멘적 힘을 가리키는 말로서 전에는 '악령적'이라고 번역하기도 했다(역자 주).

려움, 그리고 활력성의 요소들이다. 이 요소들이 동물들에도 나타난 다는 것은 융기를 상기시킨다. 그러나 다른 한편으로는 괴테의 직관은 융의 신비에 대한 직관에는 훨씬 못 미친다. 왜냐하면 괴테는 융기의 경고에도 불구하고 신비성을 합리성, 오성과 이성, 개념들, 즉 인간의 목적적 개념들로 측정함으로써, 그에게는 비합리성이란 의미와 무의미, 인간의 목적을 촉진하는 것과 파괴하는 것 사이의 모순성을 의미하기 때문이다. 때로는 그는 비합리성을 지혜에 비유하여 다음과 같이 말한다:

> 그리하여 쉴러와 나 사이의 친교에는 내내 어떤 마력적인 것이 지배하고 있었다. 우리는 더 일찍 혹은 더 늦게 만날 수도 있었다. 그러나 우리가 만난 것이 나의 이태리 여행 후였고 쉴러가 철학적 사변에 싫증을 내기 시작한 바로 그때였다는 사실은 의미있는 일이며 우리들을 위해서 큰 성과가 있는 일이었다.

그리고 곧바로 신적인 것에 비유하고 있다:

> 나는 이와같은 것을 나의 삶에서 자주 만났다. 그리고 사람들은 그러한 경우 어떤 더 고차적인 작용, 우리가 숭배는 하나 감히 더 이상 설명하려고는 하지 않는 어떤 마력적인 것을 믿게 되는 것이다.[9]

어떤 경우에든 항시 마력성은 '활력'과 '압도성'을 의미하며 정력적이고 위압적인 인간들에 있어서 뚜렷한 자취를 남긴다.

> 나는 말하기를, "나폴레온은 마력적인 사람이었던 것 같습니다"라고 했다. "그는 전적으로 그리고 최고도로 그러한 존재였기 때문에 아무도 그에게 비견할 만한 자가 없다. 작고하신 대백작도 역시 무한한 활력과 활동을 지닌 마력적인 존재였다"라고 괴테는 대답했다. "메피스토펠레스도 역시 마력적인

---

9. Eckermann 2부 132면.

특징을 지니고 있지 않습니까?" "아니다, 그는 너무나 부정적인 존재다. 마력성은 전적으로 적극적인 활력에서 나타난다."

괴테는 이러한 누멘적 인격을 「시와 진실」(126면)에서 더 잘 그리고 있으며, 특히 거기서는 우리가 말한 공포성과 압도성으로서의 '두려움'(tremendum)이 전면에 부각되고 있다:

> 그러나 이 마력적인 것은 어떤 한 인간에 있어서 지배적인 것으로 등장할 때 가장 무서운 형태로 나타난다. 그러한 사람들이 언제나 반드시 영적으로나 재능에 있어서 뛰어난 사람은 아니며 추천할 만한 착한 마음씨를 지닌 경우도 드물다.[10] 그러나 그들로부터는 어떤 믿기 어려운 힘이 방출되며 그들은 심지어 자연의 기본적 요소까지도 포함하여 모든 피조물들 위에 믿기 어려운 힘을 행사한다. 그리고 이러한 영향력이 어디까지 뻗칠 것인지 그 누가 말할 수 있겠는가?

괴테는 「시와 진실」(124면)에서 마력적인 것의 작용방식이 지닌 비합리성을 우리에게 느끼게끔 하려고 일련의 반대개념들을 나열하고 있으며, 우리가 전에 논한 바 비합리성이 강화되면 역설과 이율배반으로 된다는 점을 상기시키고 있다:

> … 단지 모순들 속에서만 나타나며 따라서 어떤 개념으로도, 더우기 한마디로써는 더욱더 파악될 수 없는 어떤 것. 비이성적인 것 같기에 신은 아니고, 아무런 오성도 지니고 있지 않기에 인간도 아니고, 선한 행동을 하므로 악마도 아니고, 때로는 해를 입히기를 좋아하므로 천사도 아니었다. 어떤 결과도 보이지 않으므로 그것은 우연과 같았고, 연관성을 암시하므로 섭리와도 비슷했다. 우리를 한계짓는 모든 것들을 그것은 뚫

---

10. 따라서 이들은 단지 누멘적이며, '성스럽지는' 않은 사람들이다.

을 수 있을 것 같았다. 우리 존재의 필연적인 요소들을 마음대로 지배하는 것 같았으니, 시간을 단축시키는가 하면 공간을 확대시키기도 했다. 오직 불가능한 것에서만 그것은 안락한 듯했으며 가능한 것은 조롱하며 물리치는 듯했다.

비록 저 마력성이 모든 육체적이고 비육체적인 것 속에서 스스로를 나타낼 수 있으며, 실로 동물들에 있어서 가장 현저하게 나타나지만, [11] 그럼에도 불구하고 그것은 무엇보다도 인간과 가장 놀라운 연관을 지니고 있으며, 도덕적인 세계 질서와 대립되지는 않으나 그것을 관통하는 힘을 형성하기 때문에 우리는 하나를 날줄로, 그리고 다른 하나를 씨줄로 간주할 수도 있을 것이다.

우리는 이보다 더 분명하게 누멘적인 것의 직감이 인간의 마음에 주는 엄청나게 강한 인상을 표현하는 길은 없을 것이며, 그것도 분명코 한 번만이 아니라 반복적이어서 거의 보통의 일로 되어 버린 것이다. 그러나 괴테의 이 직감은 예언자들이 파악하는 것과 같이 누멘적인 것을 파악하고 있지는 못하며, 비합리성과 신비성을 가장 심오한 가치로서, 그리고 성스러움 자체의 권리로서 체험하고 찬양하는 욥의 체험이 지닌 높이에는 이르지 못하고 있다. 괴테의 직감은 이러한 깊이에 도달하기에는 아직도 충분히 심오하지 못한 마음의 소산이며, 따라서 이러한 마음에는 생의 멜로디에 대조를 이루고 있는 비합리적인 것이 단지 혼란 속에서 같이 울리고 있을 뿐, 실로 우리가 설명할 수는 없으나 느낄 수는 있는 진정한 조화 속에서 울릴 수는 없었던 것이다. 그것은 진정한 직감이기는 하나 그 스스로 가끔 자신을 부르듯 '이방인' 괴테의 직감이다. 사실 그것은 귀신에 대한 믿음을 중심으로 하는 종교사의 전단계에서 움직이고 있는 것이지 신적이고 성스러운 것 자체의 단계 위에서 움직이고 있는 직감은 아니다. 그리고 어떻게 이러한 마력적인 것이 높이 계발된 마음속에 빛과 따스함을 주기

---

11. 욥기의 하마를 참조.

보다는 오히려 단지 혼란과 어두움만을 야기시키고 있는가 하는 것이 괴테의 경우 아주 실감있게 나타나 있다. 괴테는 마력적인 것에 대한 그의 체험을 어떻게 자신의 더 높은 신개념에 조정할지 몰랐으며, 엑커만이 화제를 그리로 돌렸을 때 그는 회피하듯 다음과 같이 대답한다 :

> … "우리가 마력적인 것이라고 부르는 이 활동적 힘은 신의 관념에는 들어맞지 않는 것 같습니다"라고 나는 시험적으로 말했다. 괴테는 말했다 : "여보게, 신관념에 대해서 우리가 무엇을 알고 있으며, 우리의 좁다란 개념들이 지고의 존재에 대해서 무엇을 말하리오! 내가 그것을 터키인처럼 백 가지 이름으로 부른들 그래도 부족할 것이며 그의 무한한 속성들에 비하면 아무것도 말하지 않은 셈이 될 것이다."

괴테의 직감이 지닌 이러한 낮은 수준을 제외하고는 우리는 여기서 정확히 슐라이어마허가 안중에 두고 있었던 것, 즉 '직관과 감정'이라는 것을 볼 수 있다. 실로 신에 대한 직관과 감정은 아니라 하더라도 자연과 역사 속에서의 누멘적인 것에 대한 직관이며, 실로 한 타고난 직감적 성품의 소유자에 의하여 생생하게 전개된 직관이다. 그리고 이 직관은 사실 우리가 위에서 지적했던 바와같이 전혀 제시하기 어려운 어떤 원리에 따라 이루어지고 있는 것이다. 왜냐하면 괴테가 아무리 많은 예들을 든다 하더라도, 마력적인 것이 본래 무엇이며 어떻게 그가 그것을 느끼며 그것이 나타나고 있는 그 복잡다단하고 모순적인 형태들 가운데서 어떻게 그것을 하나의 동일한 것으로서 인식할 수 있는지, 그는 대답을 제시할 수 없을 것이다. 명백한 점은 그가 이러한 체험 가운데서 '단순한 감정', 즉 하나의 어두운 선험적 원리에 의하여 인도되고 있다는 사실이다.

제21장

원시 그리스도교에 있어서의 직감

우리는 위에서 슐라이어마허의 직감론이 지닌 첫번째 결함을 지적했고 논의했다. 그 또 하나의 결함은 다음과 같다. 슐라이어마허는 실로 자연과 역사에 대한 직관에 대해서는 따뜻하고 통찰력 있게 묘사하고 있지만, 그는 그러한 직관의 가장 합당하고 적합한 대상에 대해서는 단지 짤막하게 시사할 뿐 상세하고 분명한 제시는 하지 않고 있다. 즉, 종교 자체의 역사, 그리고 무엇보다도 성서적 종교의 역사와 직관의 최고 대상인 그리스도교 자체에 대해서는 별로 언급을 하지 않고 있다는 점이다. 물론 그의 「종교강화」의 마지막 논설이 그리스도교와 그리스도에 대하여 강조적으로 중요하게 다루고 있는 것은 사실이다. 그러나 그리스도는 거기서 단지 직감의 <u>주체</u>일 뿐 그 본래적인 <u>대상</u>은 아니다. 그리고 이 점은 근본적으로 슐라이어마허의 「신앙론」에 있어서도 마찬가지이다. 거기서도 역시 그리스도의 의미는 본질적으로 그가 '우리를 그의 신의식(Gottesbewußtsein)의 힘과 행복 속으로 받아 주신다'는 것으로 끝난다. 이것은 하나의 값어치있는 사상이기는 하나, 그리스도의 공동체가 마땅히 그리스도에게 부여했던 주된 의미를 드러내기에는 충분하지 못하다. 즉 그리스도 자신이 '성스러움의 현현'(das Heilige in Erscheinung)이라는 의미, 다시 말해서 그의 존재와 삶과 삶의 양식 속에서 스스로를 계시하고 있는 신의 지배를 우리들 자신이 자발적으로 '직관하고 느낄 수 있는' 그러한 존재로서의 의미를 말한다. 왜냐하면 그리스도인들에게는, 그리스도의 인격과 삶을 대할 때 하나의 직관, 즉 성스러움의 현현에 대한 직접적인 파악, 혹은 성스러움에 대한 '직관과 감정'이 발생하는가

안하는가 하는 문제, 즉 성스러움이 그에 있어서 독자적으로 체험될 수 있으며 따라서 그가 참으로 성스러움의 계시인지 아닌지 하는 문제는 중대한 문제이기 때문이다.

이 점에 있어서는, 흔히 해 온 '예수의 자기의식'에 대한 수고스러운 탐구들은 근본적으로 불가능할 뿐만 아니라 우리들에게 아무런 소용도 없다. 우선 복음서의 자료들이 그러한 탐구를 하기에 처음부터 불충분할 뿐만 아니라 부적합하기 때문이다. 예수는 자기 자신이 아니라 '나라'와 그 나라의 복과 의를 그의 전파와 말씀의 내용으로서 삼고 있다. 그리고 '복음'이란 그 일차적이고 단적인 의미에 있어서 '나라에 대한 소식', 곧 하느님 나라에 대한 복음이다. 예수의 말씀 가운데서 자신에 대한 발언이 있다면 단지 단편적이고 우연적인 것뿐이다. 그러나 가령 그렇지 않다 하더라도, 심지어 우리가 예수가 자기 자신에 대하여 상세히 언급한 것을 발견할 수 있다 하더라도, 그것이 무엇을 증명하겠는가! 종교적 열성가들은 종종 자기 발언을 최고의 수단으로 사용해 왔고, 또 그들이 자기 자신에 대해서 진실한 믿음 가운데서 그렇게 했다는 것도 의심할 바 없다. 그리고 모든 시대를 통하여 예언자들의 바로 이러한 자기발언이야말로 그 형식에 있어서 대부분 시대적 관념과 환경, 혹은 그 환경이 제공하는 신화와 교리적 장치들에 의존하는 것이다. 한 예언자나 영감을 받은 사람, 혹은 한 도사가 이런 것들을 자기 발언을 위해서 사용한다는 것은 일반적으로 자기의 사명에 대한 의식과 자기의 우월성, 그리고 자기를 믿고 따르라는 그들의 주장에 관해서 얘기해 줄 뿐이며, 이런 모든 것은 어떤 내적인 소명을 받은 사람이 등장할 때는 미리부터 자명한 일들이다. 또한 제아무리 많은 자기발언을 한다 하더라도 우리가 지금 여기서 논하고 있는 바는 결론으로서 따라나오지 <u>않는</u>다. 즉, 자기발언이란 그 사람의 권위에 대한 믿음은 일깨우는지 모르나, "이제 우리 <u>스스로 당신이 그리스도이심을 깨달았나이다</u>"라는 식의 자발적인 <u>통찰</u>과 인정을 불러일으키는 특수한 체험은 일깨우지 못하는 것이다.

그리스도가 언제나 자기의 처음 추종자들 가운데서 자발적인 직감으로부터 오는 그러한 인정을 받았다는 사실은 의심의 여지가 없다. 그렇지 않다면 교회의 발생은 도저히 이해하기 어려울 것이다. 단순한 선포나 단순한 권위적인 자기발언으로부터는 그리스도교 공동체의 발생에 요구되었던, 그리고 그 공동체의 본질적 특성으로 분명히 인식될 수 있는 그러한 철저한 확신, 그러한 강한 충동, 그러한 자기주장에의 동력은 나올 수 없었던 것이다.

우리가 만일 그리스도교 공동체의 발생이라는 현상을 단지 문헌학적인 수단과 재구성을 통해서 접근하는 한, 그리고 오늘날과 같이 소박성을 잃어버린 우리의 문화와 정신양식이 지닌 퇴색된 감정과 감정능력을 가지고 접근하는 한, 우리는 이 점을 올바로 인식하지 못할 것이다. 이와 같은 수단과 방법들 외에 우리는 오늘날도 발견되는 살아 있는 예들을 통하여 어떻게 진정한 신흥종교들의 집회나 공동체들이 발생하는지를 구체적으로 살펴보는 방법을 첨가하면 유용할 것이다. 그러기 위해서는 우리는 오늘날에도 아직 종교가 자연 그대로 본능적이고 소박한 충동으로 살아 있는 곳과 때를 찾아 보아야 할 것이다. 이슬람 세계와 인도의 먼 구석에서는 아마도 이런 것을 오늘날도 잘 연구할 수 있을 것이다. 모가돌(Mogador)과 마라케쉬(Marrakesch)의 거리들에서 우리는 모르긴 하지만 공관복음서에서 전하고 있는 것들과 비슷한 장면들을 발견할 수 있을 것이다. '성자들' — 대부분 기이한 존재들인 — 이 가끔 나타나면 사람들은 그들의 말을 듣고, 그들이 행하는 이적들을 보고, 그들의 삶과 행위를 알아보려고 주위에 모여든다. 엉성하든 단결되었든, 추종자들의 무리가 생기며 그들을 중심으로 하여 어록과 설화들과 전설들이 형성되고 수집된다.[1] 새로운

---

1. 사람들의 복음서 비평의 중심 문제인 예수 어록의 수집·발생을 이와같이 아직도 살아 있는 환경을 배경으로 해서 연구하지 않는다는 사실은 놀라운 일이다. 더욱 더 놀라운 일은 오랫동안 사람들이 어록 시리즈를 '조부들의 어록'(apofthegmata ton paterōn), 무하멧의 하디스(Hadith), 혹은 프란치스꼬회의 전설들 등과 유사한 환경으로부터 고찰하지 않았다는 사실이다. 혹은 지금도 바로 우리가 보는 앞에서 진행된 라마크리슈나(Rāma-Krischna) 어록의 수집도 좋은 예이다. 혹은 George Fox나 Cyprien Vignes와 같은 사람의 세계도 그러하다.

공동체들이 생기는가 하면, 이미 있던 단체들이 하나의 새로운 단체로 확장되기도 한다. 그러나 그 중심은 '성자'의 생존시에는 언제나 성자 자신이며, 그 운동을 이끌어가는 것은 언제나 그의 인격과 그것이 주는 인상이 지니고 있는 누멘적 성격과 힘인 것이다. 정통한 사람들의 말에 의할 것 같으면, 이들 '성자'들 가운데 98%는 사기꾼들이라 한다. 그러나 그렇다 하더라도 2%는 그렇지 않을 것이며, 이와같이 사기를 쉽게 불러들이는 일에 있어서 그것은 놀라울 정도로 높은 비율이다. 그리고 이 2%는 우리가 고찰하고 있는 현상에 대하여 가장 풍부한 시사를 줄 수 있을 것이다. '성자'나 예언자는 그를 따르는 무리들의 체험에 있어서는 처음부터 단순한 인간 이상이다. 그는 신비에 찬 경이적 존재이며, 어딘가 모르게 사물의 보다 높은 차원에 속하며 누멘 자체의 편에 서 있다. 그가 자신을 그렇다고 말하는 것이 아니라 그렇게 체험되는 것이다. 그리고 조잡하고 때로는 자기기만일 수도 있지만, 오직 이러한 강하고 깊은 체험으로부터만 종교적 공동체는 성립되는 것이다.

 이러한 유추들은 옛날 팔레스타인에서 일어났던 일과는 비교도 안될 만큼 빈약하고 거리가 먼 것들이다. 그러나 이러한 유추들도 개개의 인격들에 있어서 성스러움 자체가 사실로든 혹은 상상으로든 체험된다는 사실을 통해서만 가능하다면, 팔레스타인에서 일어났던 사건의 경우에는 얼마나 더 비교할 수 없을 정도로 그것이 사실이었겠는가. 그것이 사실이었다는 것은 우리가 초기 그리스도인들 자신의 겸손한 기록들을 통하여 보는 대로 초대교회 전체의 마음가짐과 확신이 보편적으로 증언하고 있다. 그리고 공관복음서에 나오는 예수의 모습 가운데 몇 가지 조그마한 특징들은 그것을 개별적으로 더욱 드러나게 확인해 주고 있다. 예를 들어 전에 이미 언급한 바 있는 베드로의 고기잡이(루가 복음 5장 8절)나 가파르나움의 백부장 이야기는 이런 부류의 이야기로서, 성스러운 것을 체험적으로 대할 때 느끼는 자발적인 감정적 반응을 가리키고 있는 것이다. 특별히 마르코 복음 10장 32절은 그런 것에 속한다:

그리고 예수께서는 그들의 앞에 가셨고, 그들은 깜짝 놀랐다. 그들은 뒤쫓으면서 두려워했다.

이 구절은 간결하나 강력하게 인간 예수로부터 직접적으로 풍기는 누멘적 인상을 표현하고 있으며, 그 어떠한 심리적 묘사의 기술도 그것을 이 완벽에 가까울 정도로 함축적인 말들보다 더 깊이 파고들도록 표현하지는 못할 것이다. 후에 요한 복음 20장 28절(토마의 고백)에서 말해지고 있는 바는 이와는 대조적으로 이러한 최초의 체험이 지닌 간결성과는 거리가 먼 시대의 너무 거창한 표현으로 보일 것이다. 마르코 복음 10장 32절에서는 순수한 감정이 바로 어떤 공식화도 무시하고 있기 때문에 우리에게 더욱더 호감을 주는 것이다. 그럼에도 불구하고 이 구절은 후에 본격적인 그리스도론으로 발달될 진정한 뿌리를 지니고 있다.

예수가 준 누멘적 인상에 대한 이와 같은 암시들은 복음서의 이야기들 가운데서 단지 부차적으로 발견되고 있을 따름이다. 복음서의 설화자 자신들은 거기에는 별관심이 없고 주로 예수의 이적을 말하는 데에 관심을 집중하고 있다. 그러나 바로 그렇기 때문에 더욱더 그러한 암시들은 우리들에게 흥미로운 것이다. 너무도 자명한 것이기에, 그리고 그것과 관련해서 어떤 이적도 이야기할 바가 없었기에 자취조차 사라져 버린 이와 비슷한 누멘적 체험들이 얼마나 많이 있었을까 우리는 가히 상상해 볼 수 있을 것이다. 나아가서 귀신들을 제압하는 예수의 능력에 대한 믿음과 이에 곧 따르는 전설화의 경향도 이런 부류에 속한다. 예수의 친척들이 그를 '신들린' 사람으로 보았다는 사실은 그가 끼친 '누멘적' 인상에 대한 하나의 타의적인 인정인 셈이다. 그리고 무엇보다도 특히, 그의 가르침으로 인하여서가 아니라 그로부터 받은 인상과 체험을 통하여 자발적으로 터져나오는 신앙, 곧 그는 그를 따르는 무리들에게 단적인 누멘적 존재로서 메시아이시라는 신앙도 이와 같은 것이다. 이와 같은 신앙이 직접적인 인상과 <u>체험</u>에 따른 것이라는 사실은 예수에 대한 베드로의 첫번째 메시아 고백에 더욱 분명히 드러난다 : "이것을 너에게 계시한 것은 혈육이 아니라 하늘에 계신 나의 아버지이시다."예수 자신도 이 고백에 대해서 놀란다. 이것은 곧 베드로의 고백이 단지 어떤 권위에 의하여 얻어진 것이 아니라 그가 받은 인상에 근거하여 스스로 얻은 하나의 발견이었음을 입증해 주는 것이다. 이러한 인상에 대한 반응으로서, 혈육도 아니요 '말씀'조차 소용없고 오직 '하늘에 계신 나의 아버지'만이 아무런 매체도 없이 가르칠 수 있는 곳인 마음의 심연으로부터의 증거가 따르는 것이다.

왜냐하면 이 후자는 두말할 필요도 없이 불가결한 것이기 때문이다. 내면으로부터 오는 증언이 없다면 모든 외적인 인상은 아무런 효력도 없을 것이다. 아니 차라리 그것 없이는 사실 어떤 '인상'도 생길 수 없는 것이다. 따라서, 사실 우리의 정신 속에 갖추어져 있는 어두운 선험적 인식으로서의 성스러움의 범주 자체이자, 성스러움을 체험하는 데 필수적인 소질인바 이 두번째의 요소를 고려함이 없이 그리스도가 끼친 인상만을 논하는 모든 이론들은 불충분하다. '인상'이란 인상을 받을 만한 어떤 것을 전제로 하며, 우리의 마음이 그 자체에 있어서 단지 하나의 '백지'(tabla rasa)에 지나지 않는 것이라면 결코 인상을 받을 만한 어떤 것이 될 수 없다. 왜냐하면 우리가 여기서 논하고 있는 뜻에서의 인상이란 결코 감각주의자들이 말하듯 지각이 우리의 마음속에 일으켜서 그 자취를 남기게 되는 단순한 인상(impressio)을 의미하는 것이 아니다. 우리가 어떤 사람으로부터 인상을 받는다는 것은 오히려 그 사람에게 있어서 어떤 고유한 의의를 인식하고 인정하며, 그것에 의하여 사로잡히고 그 앞에 머리숙인다는 사실을 뜻한다. 그러나 이것은 오직 우리들 자신의 내면으로부터 오는 인식과 이해와 가치 평가의 요소, 즉 '내면적 영'을 통해서만 가능한 것이다. 슐라이어마허에 의하면 '계시'에는 그것에 마주쳐 오는 '예감'이 같이 간다. 음악은 오로지 음악적인 사람에 의하여만 이해되며, 오로지 그에 의해서만 음악이 주는 '인상'은 수납되어지는 것이다. 그리고 우리에게 실제로 어떤 독특한 인상을 주는 부류의 사물들마다 그들과 유사하며 그들 각각에 고유한 종류의 동질적인 성향이 따르기 마련이다. 루터의 얘기대로 오직 '말씀에 부합되는' (verbo conformis) 자만이 말씀을 이해하는 것이다. 혹은, "내면적 영의 가르침이 없이는 아무도 말씀을 듣지 못한다."[2] 또 아우구스티누스는「고백록」10권 6절에서 다음과 같이 말한다:

> 그러나 그들의 언어를 알아들을 수 있는 자는, 오직 그것을 자기 자신들 속에서 말하고 판단하고 있는 진리와 비교하는 사람들뿐이다.[3]

---

2. Nemo audit verbum nisi spiritu intus docente.
3. 이것은 동시에 우리가 262면에서 말하는 '판단'의 능력이다.

제22장

현대 그리스도교에 있어서의 직감

원시 그리스도교 공동체가 그리스도에 있어서 성스러움을 체험했으며 또 체험할 수 있었는가 하는 물음보다도 더 중대한 문제는 오늘날도 우리가 그렇게 할 수 있는가, 즉 원시 공동체를 통하여 우리에게 전수된 그리스도의 삶과 행위의 모습이 우리들 자신들에게도 계시적 가치와 힘을 지니고 있는지, 아니면 우리는 단지 초대 공동체의 유산만을 먹고 살며 권위와 타인의 증언을 토대로 하여 신앙생활을 할 뿐인가라는 물음인 것이다. 만약 바로 우리들 자신 가운데도 내면으로부터 오는 저 예감적 이해와 해석, 즉 우리들 마음속에 존재하는 성스러움의 소지 위에서만 가능한 영의 증언이 자리를 차지할 수 없다면, 이 물음은 전혀 희망이 없는 물음일 것이다. 이러한 영적 증언 없이는 이미 초대 그리스도교 당시에 직접 현존했던 그리스도에 대하여조차 어떤 이해나 '인상'도 가능하지 못했을 텐데, 어떻게 한 단계 거친 전통이 그런 것을 우리에게 가능케 할 수 있다는 말인가? 그러나 우리가 이미 언급한 가정을 받아들인다면 사정은 전혀 다르다. 그런 경우에는 복음서의 전승이 단편적이고 왕왕 불확실하다는 사실, 그리고 그것이 전설적인 요소와 혼합되어 있고 '헬레니즘적인' 요소로 채색되어 있다는 사실들은 우리에게 아무런 장애가 되지 않는다. 왜냐하면 영은 영에 속한 것을 알기 때문이다.

우리의 해석을 도와 주며 예감적으로 우리에게 다가오는 이 내적 원리의 작용 — 우리가 종교적 관념에 따라 '함께 증언해 주는 영'으로 평가해야만 했던 — 에 대해서 나는 머나먼 선교지역에서 활동하고 있는 한 민감한 선교사로부터 많은 시사를 받았다. 그는 말하기를 어떻게 하여 어려운 외국어로 전혀 생소한 개념들을 사용하여 항시 암시 정도로밖에는 하지 못하는 불충분한 그의 말씀의 선교가, 그럼에도 불구하고 때로는 놀랍게도 내면 깊게 원주민들에 의하여 파악되는가에 대하여 그 자신 언제나 새삼 놀라움을 금할 수 없다는 것이다. 여기에 있어서도 역시 듣는 이의 마음 자체로부터 마주 오고 있는 예감적 이해가 언제나 가장 좋은 결과를 초래한다는 것이다. 이와 더불어, 그리고 틀림없이 이러한 각도에서만 우리는 바울로의 문제를 이해하는 관건을 찾을 수 있다. 이 초대교회의 박해자에게는 그리스도와 그의 복음의 본질과 의미에 대한 시사들이 오직 단편적으로만, 그리고 희화적으로만 주어졌을 뿐이다. 그러나 그의 안에 내재하던 영은 내면으로부터 그를 강요하여 다마스커스로 가는 도상에서 그리스도를 알아보도록 굴복시켰던 것이며, 이때문에 벨하오젠(Wellhausen)과 같은 이는 결국에 있어 바울로만큼 깊고 완전하게 그리스도 자신을 이해한 사람은 없을 것이라고 고백했던 것이다.

   그리스도에 있어서 성스러움의 체험이 가능해서 우리 신앙의 뒷받침이 되려고 할 것 같으면 두말할 필요도 없이 첫번째 자명한 전제가 되는 것은 그리스도 자신의 최초의 직접적인 행적들이 우리들에게도 아직도 직접적으로 이해되어야 하고 그 가치를 체험할 수 있어야 하며, 이로부터 그의 '성스러움' 자체에 대한 인상이 직접적으로 자라나야 하는 것이다. 그런데 바로 여기서 우리는 하나의 난관에 부딪치게 되며, 만약 이 난관을 제거하지 않는다면 전체 문제가 처음부터 절단나게 될 것이다. 즉, 우리가 오늘날 그리스도와 그리스도교에 대하여 알고 있다고 생각하는 바가 근본적으로 그리스도가 본래 뜻하고 수행하고자 했던 것이며, 그의 최초의 제자들이 그에게서 체험한 것과 동일한 것인가 하는 물음이다. 이 질문은 결국 그리스도교가 정말로 하나의 자체적인 '원리'를 소유하고 있어서 역사적 발전을 겪으면서도 그 본질에 있어서 하나로 남아 있으며, 그리하여 오늘날의 그리스도교가 최초의 제자들의 신앙에 비추어볼 때 본질적으로 동일한 위대성을 지니고 있는가 하는 물음인 것이다.

그리스도교는 도대체 엄밀한 의미에 있어서 예수교(Jesustum)인가? 이것이 묻는 바는 무엇보다도, 우리가 오늘날 그리스도교로 알고 있는 그 고유한 신앙과 감정상의 내용, 하나의 역사적인 위대한 실재로서 타종교들과 비교해서 두드러진 차이를 보이고 있는 종교, 오늘날도 인간의 마음과 양심을 고양시키고 감동시키며 고발하기도 하며 축복하기도 하는, 그리고 매혹하거나 혐오감을 주기도 하는 종교로서의 그리스도교가 아직도 그 본질에 있어서 예수 자신이 세계의 한구석 갈릴리에서 그에 의하여 감화된 조그마한 무리들 가운데서 일깨웠고 창시했던 '그렇게도 단순하고' 겸허한 종교와 종교성인가 하는 질문이다. 그리스도교가 그 당시에 비하여 색채와 형태에 있어서 아주 중대한 변화를 겪었으며 격심한 변화와 변형들을 무릅써 왔다는 것은 일반적으로 쉽게 인정되는 사실이다. 그러나 다양한 모습들의 연속 가운데서도 그리스도교는 도대체 어떤 영속적인 본질을 지니고 있으며, 변화 속에서도 하나로 머물러 있는 어떤 동일한 '원리'라도 존재하는 것일까? 거기에는 어떤 발전이 있었는가, 아니면 다만 전혀 이질적인 것의 유입과 변화뿐인 가운데서 어떤 사람은 그것을 하나의 그릇된 변질로 개탄하는가 하면 어떤 사람은 그것을 반가운 대체(代替)라고 경탄하며, 또 제3의 경우에는 그것을 단순한 역사적인 사실로 기록하고 있을 따름인가?

하나의 위대한 사실로서 우리 앞에 서 있는 '세계종교'로서의 그리스도교는 의심의 여지 없이 그 주장과 약속에 따라서 볼 때 본래적이고 원초적인 의미에 있어서 하나의 구속(救贖)의 종교다. 구원, 그리고 차고넘치는 구원, 해방, '세상'과 세상에 묶인 현존재의 극복, 아니 피조물성 자체의 극복, 신으로부터의 소외와 신과의 적대성의 극복, 죄의 종살이와 채무로부터의 속량, 따라서 은총, 은총에 대한 가르침, 영, 영의 부여, 그리고 중생(重生)과 새로운 피조물, 이 모든 것이 오늘날의 그리스도교를 특징지어 주는 내용들이며, 교회와 신앙고백과 교파의 복잡한 분열에도 불구하고 모두에 공통된 내용인 것이다. 이 내용을 통하여 그리스도교는 예리하고 확실하게 전형적인

'구속의 종교'로서의 특징을 지니며, 이 점에 있어서 구원과 비구원의 예리한 이원적 대립을 주장하는 동양의 위대한 종교들과 대등한 위치에 놓이며, 구속의 필요성이나 구원을 베풂에 있어서 그들에게 결코 뒤떨어지지 않을 뿐만 아니라 이 개념들의 중요성을 인정하는 면이나 그 내용의 질에 있어서 오히려 더 우월하다는 주장을 하는 것이다. 틀림없이 이와같은 요소들에 현대 그리스도교의 '원리'와 본질이 있다. 그렇다면 이런 강력한 심리적 내용들이 실제로 예수가 그의 가장 직접적이고 최초의 업적으로서 창시한 저 단순한 종교의 '원리'인가 하는 질문이 성립한다.

우리는 이 물음을 긍정적으로 대답함에 있어 예수의 한 비유에 눈을 돌리고자 한다. 이 비유는 비록 하느님 나라에 대한 것이었지만 그리스도교의 원리 자체에도 마찬가지로 잘 들어맞는 비유다. 즉, 한 알의 겨자씨와 그것으로부터 자라난 나무의 비유다. 자라난 나무는 겨자씨와 다르므로 이 비유는 하나의 변화를 가리키고 있다. 그러나 변화이지 변질은 아니고 가능태로부터 현실태로의 이행인 것이며, 하나의 진정한 '진화'이지 변태나 '후생'은 아닌 것이다. 이러한 뜻에서 우리는 다음과 같이 주장할 수 있다.

예수의 종교는 구속의 종교로 서서히 변형된 것이 아니라 그 성향에 있어서 역사에 처음 등장하는 순간부터 구속의 종교이며 가장 극단적인 의미에서 그러하다. 비록 후에 형성된 신학적 술어들은 결여되어 있다 하더라도 분명히 처음부터 구속의 종교이다. 우리가 가능한 한 냉철하게, 그리고 간단하게 예수의 메시지의 본래적인 특성을 역사적으로 고찰한다면, 우리는 다음과 같은 두 가지 요소를 발견한다. 첫째는 철두철미 하느님 나라의 전파로서, 결코 부수적인 것이 아니라 복음의 근본이라는 뜻에서 그러하다. 둘째는 예수의 복음을 특징짓고 있는 바리사이주의에 대한 반응과, 이와 관련해서 죄의 용서에 근거한 어린아이의 태도와 마음가짐으로서의 경건성의 이상이다. 이 두 점에 있어서 후세 그리스도교의 '구속적 성격'과, 은총, 선택, 영, 영을 통한 갱신 등의 구체적 교리 등에 의하여 설명된 모든 것이 원칙적으로 수립된 것이다. 그리고 이 모든 것들은 바로 초대교회의 무리들에 의해서 후세의 그리스도인들 못지않게 함축된 형태로 체험되고 소유되었던 것이다. 이 점을 좀더 자세히 천명해 보기로 한다.

'구속의 종교'라는 말은 적어도 고차적으로 발달된 형태의 종교에 관한 한 중복된 표현이다. 왜냐하면 모든 발달된 고등종교들은 일단 국가나 개인의 세상적 행복에 의존하는 관계로부터 분리되어 독자적으로 서게 되면, 우리가 일반적인 표현으로 '구원'이라고 부르는 고유한 충일적인 행복의 이상을 자체 내에 발전시키고 있기 때문이다. 인도에 있어서의 종교의 발전은, 우파니샤드의 범신론에서 신관념이 완전히 피어나기 시작해서부터 불교적 열반(부정적인 듯 보이나 사실은 그렇지 않은)의 행복에 이르기까지, 점점 더 상승하며 의식적으로 이러한 형태의 '구원'을 추구했던 것이다. 또한 서력기원을 전후로 하여 에집트, 시리아, 소아시아 등지의 문명세계에 소위 구속의 종교라는 이름으로 퍼진 종교들도 '구원'을 지향하는 종교였다. 나아가서 비교적 안목을 지닌 눈에는, 페르시아 종교에도 역시 종말에 대한 희망이라는 형태로서 구원을 향한 동일한 종교적 충동이 작용하여 해탈과 열반을 향한 갈망에서와 마찬가지의 형태를 취했음이 분명하다. '구원'의 갈망과 체험은 이슬람에서도 역시 존재하며, 구원이란 단지 낙원의 즐거움을 바라보는 희망만이 아니며, 오히려 이슬람에서 가장 중요한 것은 이슬람 자체로서 곧 알라(Allah)에 대한 복종이다. 이 복종은 단지 의지의 헌신만이 아니라 이와 동시에 바라고 추구하는 알라에 의한 충만함이며, 그러기에 일종의 취한 상태와 같이 사람을 사로잡거나 황홀하게 할 수 있으며 그 상태가 깊어지면 곧바로 신비적인 행복의 도취도 될 수 있는 '구원'이다.

그러나 모든 고등 종교의 보편적이고 근본적 특징인 구원의 사상은 그리스도교에서 말하는 하느님 나라에 대한 신앙과 갈망과 상속에서 놓칠 수 없을 정도로 아주 강력하게, 그리고 동시에 질적으로 우월하게 나타나 있다. 그리고 이 점에 있어서, 그러한 이상의 출발이 고대 이스라엘에서는 한때 순전히 정치적 성질의 것이었다가 비로소 점차적으로 그 현실적 토대로부터 풀려나 드디어 충일적인 것으로 고양되었는지, 아니면 처음부터 이미 본래적인 종교적 동기에 의하여 산출된 것이었는지에 대한 물음은 아무래도 상관없다. 사실 종교적 충동이 붙잡는 소재는 종종 처음에는 땅 위의 세상적인 종류의 것들이기 때문이다. 휴식을 모르는 종말론적인 충동, 곧 최종적이고 궁극적인 구원을 향한 충동, 계속적으로 전진하며 그 출발점을 벗어나고 초월하는 것, 바로 이런 것이 종교적 충동의 특징적 표현들이며 그 내적 본질을 밝혀 주는 것이다. 종교적 충동의 본질은 다름아닌 진정한 구속을 향한 충동이며 직감에 의하여 포착된 '전혀 다른' 선(善)의 예감이며 선취이다. 이 선은 하나의 '구원'으로서, 타종교들에서 추구하는 구원들에 해당하는 것이나 동시에 그들보다 우월하다. 이 '나라'에서 발견되고 차지되는 나라의 주(主)가 브라흐마(Brahmā), 비쉬누(Viṣṇu), 아후라 마즈다(Ahura Mazda), 알라보다 우월하며 열반, 독존(Kaivalyam),[1] 도(道), 그 외의 어떤 형태로 주어진 절대성보다도 우월한만큼, 그리스도교의 구원은 우월한 것이다. 복음은 언젠가 하느님에 의해서 이루어질, 그러면서도 현재 이미 경험되는 구속을 철두철미 지향하고 있다. 하느님 나라의 약속이라는 면에서는 언젠가 이루어질 구속이며, 복음이 그 공동체의 가장 직접적인 소유로서 영혼 속에 부어넣은 하느님의 자녀됨에 대한 직접적인 현재적 마음의 체험을 통해서는 이미 경험되는 구속이다. 초대교회가 이 구원을 하나의 질적으로 새로운 것, 들어 보지도 못한 것, 모든 한계를 넘어서는 것으로 아주 분명히 의식했다는 사실은, 율법과 예언자들은 요한까지이지만 하느님 나라는 지금 권능으로 오고 있으며 요한까지도 단지 '율법과 예언자들'에 속할 뿐이라는 예수의 말씀에 반영되고 있다.

그러나 우리가 이 새로움을 가장 짤막한 말로 그 진정한 뜻을 표현

---

1. 힌두교의 쌍키야(Saṁkhya) 사상에서 말하는 정신(puruṣa)과 물질(prakṛti)의 분리에 의한 정신의 독존(獨存) 혹은 해방.

하고자 한다면, 우리는 로마서 8장 15절의 다음과 같은 바울로의 말을 고안해 내기라도 해야 할 것이다 :

> 여러분은 또다시 두려워하는 종의 영을 받은 것이 아니라, '사랑하는 아버지 압바'라고 부르는 어린아이의 영을 받았습니다.

바울로는 여기서 예수에 의해서 마련된 돌파구의 목적과 핵심을 이해했으며, 옛것과의 대조를 통해서 이 새로운 종교의 원리와 본질을 날카롭게 파악했다. 그리고 이 '원리와 본질'은 갈릴리 해변의 저 첫번째 어부들이 본 것과 마찬가지였으며 그리스도교의 전 역사를 통하여 동일한 것이다. 이 원리와 더불어 죄와 허물, 율법과 자유, 그리고 원리상으로서의 의인화(義人化), 중생, 새로와짐, 영의 부여, 새로운 창조, 그리고 하느님 자녀로서의 행복한 자유에 대하여 새로운 자세가 수립된 것이다. 이와같은 표현들과 교리들, 그리고 이에 따른 심오한 사변들은 복음의 말씀이 그것에 응답하는 '영'을 향하여 부르자마자 곧 출현할 수밖에 없었던 것들이었다. 따라서 그리스도의 최초의 직접적인 업적은 우리가 오늘날 아직도 그것을 분명히 이해할 수 있는 한, 하느님과 하느님 나라에 대한 신앙의 각성을 통하여 미래의 희망과 현재적 소유로서의 구원을 성취하고 부여하는 것이었다. 그런데 문제는 어떻게 우리와같이 시간적으로 멀리 떨어져 있는 사람들에게도 그리스도의 생의 업적에 대한 '직감'이 일깨워질 수 있으며, 어떻게 우리도 그에 있어서 '성스러움의 현현'을 체험할 수 있겠는가 하는 것이다.

분명코 어떤 법칙이나 개념에 의한 증명을 통하여 보여 줄 수 있는 일은 아니다. 우리는 '요소 (q)와 요소 (y)가 만나면 계시가 성립한다'는 식으로 개념적인 기준을 제시할 수 있는 것이 아니다. 바로 그렇기 때문에 우리는 '직감'에 대해서 말하고 '직관적 파악'에 대해서 말하고 있는 것이다. 직감적 체험은 증명을 통해서가 아니라 순수히 명상적으로 대상을 향한 헌신과 마음의 개방을 통하여 그 인상을 순수히 받아들임으로써 가능한 것이다. 그러고서는 우리는 예수의 복음 전파의 내용과 그 선물, 그리고 그의 업적을 그의 인격과 생의 모습 자체와 결합해서 보아야 하며, 다음으로는 그 전체를 이스라엘과 유대의 놀라운 오랜 예비적 종교사의 맥락에서 보아야 할 것이다. 만나기도 하고 갈리기도 하면서 결국 그리스도를 향해 가는 다양한 발전적 흐름들의 상호교섭, '때가 찼다'는 사상, 유대교적 배경과의 대조와 유사점을 통한 복음의 매력과 필연성 등이 고찰되어야 한다. 동시에 우리는 다른 어느 곳에서보다도 예수에게서 느낄 수 있는 특이한 비합리성의 토대와 성분, 그의 영향력의 상승과 퇴조, 세상의 구원이 달려 있는 바 점점 더 밝히 드러나는 그의 정신적 내용, 그리고 동시에 그에 대한 대항적 세력들의 수수께끼 같은 성장, 천 배나 강화된 욥기적인 고난의 문제, 그러나 단순히 한 의인이 아니라 동시에 인류 전체의 가장 높은 이익을 위하여 가장 중대한 의미를 지닌 자의 패배와 고난, 마지막으로 골고타 위에 감도는 비합리적 신비성의 무거운 구름, 이 모든 것들이 함께 고찰되어야 하는 것이다. 누구든지 이와같이 깊은 명상에 잠길 수 있으며 이 모든 인상들을 향하여 마음을 여는 자에게는, 그 법칙은 말할 수 없지만 어떤 내면으로부터의 척도들에 따라 성스러움의 '재인식'과 '시간적인 것 가운데에서의 영원한 것의 직관'이 순수한 감정 속에서 틀림없이 자라날 것이다. 우리가 파악하고 묘사하려고 시도한 바와같이, 합리성과 비합리성, 목적적인 것과 정의할 수 없는 것 사이의 혼합과 침투 속에서 영원한 성스러움이 존재한다고 할 것 같으면, 바로 여기에 그것은 가장 강력하게, 그리고 손으로 감지할 수 있게 현현되어 있는 것이다.

그리고 어떤 의미에서는 우리 후세 사람들이 성스러움의 현현을 파악하는 데 있어서 초기 그리스도인들보다도 오히려 유리하면 유리했지 불리할 것도 없다. 왜냐하면 성스러움의 현현을 '신의 세계 섭리에 대한 예감'으로서 파악한다는 것은 예수의 경우에 있어서 본질적으로 두 가지 요소에 달려 있다. 한편으로는 이 놀라운 이스라엘의 정신사, 그 예언과 종교, 그리고 이러한 맥락 속에서의 그리스도의 출현에 대한 전체적 연관관계의 조감에 달려 있고, 다른 한편으로는 그리스도 자신의 삶과 업적 전체에 달려 있는 것이다. 그런데 이 두 경우 모두에 있어서 전체적인 조감이란 시간적으로 더 멀리 떨어져 있으며, 따라서 예리한 역사적인 통찰을 할 수 있는 우리들에 있어서 그리스도 당시보다도 훨씬 더 완전하게 가능하기 때문이다. 우리가 '그리스도 이전까지의 옛 언약'이라고 부르는 저 위대한 연관관계 속에 명상적으로 잠기면, 거기에는 어떤 영원한 것이 지배하고 뒷받침하며 완성을 향하여 몰고가고 있다는 사실을 부인할 수 없이 느낄 것이다. 그리고 그러한 연관관계 속에서 그 모든 것의 완성과 결말을 위한 저 위대한 장면, 그의 힘찬 모습, 흔들림 없이 하느님 안에 자신을 기초하는 그의 인격, 신비스러운 깊이로부터 오는 그의 신념과 행위의 미혹됨 없는 확실성, 그의 영적인 행복, 그의 투쟁, 그의 신실성과 헌신, 그의 고난, 그리고 마지막으로, 승리자로서의 그의 죽음을 고찰한 사람은 <u>반드시</u> 그것이 신적이며 그것이야말로 성스러움이라고 <u>판단</u>할 것이다. 하느님이 존재해서 자신을 계시하고자 한다면 바로 이와같이 하실 것임에 틀림없다고 그는 생각할 것이다.

이러한 판단은 어떤 개념적으로 분명한 전제로부터 논리적 필연성에 따라 나온 판단이 아니라, 어떠한 전제들로부터도 도출될 수 없는 순수한 인정(認定)에 근거한 직접적인 판단이며, 어떤 '설명할 수 없는 전제'로부터 나오는, 그리고 다른 어떤 것으로도 환원될 수 없는 진리의 감정으로부터 오는 판단이다. 바로 이런 것이 종교적 직관으로서의 진정한 직감이 지닌 성질인 것이다.

이러한 직관으로부터 필연적으로 우리에게 있어서도 성서해석이나 초대 교회의 권위와는 별도로 그리스도의 인격과 업적과 말씀에 대한 일련의 직관들이 발생하며, 신앙론은 이러한 직관들을 더욱더 명확하게 전개시켜야 할 것이다. 즉, '구원사' 일반에 대한 직관이며 예언 속에서의 준비와 그 성취에 대한 직관이다. 자기 스스로를 넘어서 다른 것을 가리키고 있는 예언자들과 율법과 시편의 모든 메시지와, '옛 언약'에서 추구하고 기대하던 모든 것이 참으로 현실화되는 존재로서의 예수, 모든 그 이전의 발전의 정점이자 동시에 보다 높은 완성된 단계이며, 한 민족적 역사의 의미와 목적이며, 그의 출현과 더불어 그 민족사가 스스로의 진로를 완성하고 그 역사적 과업을 끝내게 된, 그러한 존재 예수의 '메시아 됨'의 직관이다. 그의 투쟁과 승리 속에서, 그리고 구주 되신 그의 찾음과 사랑 속에서 그를 보내고 세우신 자의 성격이 '예감'되므로 그 안에 나타난 하느님의 모습과 현시에 대한 직관이다. 선택된 자, 부름받은 자, 신성으로 충만한 권능을 부여받은 자, 오직 하느님으로부터만 이해될 수 있고 가능한 자이며 최종적으로 말해진 계시의 말씀을 인격으로 나타내는 존재로서의 '아들 됨'에 대한 직관이다. 새로운 언약의 창시, 그를 통한 입양과 화해, 하느님을 기쁘게 하는 제물과 선물로서의 그의 삶과 죽음의 업적에 대한 직관이다. 그리고 마지막으로, '덮어 주시고' '화친케 하는' 중보자에 대한 직관이다. 왜냐하면 피조물과 창조주, 속과 성, 죄와 거룩함의 간격은 그리스도의 복음으로부터 오는 보다 높은 인식을 통하여 경감되는 것이 아니라 오히려 증가되며, 이에 상응하는 감정의 자발적인 술렁임으로 인하여 언제나 그렇듯이 성스러움 자체를 계시해 주고 있는 바로 그것이 성스러움으로 나아가기 위하여 붙잡은 수단과 도피처가 되는 것이다.

그렇다면 이와 같은 직관들이 그리스도교의 신앙론에서 나타난다는 사실을 탓할 것이 아니라 — 그럴 수밖에 없는 것이니 — 사람들이 직감으로부터 오는 그들의 직관적인 성격을 오인하여 그들을 교리화하고 이론화하며, 그들이 무엇인지를 모른다는 사실, 즉 그들이 개념적으로는 설명할 수 없는 감정들의 지시어임을 모른다는 사실, 그리고 그들을 지나치게 강조해서 오로지 단 하나, 즉 하느님 체험만이 차지해야 하는 종교적 관심의 중심에로 그들을 부당하게 올려 놓는다는 사실을 탓해야 할 것이다.

성스러움의 현현에 대한 진정한 직감이 발생하는 곳에는, 우리가 그것에 '수반적인 표징'으로 불러야 하며 결코 직감의 본래적인 주된 근거가 아니고 단지 그것의 확증일 뿐인 한 요소가 중요성을 띠게 된다. 즉, 예수의 역사적 모습에서 발견되는 자연의 세계를 넘어서는 높은 영적인 힘과 영적인 삶의 요소이다. 이들은 일반적인 영성사와 종교사에서도 그 유례들이 발견되는 현상들이다. 이들은 위대한 이스라엘 예언자들이 받은 소명에서는 환상을 보는 직관과 예언을 위한 예감으로서, 그리고 그리스도의 삶에 있어서는 강한 영적 선물로서 나타나고 있다. 이들은 결코 '기적'이 아니다. 왜냐하면 이들은 영적인 힘들로서, 육체를 조정하는 우리의 의지력같이 그야말로 지극히 '자연스러운' 것이기 때문이다. 그러나 이들은 분명히 영 자체가 고양된 형태로 생동성을 지니고 있을 때에만 일어나는 현상들이며, 대부분의 경우 우리의 영이 스스로의 영원한 근거 자체와 가장 가깝고 밀접하게 합일되어 전적으로 그 안에 머물며 이로 인해 자체가 지니고 있는 능력을 자유로이 극도로 발휘할 수 있는 경우에만 기대할 수 있는 현상들이다. 바로 이와 같은 이유로 해서 이들의 존재와 출현은 극도의 영적 능력의 발휘와 순수한 직감 자체를 입증해 주는 하나의 '수반적인 표징'이 될 수 있는 것이다.

마지막으로 그리스도의 수난과 죽음이야말로 유난히 강한 감정적 가치평가와 직관의 대상이 될 수밖에 없다는 사실도 분명하다. 그의 세상에 오심과 그의 생의 자세가 어떤 영원한 사랑의 의지의 반영과 자기계시로 간주된다면, 이 최고의 신실성과 사랑의 실천은 무엇보다도 그의 수난에 나타나 있다. 십자가는 단적으로 '영원한 아버지의 거울'(speculum aeterni patris)이 된다. 그러나 단지 '아버지'만의, 즉 성스러움의 가장 합리적인 요소만의 거울이 아니라 성스러움 자체의 거울이다. 왜냐하면 그리스도는 무엇보다도 제2 이사야와 예레미야로부터 욥과 시편에 이르기까지 줄곧 신비스럽게 펼쳐지는 구약의 가장 신비한 문제, 즉 의인의 <u>죄없는 고난</u>의 신비가 그의 삶과 고난과 죽음에 있어서 고전적으로 재현되며 절대적 경지로 승화된다는 점에 있어서도 그 이전의 발전들의 요약이며 종결이기 때문이다. 욥기 38장은 골고타의 예언이며, 욥에게도 이미 주어졌던 '문제'의 해결은 골고타 위에서 반복되며 능가되는 것이다. 그러나 우리가 본 대로 그 해결이란 전적으로 비합리적인 것에 있었으며, 그럼에도 불구하고 하나의 해결이었다. 의인의 고난은 이미 욥에 있어서 초월적인 신비를 가장 직접적인 실재성 속에서 가까이 파악하도록 드러내 주는 계시의 고전적이고 결정적인 예로서의 의의를 얻게 되었다. 그러나 이러한 계시의 완성은 영원한 신비의 첫 글자인 그리스도의 십자가이다. 그리고 그리스도의 십자가에서 이루어진 성스러움의 합리적 요소와 비합리적 요소의 얽힘, 계시성과 예감에 찬 은폐성, 지고한 사랑과 무서운 누멘적 진노와의 혼합에 있어서 그리스도교적 감정은 '성스러움의 범주'를 가장 생동적으로 적용했으며, 이와 더불어 일찌기 종교사의 영역에서 찾아볼 수 있었던 가장 심오한 종교적 직관을 산출한 것이다.

우리가 종교들을 서로 비교하고 측정하고자 할 때, 우리는 이러한 기준에 의하여 어느 것이 그 가운데서 가장 완전한 종교인가를 물어야 할 것이다. 문화에의 공헌, 우리가 이미 종교 없이도 정할 수 있다고 믿는 '이성의 한계'나 '인간성의 한계'와의 관련, 그리고 종교의 그 어떤 외적인 것도 한 종교를 종교로서 평가하는 궁극적인 척도가 될 수는 없다. 오로지 종교의 가장 본래적이고 내면적인 것, 즉 성스러움의 관념만이, 그리고 하나의 종교가 얼마나 완전하게 그것에 충실하고 있는가만이 그 척도를 제공하는 것이다.

종교적 감정 자체를 인정하지 않으려는 사람과는 그러한 순수한 감정으로부터 오는 종교적 직관의 <u>가치</u>와 <u>타당성</u>에 관해서 논할 필요조차 없다.[2] 일반적인 논증이나 혹은 도덕적 증명도 여기서는 아무 소용 없으며, 사실 처음부터 너무도 명백하게 불가능한 일이다. 그러나 다른 한편으로는 그런 사람들로부터 오는 종교적 감정에 대한 비판과 논박 또한 마찬가지로 성립되지 않는다. 그들의 무기는 사실 너무나 불충분하며, 공격자가 언제나 링 밖에 있기 때문에 상대방을 맞힐 수가 없는 것이다. 또 이와 마찬가지로 우리는 이러한 직관들 — 성스러

---

2. 종교적 직관의 타당성 문제에 관해서는 *Das Gefühl der Überweltlichen*, 제3장 'Religionskundliche und theologische Aussagen' 참조.

움의 범주 자체에 따라 복음의 역사와 그 주 인물이 끼친 인상의 독립적인 결과들인바 — 에 있어서 성서해석상의 결과나 역사적 연구에 의한 정당화의 수고로움이 지닌 예측할 수 없는 변화에 의존하지도 않는다. 왜냐하면 종교적 직관은 이러한 정당화들 없이도 <u>우리들 자신의 직감</u>에 의하여 가능하기 때문이다.³

---

3. 이 章 전체의 내용에 관해서는 나의 *Reich Gottes und Menschensohn*, 특히 단원 B,1, 'Heilsgestalt'; 10, 'Der durch Leiden rettende Messias'; 그리고 단원 C, 'Abendmahl als Jüngerweihe'; D, 'Gottesreich und Charisma' 참조.

제23장

종교적 선험성과 역사

이성적 정신의 선험적 범주로서의 성스러움과 외적 현현으로서의 성스러움의 차이는 흔히 언급되는 내적 계시와 외적 계시, 보편 계시와 특수 계시의 차이와 전적으로 동일한 문제이며, 또 '이성'과 '역사'의 문제에 관계된다.

어느 종교든지 그것이 단지 전통과 권위에 대한 신앙이 아니라 그리스도교에서와같이 — 다른 어느 종교에서보다도 — 자신의 개인적인 확신과 승복, 즉 그 종교의 진리에 대한 내적 인식에 근거하려고 할 것 같으면 그 종교를 진리로서 인식할 수 있는 독자적인 인식의 원리들이 전제되어야 한다.[1] 그러나 이 원리들은 어떤 경험이나 '역사'로부터는 생길 수 없는 선험적 원리들이어야 한다. 이 원리들이 "성령의 펜으로 '역사 속에서' 마음에 씌어졌다"고 주장하는 것은 물론 교훈적일는지 모르나 별로 의미가 없는 말이다. 왜냐하면 어떻게 하여 그렇게 말하는 사람이 그것을 쓴 것이 성령의 펜이며 다른 어떤 기만적인 영이나 '민속심리적 환상'이 아니라는 것을 알겠는가! 성령의 글씨를 다른 글씨로부터 가려낼 수 있다는 것, 따라서 '역사'에 의존하지 않고 성령으로부터 온 것에 대하여 어떤 선험적인 관념을 지닌다는 것 자체가 성령의 펜의 필적인 것이다.

한걸음 더 나아가서, 영의 역사뿐만 아니라 모든 역사는 이미 그 역

---

[1] 그러한 원리들로부터 오는 증언이 우리가 이미 언급한 '성령의 내적 증언'이다. 그리고 실로 이것은 직접적인 것이어야 한다. 그렇지 않다면 우리는 성령의 내적 증언을 진리로 인정하기 위한 또 하나의 성령의 증언을 필요로 할 것이며, 결국 끝이 없을 것이기 때문이다.

사의 전개를 가능케 하는 역사의 주체를 전제하고 있다. 즉, 독자적 가능성과 성격을 지니며, 발달(werden)할 수 있는 — 본래부터 가능성을 지니고 있었고 결정지어졌던 것으로의 발달 — 어떤 것이다. 한 도토리나무는 발달할 수 있으며 일종의 '역사'를 가질 수 있지만 한 무더기의 돌은 그렇지 못하다. 모여진 요소들의 우연적인 가감과 이합집산은 이야기를 통해서 추적될 수 있으나, 그것은 깊은 뜻에서의 역사 이야기는 아니다. 우리가 한 민족의 역사를 말할 수 있는 것은, 그 민족이 소질과 재능과 싹을 지니고 등정하여 무엇인가 되고자 하기 위해서 이미 그것이 되어 있는 한에서만 가능한 것이다. 전혀 처음부터 아무런 자신의 소질이 없는 사람, 따라서 우연적이고 외적인 인과의 고리 중에서 하나의 통과점에 지나지 않는 사람의 경우에 있어서 전기를 쓴다는 것은 하나의 고민스럽고 비실제적인 일일 것이다. 전기란 오직, 한편으로는 외부적 자극과 체험, 그리고 다른 한편으로는 타고난 소질의 상호작용 속에서, 하나의 '단순한 자기전개'의 결과도 아니요 그렇다고 해서 외부로부터 오는 교체되는 요소들에 의하여 하나의 백지 위에 씌어지게 되는 단순한 흔적과 인상들의 총합도 아닌, 어떤 자신의 독특한 것이 발생하는 경우에만 비로소 하나의 실제적인 생의 실제적인 묘사가 되는 것이다. 영의 역사를 쓰려면 특정한 성격을 지닌 영의 존재를 먼저 전제로 해야 하며, 종교사를 쓰고자 하는 사람은 종교를 위한 성격을 갖춘 어떤 영의 역사를 전제로 하는 것이다.

    종교가 역사에 전개되는 데는 세 가지 요소가 필요하다. 첫째는, 자극과 소질의 상호작용을 통하여 진행되는 인간의 영의 역사적 전개 가운데서 소질 자체가 현실화되고 그러한 상호작용을 통하여 그 형태가 규정되는 일이다. 둘째로는, 소질 자체에 의하여 역사의 특정한 부분들이 성스러움의 현현으로서 예감적으로 인식되며, 이 인식이 첫번째 요소, 즉 소질의 현실화에 대하여 질과 정도에 있어서 영향을 미치는 일이다. 세번째로는, 첫번째와 두번째 요소를 근거로 하여 인식과 감정과 의지에 있어서 성스러운 것과의 교제가 생기는 일이다.

따라서, 역사만이 성스러움의 인식을 위한 소질을 발전시키며 또한 역사 자체가 부분적으로 성스러움의 현현인 한, 종교는 여하튼 철저히 역사의 산물이다. 역사적 종교와 대조적인 것으로서의 '자연적' 종교란 존재하지 않는다. 더군다나 선천적인 종교는 말할 것도 없다.[2]

선험적 인식이란 이성적인 사람 누구나가 실제로 소유하고 있는 것이 아니라 (이것은 '선천적인' 것일 것이다) 누구나가 다 소유할 수 있는 인식이다. 보다 높은 선험적 인식이란 누구나가 소유할 수 있되, 우리의 경험이 말해 주듯이 자기 스스로를 통하여가 아니라 더 높은 소질을 부여받은 다른 사람에 의하여 '각성'되는 것이다. 보편적인 '소질'이란 여기서 단지 감수성의 능력과 판단의 원리를 뜻할 뿐이지 모든 사람 스스로가 독립적으로 그와 같은 높은 인식을 산출할 수 있는 능력이 있음을 말하는 것은 아니다. 그와 같은 산출은 오로지 특별한 재능의 사람에게만 가능하다. 이 재능이란 단지 보편적 소질의 높은 단계나 강화가 아니라, 질과 정도에 있어서 그것과는 다른 것이다. 이 점은 예술의 영역에 있어서 분명히 볼 수 있다. 예술에 있어서 대중들은 다듬어진 감각을 통하여 예술적인 감수성과 추체험(追體驗, nacherleben)과 판단을 지니는 반면에, 예술가의 경우에는 그것이 발명과 창작과 작곡 등 독립적인 천재적 산출능력으로 나타난다. 한편에서는 단지 음악적 체험의 능력으로 나타나며 다른 한편에서는 음악의 산출과 계시의 능력으로 나타나는 이러한 음악적 소질의 차이는 단순한 정도의 차이는 아닌 것이다.

종교적 감정과 경험이나 산출의 경우도 이와 유사하다. 여기에서도 대중의 경우에는 소질이 단지 감수성으로만, 즉 종교를 위한 자극가능성과 종교적 진리를 인지하고 판단할 수 있는 능력으로서만 존재한다. 다른 말로 할 것 같으면, 보편적 소질이란 단지 '성령의 증언'

---

2. 선천성과 선험성의 차이에 관해서 R. Otto, *Kantisch-Fries'sche Religionsphilosophie*, 42면 참조.

이라는 형태로서의 '영'인 것이다.[3] 그러나 종교에 있어서 이러한 단순한 감수성이라는 첫 단계로부터는 도출될 수 없는 더 높은 능력의 단계는 예언자로서, 그는 '내적 소리'를 들을 수 있는 능력과 직감의 능력, 그리고 이 양자에 근거한 종교적인 산출능력으로서의 영을 소유한 자이다.

이 예언자의 단계를 넘어서서 한 단계 더 높은 제3의 단계가 생각되고 예견될 수 있다. 이것 역시, 제2의 단계가 제1의 단계로부터 도출될 수 없듯이 제2의 단계로부터 도출될 수 없다. 그것은 한편으로는 영을 충만히 소유한 존재이자 다른 한편으로는 그 자신의 인격과 업적 속에서 성스러움의 현현을 느낄 수 있는 직감의 대상이 되는 존재의 단계인 것이다.

그러한 존재는 예언자 이상이다. 그는 아들인 것이다.

---

3. 그리고 이것도 단지 성령이 원하는 곳에서만이다(ubi ipsi visum fuit).

색 인

가치 (누멘적) 110-112 115 150 161 244
가치평가 37 196
가톨릭 11 169 173
개신교 11
거룩함 110-112
게르하르트, 요한(John Gerhardt) 189
겔러트(Gellert) 75
계시 173 181 182 207 217 222 233 252 264 266 269
고딕(Gotik)건축 136
공(空) 72 90 135 137 138
공부자(孔夫子) 142
관념의 연관 103
광신주의 164 221 231
괴링스(Geulinx) 163
괴테 64 94 95 122 240-245
교의학 114 118
구속 88 113 257-260
구원 82 85 86 90 114 159 259 261
구원사 193 263
귀신 50 51 52 68 70 79 80 141 142 191 207 210 211 213 219 221
그리스도교(기독교) 11 13 27 87 90 114 116 153 164 166 169 177 189 191 216 232 247 249 255-260
기이성(기이한 것) 66 68 70 72 73 95 121 129 146 147 149 150 151 177 230
기적 35 129 130 233 265
깨달음(bodhi) 90
누멘(Numen; 누멘적, 누멘적인 것) 11 24 28 39 44 45 47 65 69 75 79 80 81 82 93 97 98 104 107 109 110 112 115 120 129 133 136 141 144 145 153 154 156 164 176 177 182 187 191 192 193 201 206 207 209 211 219 222 229 231 244 245 251
누멘적 가치 109-112
누멘적 감각 14 60 209
누멘적 감정 11 24 67 70 71 86 101 125-128 141 142 151 164 169 177 196 207 210 213 215 220 221
누멘적 공포 52
누멘적 체험 83 197 213 222 251
누멘적 활력 63 64
다령신앙(多靈信仰) 201
도(道) 135 260
도교 134
도덕(도덕적) 110 111 113 117 180 187 189
도덕주의자 114
도덕주의적 종교이해 11
도식화 103 107 112 122n 130 131 221 230
독존 260
두려움(두려운; tremendum) 44 49 55 57 65 66 79 94 111 115 121 128 130 153-156 172 187 208 212 230 241 243
두려운 신비(mysterium tremendum) 48 65 75 97 161
두르가(Durgā) 128
둔스 스코투스 172 174 176
드 벳테(de Wette) 236 238
디오니소스 80 83 182
디오니시우스 169
라이프니쯔 158
락탄시우스(Lactantius) 171 188
랑게(E. Lange) 75

랭, 안드류(Andrew Lang) 215
루터 63 67 74 127 131 151 167 169-189
　　222 227 253
루터교 131 177 186 188 189
리그베다(Rig-Veda) 214
릿췰(Ritschl) 55
마력(마력적, 마력적인 것) 64 107 133
　　134 136 240-245
매혹성(fascinans; 매혹적) 66 79 80 85
　　86 87 90 120 153 154 157 166 182
　　215 230 241
메스네위(Mesnevie) 162
멘델스존 139
모세 141 144 156 213
무(無, 無性) 43 54 58 71 72 135 138
　　165
무아(無我) 90
무하멛 131
무감성(神의) 171 189
미적 감각 234
미적 판단 221 222 234 238
바가바드 기타(Bhagavad-Gītā) 128
바루나(Varuna) 214
바르트(Barth) 26
바예시드 보스타미(Bajesid Bostami)
　　59
바울로 89 116 147 157 158 160 161 163
　　165 184 223 228 256 261
바이다위(Beidhawi) 162
바하 139
반야바라밀다(般若波羅密多) 72
범신론 215 259
베드로 110 250-252
베르나르두스(Bernard von Clugny)
　　84
베토벤 139
벨하오젠 256
변신론 147 148
복음 155 248 258 262 264
뵈메, 야콥(Jakob Böhme) 89 187 188
부정신학 90

분트(Wundt) 50 203
불가해성 73 171 177 178 214 222 223
　　241
불교 72 73 134 259
불타 90 131
브라흐만(Brahman) 215 260
브루너 26
비교종교학 12
비쉬누(Viṣṇu) 129 260
비합리(비합리적) 9 10 25 33-36 75 80
　　88 103 104 106 111 114 116 118
　　119-123 148 151 157 166 170 171
　　183 189 224 225 230 231 232 238
　　241 244 262 266
사자 신앙(死者信仰, 死者崇拜) 201
　　203-204
상징 28 146
샤만(shaman) 81
서물숭배(庶物崇拜) 201
선험(선험적; a prior) 13 14 119 129
　　184 195 196 199 215 219 221 225
　　227 230 234 245 269 271
성령 117 184 236 269 271
성례 81 206
성스러움(성스러운 것; das Heilige)
　　11 13 37-39 79 103 107 144 189 191
　　192 195 213 225 233 234 235 244
　　252 255 256 262 263 264 266 269
성스러움의 현현 233 234 247 261 262
　　264 270 271 272
성화(聖化) 115
세바스토스(sebastos) 50
소크라테스 226 230
소포클레스 93
속(속됨) 110 154
속죄 114-117
쇼펜하우어 64 107
수소(Seuse) 105 126 185 199
숭고성(숭고함, 숭고한 것; das
　　Erhabene) 97-98 111 129 133 134
　　135 137 153

색인　275

슈페너(Spener) 184
슐라이어마허(Schleiermacher) 12 42
   43 57 86 158 160 236-240 247 252
스콜라 철학 169
스피노자 158
시렌(Osvald Sirén) 134
신 24 26 51 54-56
신관념 34 35 63 73 164 179 259
신비(mysterium; 신비성, 신비한 것)
   11 48 65 67 69 71 72 87 97 120 151
   156 166 214 231 241 242 244 262
신비신학 73
신비주의 10 35 36 58 60 71 73 82 157
   163 169 183 185 187 231
신성(神性) 11 33 119 145 170 174 185
   216
신지학(Theosofie) 188
신화 36 51 130 201 207 219
실레시우스(Silesius) 73
실체변화 138
십자가의 성 요한 186
싸체르(sacer) 38
쌍투스(sanctus) 38
쐬더블롬(Söderblom) 143
아놀드(Matthew Arnold) 184
아드브후타(adbhuta; 不可思議) 214
   215
아르쥬나 129
아른트, 요한(Johann Arndt) 184
아리스토텔레스 169 171
아모스 226
아브라함 43 44
아수라(阿修羅) 214 215
아우구스티누스 69 167 169 172 200
   253
아이트, 막스(Max Eyth) 150
아후라 마즈다(Ahura-mazda) 214 260
악령(악령적인 것; das Dämonische)
   49 187
안셀무스 114
알라(Allah) 162 164 259 260

야곱 212 213
야웨 54 56 143 146 156 226
어마어마함(어마어마한 것; das
   Ungeheure) 93-96
에맛 야웨(emāt Jahveh) 49
에제키엘 146
엑카르트(Eckhart) 59 61 64 73 187
엘로힘(Elohim) 143 144 147 215
역설 71-74 243
열반(nirvāna) 90 259
영(靈) 40 110 125 127 166 167 184 207
   211 213 215 233 252 253 255 257
   258 261 265 269 270 272
영혼의 근저 87 196
예감 237 252 253 264 270
예비종교 209
예수(그리스도) 131 153 155 156 247
   248 250-252 255-267
예언자 141 145 153 244 248 250 260 263
   265 272
예정론 158-165 180
오성 122 189 197 222 235 241 242
요한(복음사가) 166 260
요한(세례자) 155
욤 커푸르 77
욥(Job) 74 147 148 150 177 178 179 242
   265 266
원시 유일신론 215 217
원시종교 36
위압성(majestas; 압도성) 57 60 80 94
   111 115 161 172 174-178 182 187
   242 243
유대교 262
유령 50 70 142 205 212 215
유추(유추적) 12 33 42 49 55 63 67 82
   97 103 129 130 208 221 222 234 237
육(肉) 63 165
윤리(윤리적) 37 80 101 107 111 112
   114 164 191
윤리화 144 153 192 193 221 225 226
율법 155 192 260 261 263

은총 80 87 90 117 155 159 160 174 199 258
의인주의(Anthropomorphismus) 63 146 188
의존성의 감정 42-43 57
이사야 76 110 115 145
이성(Vernunft) 26 33 36 73 82 104 117 122 123 166 170 177 178 197 227 241 242 266 269
이슬람교 162 164 180 259
자류(자류적; sui generis) 13 39
장엄성(장엄한; augustum, semnos) 66 94 112 129 147
전가론(Imputationslehre) 118
전혀 다른 것(das Ganz-andere) 26 67 68 72 73 87 107 121 138 141 150 203 206 231
정령 203 206
정령숭배론 50 68 144 201 213 215
정통주의 35
제임스, 윌리엄 44 88 113
종교
  종교발생이론 51
  종교적 감정 41 43 47 97 105 146 191 207 219 229 235 266
  종교적 공동체 250
  종교적 인간(homo religiosus) 14
  종교적 체험 13 25 35 36 87 161
종교학 12 197
종말(종말론) 153 154 260
종합판단 65 118
죄(罪) 113 114 157 173 261 264
주술(呪術) 81 82 134 135 201-203 206
주의주의(主意主義; Voluntarismus) 63
주지주의 11
지시어(指示語; Ideogramm, Deute-Zeichen) 13 55 63 64 72 121 223 264
지혜(jñāna) 90
직감(Divination) 234 235 236 239-240

244 247 261 263 264 265 267 272
직관 160 237 264 265 266
진노(신의) 54 55 63 115 156 157 158 166 177 184 188 189 266
진화론 13 36 100 101 195 197 258
질투(신의) 56
초자연(초자연적) 69 71 202 203 206 209 234 235
추체험(追體驗) 47 271
충일성(충일적인 것; das Überschwengliche) 87-89
카도쉬(qādosch) 38 177
카타리나(Katharina von Genua) 89
카힌(Kahin) 207
칸트 11 37 98 103 129 195-197 238
크리소스토무스(Chrysostomus) 72 151 171 172 179
타생(他生) 100 143 195
타울러(Tauler) 184
테르스테겐(Tersteegen) 53 60 61 65 136
테오스(theos) 215
토템신앙 201
통교 206
티렐(Tyrell) 189
파스칼 26
파우스트 33 96
플라톤 169 170 171 226
플로티누스 60 169 223
피셔, 옷토(Otto Fischer) 135
피조물성 58
피조물적 감정 41 43 44 47 54 57 109 155 161 163 164
피히테 64
하기오스(hagios) 38
하느님 나라 141 153 248 259 260
하름스, 클라오스(Claus Harms) 122
하바꾹 137
합리(합리적) 10 25 28 33-36 55 58 63 80 86 88 103 104 106 111 116 120 144 145 148 153 160 164 171 177

183 184 189 191 195 222 225 230
　　　231 242 262 266
합리주의 11 35 94 113 114 116 158 159
　　　231 235
합리화 68 94 117 144 153 156 185 192
　　　193 221 226
허무주의 72
헤겔 166
혼령 68 204 205 212 213
혼령신앙 203
환원주의 13
활력 63 64 94 241-243
후리스, 야콥 프리드리히(Jacob
　　　Friedrich Fries) 236 238
후생(後生) 100 101 143 195 197 258
히크디쉬(hiq'dīsch) 49
힘(성스러운) 59 133 201 205-206